ソーシャルキャピタルと生涯学習

J・フィールド 著
矢野裕俊 監訳
立田慶裕 赤尾勝己 中村浩子 訳

SOCIAL CAPITAL AND LIFELONG LEARNING
John Field

東信堂

John Field

SOCIAL CAPITAL AND LIFELONG LEARNING

First published in Great Britain in June 2005 by The Policy Press.

Copyright © John Field 2005

All rights reserved.

Japanese edition by arrangement through The Sakai Agency

Published by TOSHINDO PUBLISHING CO., LTD
1-20-6 Mukougaoka Bunkyo-ku, Tokyo, Japan

謝　辞

　ゴードン・バーンのほろ苦い小説、『ノース・オブ・イングランド・ホームサービス』は北東イングランドのかつての工業都市でクラブを経営する年老いた光エンタテイナー、レイ・クラッダスの生活を中心に展開している。クラブは過去を商業的に戯画化したものであり、男たちはそこへ平らな帽子を被りマフラーを巻いて、女たちはショールを羽織り、ヘアカーラーを付けて、洗い場と暖炉の間で食事とダンスのためにやって来る。「……誰もコミュニティについて語らず、誰もがコミュニティに属していた時代に投げ込まれることに満足して」(Burn, 2003, p71)。ここにあるのはコミュニティについての細やかな言説の見事な放棄である。しかしバーンはまた、クラッダスが、時折ティーワゴンのまわりで見かける人々から、友情によって彼の人生に意味を与えてくれる元ボクサーに至るまで、友人やつながりによって支えられる様子をも描いている。さらに、孤独や孤立の否定的な影響について私たちが知っていることを考慮に入れると、コミュニティを再構築するという考えもたぶんそれほど馬鹿げたものではないのだ。

　本書が依拠しているデータの多くは、他の人々によって、あるいは他の人々の協力を得て生み出されたものである。それは経済社会調査会議(ESRC)の学習社会プログラムのもとで資金交付を受けたプロジェクトの中で始まった。リンダ・スペンスは北アイルランドのフィールドワークで私に協力してくれた。トム・シューラーはこのプロジェクトを私とともに指揮し、プロジェクトのスコットランド部分を担当してくれた。彼のデータを用いてはいないが、彼の分析的思考からはずいぶん影響を受けた。量的データの一部は北アイルランド生活・時間調査から得たものである。この調査の生涯学習関連項目の設計に貢献するために私を招請してくれたアルスター大学のアン・マリー・グレイ、クイーンズ大学ベルファスト校のポーラ・ディヴァインのおかげで私は調査結果を知ることができたし、調査結果を共有し議論するためのセミナーに参加することができた。2002年次成人学習調査に私を協力者

として引き入れ、調査結果を利用できるようにしてくれ、その重要性についての議論する機会を設けてくれた国立成人継続教育研究所のフィオナ・オルドリッジ、ネオミ・サージャント、アラン・タケットに感謝したい。

　私の考えはセミナーやカンファレンスでのおびただしい議論から恩恵を受けてきた。2004年11月にエディンバラで開かれた、コミュニティを基盤とする成人学習およびソーシャルキャピタルに関するスコットランド成人学習パートナーシップのセミナーによって、私は第5章の多くを考え直さなくてはならなくなった。私は、「場所・マネジメント・ソーシャルキャピタル・学習展望台」がつくってくれたオンラインの議論の場からも多くのことを学んだ。とりわけ、ヨーロッパ成人教育学会の能動的・民主的シティズンシップのたいそう気心の合った集会から数年にわたって恩恵を受けてきた。最後に、本書の話題にふさわしく、スターリングや他の場所で、友人や同僚との数限りないインフォーマルな出会いや交流から非常に多くを学んだ。いつものことながら、弱点や間違いがあればそれは私一人に帰するものではあるが。

目　次

　謝　辞 …………………………………………………… i
　図表一覧 ………………………………………………… v

はじめに ………………………………………………………… 3

第1章　社会的つながりと生涯学習 …………………………… 13
　社会的文脈からみた成人学習 ………………………… 15
　ソーシャルキャピタルの理論 ………………………… 25
　生涯学習にとってのソーシャルキャピタルの重要性 … 39

第2章　成人の生活にみるネットワーク、学校教育と学習 …… 47
　　　　　―インタビューの結果と解釈―
　北アイルランドの教育と成人学習 …………………… 49
　初期教育と継続教育：対象グループの視点より … 57
　パターンの説明 ………………………………………… 78
　ソーシャルキャピタルとヒューマンキャピタル … 96
　　―補完的なものか代替的なものか

第3章　社会的つながりと成人学習：その証拠となる事実の概観 ……… 99
　ソーシャルキャピタルと生涯学習：ポジティブなサイクルか？ 100
　北アイルランド生活時間調査の結果 ………………… 104
　量的データからの教訓 ………………………………… 119

第4章　関係性を再考する ……………………………………… 125
　文脈の重要性 …………………………………………… 126

ソーシャルキャピタルが学習に影響する ……… 129
　学習がソーシャルキャピタルに影響する ……… 133
　西洋社会でのコミュニティの変革的形成 ……… 137
　変化するネットワークとそれが学習に及ぼす影響 147
　ドイツの社会圏分析アプローチ ……………… 153
　複雑性と社会変化 ……………………………… 159

第5章　お次は何？ …………………………………………… 167
　よちよち歩き？ ………………………………… 168
　政策と実践への示唆 …………………………… 176
　社会的リテラシーへの要請 …………………… 190
　議論を始めるために …………………………… 194

　参考文献 ………………………………………… 199
　訳者あとがき …………………………………… 215
　事項索引 ………………………………………… 221
　人名索引 ………………………………………… 223
　訳者紹介 ………………………………………… 224

図表一覧

表 1-1	結束型、橋渡し型、関係型ソーシャルキャピタルとそれらが生涯学習に及ぼす影響	45
図 2-1	ヨーロッパ22カ国にみる対人信頼関係の水準と成人学習参加	49
表 2-1	英連合王国における学校生徒の試験成績（%）	51
表 2-2	特定年齢層の地域別高等教育参加率（2001–02）	51
表 2-3	英連合王国各地域における社会階級III中、IV、Vから高等教育機関への若年入学者の比率	51
表 2-4	読解リテラシー：最高水準と最低水準の比率、PISA2000（イングランド、スコットランド、アイルランド共和国、北アイルランド）（%）	53
表 2-5	英連合王国における職業訓練受講労働者の比率（1986–2001）（%）	55
表 2-6	公的資格を持たない英連合王国労働者の比率（1995–2001）（%）	55
表 2-7	フォーマル学習及びインフォーマル学習に参加する成人人口の比率（2003）（%）	55
表 2-8	北アイルランド及びスコットランドでいつも安全と感じる生徒の比率（%）	57
表 3-1	「成人になってからの学習が人々にまったく新しい世界を開く」という意見に賛成する比率	108
表 3-2	「成人になってからの学習が人々にまったく新しい世界を開く」という意見に賛成する比率	108
表 3-3	「成人になってからの学習が人々にまったく新しい世界を開く」という意見に賛成する比率	108
表 3-4	「成人になってからの学習が人々にまったく新しい世界を開く」という意見に賛成する比率	108
表 3-5	「人生を通して学習を継続することで人々はよりよい市民となる」という意見に賛成する比率	110
表 3-6	「人生を通して学習を継続することで人々はよりよい市民となる」という意見に賛成する比率	110
表 3-7	「人生を通して学習を継続することで人々はよりよい市民となる」という意見に賛成する比率	110
表 3-8	「人生を通して学習を継続することで人々はよりよい市民となる」という意見に賛成する比率	110
表 3-9	「政府はすべての人のために生涯学習の提供にもっとお金を使うべきである」という意見に賛成する比率	111
表 3-10	「政府はすべての人のために生涯学習の提供にもっとお金を使うべきである」という意見に賛成する比率	111
表 3-11	「政府はすべての人のために生涯学習の提供にもっとお金を使うべきである」という意見に賛成する比率	111
表 3-12	「政府はすべての人のために生涯学習の提供にもっとお金を使うべきである」という意見に賛成する比率	111
表 3-13	「人々が最近の職場で使われているニュー・テクノロジーについていくことは不可能である」という意見に賛成する比率	112

表 3-14 「人々が最近の職場で使われているニュー・テクノロジーについていくことは
不可能である」という意見に賛成する比率　　　　　　　　　　　　　　　112
表 3-15「人々が最近の職場で使われているニュー・テクノロジーについていくことは
不可能である」という意見に賛成する比率　　　　　　　　　　　　　　　112
表 3-16 「人々が最近の職場で使われているニュー・テクノロジーについていくことは
不可能である」という意見に賛成する比率　　　　　　　　　　　　　　　112
表 3-17 「北アイルランド経済を成功させるには、労働者は自分が遅れをとらない
ようにスキルの学習に責任をもたねばならない」という意見に賛成する比率　115
表 3-18 「北アイルランド経済を成功させるには、労働者は自分が遅れをとらない
ようにスキルの学習に責任をもたねばならない」という意見に賛成する比率　115
表 3-19 「北アイルランド経済を成功させるには、労働者は自分が遅れをとらない
ようにスキルの学習に責任をもたねばならない」という意見に賛成する比率　115
表 3-20 「北アイルランド経済を成功させるには、労働者は自分が遅れをとらない
ようにスキルの学習に責任をもたねばならない」という意見に賛成する比率　115
表 3-21 グループや組織への参加レベル別にみた「成人になってからの学習が人々に
まったく新しい世界を開く」という意見に賛成する比率　　　　　　　　　116
表 3-22 グループや団体で活動的な人々のうち、生涯学習についての意見に賛成する
メンバーの比率　　　　　　　　　　　　　　　　　　　　　　　　　　　117

ソーシャルキャピタルと生涯学習

はじめに

　1990年代には、「学習社会」の概念とその目的について広範な論争が繰り広げられた。この論争は教育訓練システムを近代化し改革するという考えと深く結びついていたので、若者がスキルや知識のしっかりとしたプラットフォームを得て成人生活に入れるようにしただけでなく、成人自身が生涯にわたって学習を続けられるようにもした。もっとも狭い意味では、この論争はとりわけ高度のスキルをもつ知識労働者の新しい幹部の間で成果と参加をより一層高められるように既存のシステムや教育機関の調整を単に意味するに過ぎないものであった。学習社会はパフォーマンスの高い知識経済の前提条件だといわれる。それとは違った学習社会についてのより広い考え方では学習の価値がそれ自体において、また参加や完全なシティズンシップへの玄関口として強調されてきた。すなわち、こうした見方では、文明社会とは年齢やライフステージに関係なく、すべての者に権利として学習の機会を提供する社会なのである。

　たとえ私たちが比較的狭い学習社会の定義を用いたとしても、それがもつ意味はラディカルである。いかなるコミュニティも、その成員が急激に変化する経済において、またそれに備えて、求められるスキルと知識を身につけるように保証するためのフォーマルな編制（arrangements）にたとえ限定したとしても、こうした見方は教育訓練システムの改革のためにすでに相当大きな起動力を生み出している。欧州連合（以下、EU）や経済協力開発機構（以下、OECD）のような穏健な国際機関の冷静沈着な政策立案者たちの会合では、新しい経済が今日のものとは劇的に異なる教育訓練システムを要求するという結論が出されている。経済の競争と成長に関する1994年の白書において、欧州委員会は、これからの教育改革は生涯学習と継続的訓練を開発し、

普及し、システム化するという考え方にもとづくべきだとさえ主張した (CEC, 1994, p 136)。これは実にラディカルな精神であり、結果として欧州委員会のみならず多くの先進諸国に生涯にわたる学習ばかりか生活全般にわたる学習にも目を向けさせることとなった。すなわち、人々が生涯にわたって新しいスキルや知識を獲得し、創造し続ける多岐にわたる様々な生活領域に対してである。実際的な点から言えば、こうした精神は職場学習、家族学習、コミュニティ学習といった領域に対する関心、そしてそうした領域が知識やコンピテンスを重んじる、よりフォーマルなシステムといかにして関連づけられるのか——しばしば用いられる表現を借りれば「取り込まれる」（captured）のか——ということに対する関心へと帰結していった。

　生涯にわたる、また生活全般にわたる学習の複雑さと拡散性を認識することはそれ自体挑戦的な考え方であり、より伝統的な教育訓練システムによっては容易に吸収できない考え方でもある。ところが、学習社会という考え方はより一層ラディカルで、厄介で、興味深い（と私には思える）諸問題をも提起するのだが、それらは本書の心臓部をなすものである。そうした問題の核となるのは、新しいスキルや知識の獲得を促進することにかけて、様々な社会的制度の間に優劣の違いがあるのかどうかという問いである。子ども時代ばかりでなく成人生活に入ってからも、教育訓練から私たちができる限り多くのものを得ようとする意欲をそぐような社会的価値や行動パターンがあるのだろうか。社会圏（social milieu）のタイプの違いによって私たちが新しい知識を学習したり修正したり創造したりする傾向の強弱があるのだろうか。私たちは教育機関からよりも社会的つながり（social connections）から、より多くを、またより価値あることを学ぶのだろうか。私たちが結ぶ関係の中には、知識を学んだり創造したりするのを抑制するようなタイプと促進するようなタイプとがあるのだろうか。そしてこのうちいささかなりとも理にかなったものがあるのなら、私たち——政策立案者、教育関係者、より広いコミュニティの人々——はそれについてどうすればよいのだろうか。

　これは非常に広い学習社会観であり、私たちをほとんど海図のない領域へと引き入れる。もちろん、こうした見方は人間の学習の性質と範囲をめぐる既存の論争に支えられている。特に、この見方は学校やカレッジといった所定の教

育機関で行われるフォーマルな教育に対する教育理論や論争の陳腐な焦点から注意をそらす。それはまた人間を常に既存の知識の獲得者・伝達者であり、新しい知識の創造者であるとみなす見方をしている。知識の獲得者・伝達者と創造者という両方の能力において、人々は社会構造、実践、制度から利益を得るとともに、それらによって制約を受けているのである。しかし同時に、人々は絶えず自分がそこに身を置く構造、制度、実践を生成し再生している。さらに言えば、人々は社会編制(social arrangements)をつくりかえるうえで新しい情報や理解を利用し、適用し、生み出しているのである。何か着るものを買うとか、パートナーと別れるとか、新しい職を探すとか、親と口論するなど、この変化のプロセスそれ自体いささか面白味のないものかもしれないが、こうした日常の変化は積み重なってより大きな社会変革のプロセスとなるのである。

　社会学者や教育学者ならこうした議論の方向性がどこから来たのかがわかるはずだ。教育学者は私の学習観が、大まかに言って構成主義的なものであると言い当てることであろう。構成主義的な見方は人々が日々の生活を送る際に意味と新しい理解をつくり出すことに絶えず積極的に関わるところをとらえる。社会学者は人々と社会的制度の間の相互作用についての私の説明が構造と行為主体性（agency）について解釈的に考える長い伝統の一部であり、階級と権力に関するピエール・ブルデューの社会学（Bourdieu, 1977）や、構造化に関するアンソニー・ギデンズの理論（1984年）や、いわゆる「再帰的近代化」に関するギデンズ（1991年）とウルリッヒ・ベック（2000年）の、より最近の研究から、部分的に影響を受けたものであることがわかるであろう。これらの理論は私の仲間の研究者によって検討される守備範囲であるので、他の読者はこの一節をちょっとした学問的余談として大目に見ることに同意してもらえるとよいのだが。私が指摘しようとしている点は、つまるところこうなる。すなわち、学習という概念は教育という概念とは非常に異なるものであり、より広い社会的文脈への人々の関わりはこの二つの概念の間の区別のきわめて重要な一面なのである。

学習と教育の区別

　こうした根本的な相違点はとかく軽視されたり、無視されることさえある。

フォーマルな教育は個人にとっても、より広いコミュニティにとっても相当重要なものだが、人々が行う異なる種類の学習にある無限の多様性や範囲という、より広いパースペクティブの中においてみなければならない。多くの教育は外的な押しつけとして、すなわちフォーマルな必要物として経験され、その内容の多くは私たちを素通りしてゆく。学習はそれによって個人とコミュニティが目標到達のために積極的に自分たちの能力を向上させようとする、教育よりもはるかにどこにでも見られるプロセスである。学習は様々な場において、私たちの生活の異なる領域にわたって行われる。私たちの学習のごく一部が教育の場で行われるに過ぎないし、しかも教育の場で学ぶことはかならずしも教師が意図することだとは限らない。学校では、私たちはいじめっ子への対処の仕方や、欲しくない学校給食の処分の仕方やチューインガムや携帯電話に関する規則を切り抜ける方法を学ぶかもしれない。こうしたことはすべてフランス語の習得や、年表の記憶や、少しは興味を引く化学実験の実施に成功したり失敗したりするのと並行して起こる。学習とはご存じのとおり境界がぼやけていて恐ろしく広い概念なのである。学習はそれによって私たちが変わりゆく環境に関わり、私たちの生活をコントロールしようとする積極的なプロセスなのである。

こうした区別は成人教育の世界では少なくともこの50年間、必要不可欠のことであった。多くの成人教育関係者は一方におけるフォーマルな学習（特定の機関における計画された組織的な学習）と他方におけるノンフォーマル、インフォーマルな学習の間に明確なコントラストをつける傾向があった（Colley et al, 2003）。「ノンフォーマルな学習」という語は、三つだけ例を挙げるとすれば、労働組合や自発的結社や会社などのような、たいていは教育以外のことがらを主な目的とする団体によって提供される教育を言い表すときに用いられてきた。「インフォーマルな学習」という語は非常に広いもので、第三者による意図的な教育の結果としてよりも、むしろ個人の生活経験の結果として行われるあらゆる形態の学習を指す。これは経験の単なる副産物である偶然的な学習から、図書館通いや相談、インターネットサーフィンなどの手段によって自分自身を教える意図的な試みまで、広い範囲に及ぶ。プロセスとしての学習があらゆるものを含むという性質をもっていることを考えると、こうした

定義を明確化する試みは失敗に終わるのが落ちである。さらにいえば、成人教育の系譜にいる人たちの多くは、こうした大まかな学習の種別を明確に分けるだけでなく、それらが相互に対立し合うような、いささか単純化した見方でこうした異なる三つのタイプの学習をとらえてきた。実際は、これら三つははるかに相互に絡み合っており、複雑でつかみどころのないようなかたちで、それぞれに並行して同時に起こるものなのである（Colley et al, 2003）。

　学習を分析するこのような種々の方法に加えて、私たちは知識の異なるタイプをも区別することがある。またもや、学習社会の言語は、試験制度において検査されるようなタイプの、明示的でコード化された知識のフォーマルで公認された集合体に対して、慣習的に注がれてきた関心からの転換と結びついている。教育者は、人々の活動や諸関係の中に埋め込まれていることが多く、容易にははっきりとさせることも、明確に示すこともできない暗黙知の重要性をますます認識するようになっている（Polanyi, 1966）。おそらく、もっとも広く知られたこの問題の分析は、1990年代にマイケル・ギボンズとその協力者たちによって行われた知識のタイプの区別であろう（Gibbons et al, 1994）。彼らはモード1の知識とモード2の知識の間にある違いを対照的に示す。モード1の知識とは、彼らの定義によると、アカデミックで単一の学問領域に根ざし、抽象的で体系化された一般論であり、モード2の知識とは、彼らの考えでは、ハイブリッド化し、異なる学問領域、異なるセクターから集まったチームによってつくられ、実際的問題によって生み出され、応用が可能で、しばしば特定の文脈に固有の知識である。モード1の知識は当面の間は重要であり続けるだろうが、モード2がますます科学的生産の新しい世界を支配するようになっていると彼らは考えている。さらにいえば、彼らが強調しているのだが、これは孤立した個人よりもむしろ集団によって創造される知識のタイプなのである。その起源は問題解決のための集団的な試みにみられ、その意味は組織的な場において適用されることによってのみ実現されるのである。

　本書の中心的な主張は、人々の社会関係が学習のための能力において重要な役割を果たすということである。学習を単にスキルや知識の獲得につながるものと理解するのか、より広く、スキルや知識の創造に関わるものと理解

するのかによらず、私はこの仮説を十分通用するものと考えている。これは実際には驚くにあたらない主張である。というのは、結局のところ私たちは、すべて自分が好きで信頼する人たちの態度によって影響を受け、これが人生の他のすべての領域ほどにはスキルや知識にはあてはまらないという明白な理由はない。実際に、この主張は若い人々に関しては根拠もあって定着しており、家族と仲間集団が、学校やカレッジに対する態度を形成するのに役立っていることを否定する教育者を探すのはむずかしい。それなので、たとえいささか限られた意味であっても、社会的ネットワークが若者の間で教育達成を形成するという考えは広く受け入れられている。

つながりと教育的経験

若者に関するこうした議論の方向はかなり明白なものである。私たちの友人や家族が学力（academic achievement）を賞賛すれば、こうした見解を共有して、それに従って子どもたちを育てようとする。私たちが質の高い職人芸に誇りをもつ人々に囲まれていれば、子どもたちを徒弟制に入れようとする見込みはさらに高い。移住者の多いコミュニティの場合を見ればわかるように、これはかならずしもさほど明白な関係ではない。ニューカマーのコミュニティが学校システムを疎遠で抑圧的なものとみなすならば、彼らは学校システム内での学力についてとかく懐疑的になりやすい。受け入れ側社会にあって学校教育を経済的不利と社会的偏見を克服するための手段とみなすニューカマーは、そうしたシステムの条件の中で若者たちに学力向上の圧力をかける傾向が強いであろう。しかし、たとえ構図が複雑であっても、人々のつながりが若者の教育的経験を形成していることは広く意見の一致するところである。本書は社会関係もまた、大人によって行われる、生涯にわたり生活全般にわたる学習に影響を与えるものだという可能性を探ろうとするものである。

こうした分析において、私はソーシャルキャピタルに関して高まりつつある議論を活用する (Field, 2003a)。ソーシャルキャピタルは「社会的ネットワーク、そこから生じる互酬性、相互の目標を達成するためのそれらの価値」からなるものとして定義できる (Schuller et al, 2000, p 1)。この概念は社会科学

において急速に馴染みのあるものとなっており、学業成績（school attainment）やビジネスイノベーション、コミュニティ開発、社会的包摂などの研究分野で特に影響力をもつようになった。この概念は、相互の利点のために人々の協力を可能にするうえで、人々の関係や彼らが自分とつながる人々との間で共有する価値が果たす重要な役割を強調する。もちろん、これはまったく新しい考え方ではない。たいがいの人は家族や、友達や、ちょっとした知り合いや友達の友達といったつながりがお互いの手助けとなるものだということに気づいてきた。19世紀末の学者で、しばしば社会学の始祖と評されているエミール・デュルケームは、諸個人の間のつながりの複雑な階層性が、封建的秩序の習慣的、ヒエラルキー的な「機械的連帯」の対極に置かれる、いわゆる「有機的連帯」によって社会が結束を保つことを保証するのに役立っていると考えた（Durkheim, 1933）。より常識的なレベルでは、特に才能のない個人の、ほかに説明しようのない成功を説明するのにふつう用いられるフレーズだが、「大事なことは何を知っているかではなく、誰を知っているかなのだ」と人々がしばしば言うのを聞くことがある。しかし、ソーシャルキャピタルの理論の背後にある、中核的な思想がよく知られたものであっても、現在の論争はいくつかの点で新しい出発点となるものである。本書にとっては次の3点が特に重要である。

第1にもっとも重要なこととして、ソーシャルキャピタルという概念は権力と関わりがある。社会関係を資本の一形態として扱うことによって、この概念は社会関係が、人々が自分たちの目標を達成するために拠り所とする一つの資源であると考える。ソーシャルキャピタルが人々をエンパワーする資源であるという事実があるからといって、友達がいる人は誰しも他の人に対して権力を行使することになるということにはかならずしもならない。人は他者に対して権力を行使するために、自分がもつつながり（connections）を利用することがあるが、他者がもつ権力を用いるためにも自分のつながりを利用することもある。私が第1章で取り上げる考えをもつ論者たちにも見られるように、私もソーシャルキャピタルを多くの潜在的な資源群の一つであるとみなす。フランスの社会理論家で人類学者のピエール・ブルデューはソーシャルキャピタルを数ある重大な資源群のうちの一つであると定義したが、

そこには経済資本だけではなく文化資本（差異や卓越性を主張する方法として、好みのような文化的表徴を利用する能力）が含まれる。ブルデューはほぼ変わることなくソーシャルキャピタルが経済資本ほど重要ではないと考えたのだが、それは私が共有したい考えでもある。ここでの鍵となる問題は、ソーシャルキャピタルが他者の協力を保証することによって自分の目標を達成するための人々の能力を高めることができる、一つの潜在的な資源として役立つということである。

ソーシャルキャピタルと教育

　ソーシャルキャピタルに対する注目は、かなりの程度ソーシャルキャピタルと教育および関連する問題との関係に関わるものである。私はこうした文献を第2章で詳しく検討する。ソーシャルキャピタルが学齢児童に及ぼす影響について、ジェームズ・コールマンが行った先駆的な研究以降、こうした文献の多くは、もっぱら学校教育に関心を向けてきた。教育研究者がソーシャルキャピタルと学校外の学習について調べてきた限りでは、高等教育や他の義務教育後の教育訓練施設に関する研究も増えてきたが、今なお彼らの関心は概して教育制度に向けられている。対照的に、インフォーマルな学習は教育研究者からろくに注目もされていない。そこで、第2章では、人々のネットワークと人々のインフォーマルな学習およびフォーマルな学習との間の結びつきに関する実証的な証拠を検討する。それから第3章では、学習に対する人々の態度や、そうした態度がより広い社会関係への人々の参加とどのような関連をもつのかについての調査データに基づいて、価値と行動の問題を考察する。

　実証データからは、人々のネットワークと学習の間にはきわめて重要な関係があることが示唆されている。しかし、こうした関係は顕著に大きいとはいえ、単純でもなければ一連の他の要素から独立して作用するものでもない。これは教育訓練だけの意義を超えてより広い意義をもっている。それというのも、ビジネス研究者の間では、ソーシャルキャピタルが、企業内および企業間の知識と情報の流れを容易にしたり遮ったりすることによって、組織のパフォーマンスに影響を与えるものだということに新しい関心が芽生えているからだ。加えて、特定の近隣社会や地域の繁栄と経済のためには、コミュ

ニティに基礎をおくソーシャルキャピタルの今日的意義について、より小さくはあるが、それでもそれなりに大きな意義をもつ研究がある。ソーシャルキャピタルという概念自体が、異なる学問や多様な研究分野の間の橋渡し役を果たしうる度合いが高いことは、この概念を生涯学習の文脈でより詳しく調べてみる価値がある強固な理由である。しかしながら、現代社会における社会行動の変わりゆくパターンを私たちが理解するために学習がもつ意義を考えると、そうした実証データにもまたより広い理論的意義がある。これについては第4章で扱うつもりである。

　ソーシャルキャピタルという概念には、学者と様々な利害関係者の間の対話を可能にする一つの方法として、かなりの潜在的可能性があることがわかってきた。この概念は学者の間に、実に大きな興奮を呼び起こした。それは主に社会学においてであったが、保健学や犯罪学、経営管理、メディア研究、教育学といった応用分野のみならず、政治学、経済学でも見られた。また、この概念を政策形成に応用できるのではないかという強い関心もあった。主立った国際政府機関の中では、ソーシャルキャピタルに関する重要な研究が世界銀行、OECD、そして規模は小さいとはいえ、欧州委員会から出てきた。こうした研究については第5章で論じるが、そこでは政策立案者やその政策顧問が、ソーシャルキャピタルの考え方を用いて行おうとした仕事の様子にも目を向けた。ソーシャルキャピタルに対する政策的関心は、ソーシャルキャピタルの結果とみなされるか源泉とみなされるかにかかわらず、ほぼ例外なく学習の意味への関心（通常、ヒューマンキャピタルという概念で捉えられる）へと通じる。

　私はソーシャルキャピタルの概念について疑問を呈し、一方で同時にその概念を利用しているので、この術語について若干の説明を加えておくことが適切である。言語は重要である。何かを資本（キャピタル）と呼ぶことはそれならではの意味をもつ。一つには、これは経済学の言葉が、公共投資の優先順位を確定し正当化することに常に関心をいだく政策形成に借用されるために起きている。「コミュニティ」や「生涯学習」といった観念が軽佻浮薄で無駄の多いものに聞こえるようなところでは、ヒューマンキャピタルやソーシャルキャピタルという言葉から示唆されることは、私たちがそれぞれ

において公共投資のコストと利得を確定し測定したり、それらを公的支出の他の領域に対する類似の勘定と比較することができるということである。同じく、政策立案者の注意を自分たちの主張に惹き付けたいと思っている人々は、商業銀行員の言葉で書いたり話したりすれば、自分の話にもっと耳を傾けてもらえるだろうと考えるかもしれない。社会主義経済学者のボブ・ファインはまさしくこうした理由からソーシャルキャピタル概念を拒絶した。彼にとってみれば、この言葉は経済学の、学問としての植民地化志向を示すものであり、有力省庁としての財務省の位置を示すものなのである（Fine, 2000）。おそらくその通りなのであろうが、私たちはものごとを等しく逆の面から見てみてもよいであろう。

　様々な資本の複合——その中にはソーシャルキャピタル、文化資本、アイデンティティ資本、知的資本などがある——は私たちが経済的思考の社会化（societalisation）とでも表現されるような事態を、その逆と同じ程度に示してくれる。伝統的な自由市場経済は個人の選好や関心を個々ばらばらにして見てきたのだが、人間の行動の社会文化的側面を認識する見方に屈したのである。政策立案者にとっては、このことは純粋な経済政策措置さえも人々の行動を形成する、より広い社会関係や価値を考慮しなければならず、人々がどのように新しい政策を受け取ったりそれに反応したりするのかを解明しなければならないということを意味する。このことは、政策的介入が何らかの影響力をもとうとすれば個人と組織の同意に完全に依存し、また同意がなければ劇的に否定的な影響が待ち受けている生涯学習のような領域においてとりわけあてはまる。

　近年の多くの論争は、ソーシャルキャピタルと生涯学習という対になった問題に集中しており、しかもますますその二つの関係を調べることに関わっている。この問題は反省性、アイデンティティ、変化をめぐる現在の論争と特に関係しているので、社会科学者にとって興味深いことである。この問題はまた、実践に、そしておそらくは政策にも関連している。たとえいくぶんためらいがちではあっても、政策コミュニティのいくつかの重要な部局には、この論争が彼らの関心にとってもつ今日的意義についての説得を受け入れる率直さがある。現在、この議論は始まったばかりであり、何よりも本書はさらなる研究と分析のための、より確かな拠り所を提供する試みである。

第1章

社会的つながりと生涯学習

　私たちの人生の多くは他者とのつきあいの中で過ごされる。私たちは愛する人たちだけでなく、職場の同僚、友人、隣人、ビジネス仲間、店員、バーテンダー、クラブメンバー、郵便配達人などを含め、私たちが知るいろいろな人々と日常的に出会う。人生を生きていくにつれて、私たちは新しい関係を手に入れ、古い関係を失っていく。そして関係の意味が時間の経過とともにしばしば変わることもある。本書は私たちの日常的な諸関係と、それがとるパターンが生涯にわたって私たちの学ぶ能力に対して与える影響のありようを検討する。

　もちろん、関係する範囲の広さは人によって異なるし、関係の親密さも人によって異なる。私たちの関係の性質がどんなものであろうとも、私たちはみんな定期的にその関係を利用する。関係は私たちがモノやサービスを手に入れるうえで役立つ。すなわち、関係によって共通の利益について話し合う機会がもたらされたり、最新のゴシップを聞いたりする。関係により私たちは自分が何者であるかを確かめ、望むらくは愛情の対象だけではなく愛情をも与えてもらうのだ。逆に、孤立した人々はつながりがないことに苦しむものだ。言わずもがなのことだが、孤独が不快なものだとほとんどの人が思っているからだけではない。孤立は、状況が厳しくなったときに頼る人がいない、ものを借りる人がいない、状況を教えてくれる人がいない、そしてお返しに同じようなサービスをしてあげる相手がいないということでもある。

　本書は私たちの関係が資源でもあり、資本の一形態として役立つという点に主として関心を向けている。特に、人々が新しいスキルや情報や知識を生涯にわたって獲得し、また新しいスキルや意味や知識を生み出す方法に、こ

のソーシャルキャピタルが影響を与えることがあるという点に目を向ける。ソーシャルキャピタルも生涯学習もともに近年ひときわ分析の対象として注目を浴びている。この章ではこの二つの概念について探究し、両者の関係を検討することを目指す。それを学習地域、学習都市、学習組織といった関連する概念とともに、学習社会という考え方の文脈の中で行うのである。こうした概念がすべて共有しているのは人々の相互の関係の構築と人々が行う学習の質は根本的に結びついており、両者はお互いを益するかたちで相互に利用し合っているということである。

　たいていの著者はこれらが複雑な問題であることや、政策立案者に迅速かつ単純な教訓がほとんどないことをも認識している（Smith and Spurling, 1999; NESF, 2003; Faris, 2004）。ある程度の概念の明確化が分析の必須要件である。この初めの章では、私たちは人々が異なる種類の相互のつながりに組み込まれていると認識する、ソーシャルキャピタルという明確な概念を必要としており、それゆえこうした様々なつながりによって、種類と程度が多岐に分かれる資源を利用する機会が用意されることが必要であるのだということが示唆される。この章ではまた、学習が解放と従属の間に絶えざる緊張を引き起こすものだということを認める、生涯学習という概念を明確化するために議論する。

　ネットワークと学習についてのこれまでのほとんどの研究とは違って、この研究はもっぱら、成人生活におけるソーシャルキャピタルと学習との関係性を取り扱っている。本章では、後に続く、よりデータに即した章の概念的背景を提供する。まずは、成人学習の社会的文脈に関する今日の論争について説明することから始める。それが市民参加と成人学習の間にある長い関連性を手短かに考察することにつながる。今や終わってしまったように見えるし、人々の成人学習と人々の社会的絆の間にある非常に異なった関係性によってますますとって代わられつつある関連性についてである。本章ではそれから、社会科学に急速に登場してきているソーシャルキャピタル概念について詳述することにする。そのあとさらに、ソーシャルキャピタルと成人学習が相互にどのように関係し合うのかを検討し、ありうる関係を仮説的に類型化して描くことによって締めくくる。

社会的文脈からみた成人学習

　人々の学習は常により広い社会的文脈の中で行われる。最近まで、そうした社会的文脈が、人々が成人生活で行う学習とどのように関係しているのかについてはほとんど分かっていなかった。とりわけ、成人学習と、いわゆる人々の中間レベルの機関への所属や、家族から様々な市民運動に至るまで、一連の集団（association）への人々の関わりとの間の関係を検討する試みはほとんどなかった。マクロなレベルでは、参加の社会的文脈に対する調査研究は、社会経済的地位、エスニシティ、ジェンダーといった一般的な社会的因子が、人々の機会を定めたり、決定を下したりするうえで、強力な役割を演じているようだという、大まかな認識の範囲に限られてきた（例えば、Sargant, 1997）。より広い統計的な動向について、大規模調査からわかることがあるとすれば、状況に埋め込まれた学習や経験学習から影響を受けた研究は学習状況の直接的な環境を強調する傾向があったが（Lave and Wenger, 1991）、ライフヒストリーの研究者は一般に、個人の主観的な経験と認識を調べる学習に大きな光を当ててきたのだが、一般に個人の直接的な学習環境が埋め込まれている社会的相互作用や結びつきの直接的なパターンを解明することはできなかった。

　しかし、到底これは未踏の領野ではない。これまで、学習が日常社会生活に埋め込まれているという点に対する関心がごく限られたものであったとしても（Fordham et al, 1979；Jarvis, 1987）、主体的市民参加（active citizenship）と成人学習の関係は学術文献の共通のテーマであった（Bron, 1995）。ヨーロッパの歴史研究者は、成人教育を提供し、要望するうえで大衆的な社会運動が果たした役割にとりわけ関心を抱いてきた。これは19世紀と20世紀初頭に特に強い役割であった（例えば、Goldman, 1995; Fieldhouse, 1996; Rose, 2002; Roberts, 2003を見よ）。英国とスカンジナビアでは、こうした教育的運動のルーツは18世紀後半の非国教派教会に見いだすことができる。すなわち、スカンジナビアや英国・アイルランドの一部地域では、こうした運動はその後、禁酒運動につながった。工業化と大規模な都市化の始まりとともに、19世

紀および20世紀の主要なヨーロッパ労働運動もまた、運動参加者をエンパワーする教育の役割を大いに果たした。今世紀に入ってすら、多くの国々で行われる労働者のパレードは、「知識は力」と書かれた色とりどりの旗を先頭に掲げている（Gorman, 1986）。これは、20世紀の英国では、労働者カレッジや労働者教育協会（WEA）やラスキン・カレッジといった多様な組織によって表明された考えであった。女性の運動は、学問的な注目を浴びることがいくぶん乏しかったものの、道義的に女性に選挙権を与えるべきだというだけでなく、教養をも備えているということをとりわけ示すために、同様に運動参加者の教育に関心をもっていた。地方の女性に成人教育を提供するために、1917年に地方都市婦人会（Women's Institute）が発足した頃にはすでに、それよりもはるかに知名度の低い婦人協同組合（Cooperative Women's Guild）がすでに労働者階級の女性を対象にして同じことを30年にわたって行っていた。

アグニーシュカ・ブロンはこうした運動を、シティズンシップの考え方を支える一般教育を提供しつつ、市民的結社の原理で参加者を訓練する「民主主義のための学校」であったと表現した（Bron, 1995, p 21）。1957年にロンドン大学の公開講座で行われた講演の中で、R・H・トーニーは、こうした有機的な結合は偶然ではなく、むしろ教育的な深化は社会運動が体現する新しい社会観の直接的な結果であると示唆した。

> 真面目な教育運動は、すべてイングランドでは社会運動でもあった。そうした運動は人間にとって正しい生活および人間がもっともよく生きることができるような社会という、ある際立った考え方の一面——心と性格の訓練——を表したものであった。（Tawney, 1964, p 84）

せめてちょっとの間、トーニーの言葉にある一定の限界は忘れよう（私たちは今日、イギリス人からなる世界がより広い社会的真実を代表していると考える傾向は薄れている）。本書の議論のためにそれよりずっと重要なことだが、シティズンシップのために成人教育が行われるというトーニーの「古典的」時代はすでに終わりを迎えている。西欧やオーストラリア、ニュージーランドでは、1920年代以降、民主主義的シティズンシップや集団的地位向上よりも余暇

や社交に関心をもつ成人教育運動が発展した。このことは不可避的に、政治的・社会的変革を促進するために出現した成人教育運動にも影響を与えた。これはどちらかといえば、成長する福祉国家——それは大きな社会運動の多くが目指してきたものであり、それが達成したことを成人教育運動は近代化と民主化という対をなすプロセスにおける偉業として歓迎した——が作り出されたことで加速化した。

　1980年代と90年代にはすでに、近代的な成人教育機関をつくった社会運動は長期的な支持の低下に直面していた。労働組合、社会民主主義政党、協同組合は加入者数の減少と、それ以上に急速にすすむ加入者の参加レベルの低下と闘った。空っぽの礼拝堂は商店や住宅に転用され、フェミニズムや平和運動、反グローバリゼーション運動などの新しい社会運動が登場しては同じ速さであえなく消えた。一方では、社会的目的を掲げる成人教育は少数派の伝統となって、ますます手段的、職業的、あるいは消費者主権的な性格を帯びるようになっていた提供システムにとって、許容はされているものの、明らかに周辺的な位置へと追いやられた。トーニー的な意味で新しい社会運動もまた学習運動である限り、そうした運動はフォーマルな成人教育機関との関係の創造には関心が乏しかった。

成人教育と市民参加

　にもかかわらず、ヨーロッパの多くの研究者は現代社会において成人教育が市民参加とどのように交差するのかを調べ続けた（Hedoux, 1982; Elsdon et al, 1995; Brandstetter and Kellner, 2001; Shemman and Bron, 2001; Coare and Johnston, 2003）。実証的な面で、公共領域に関わる人々は何かを能動的に学ぶ人々でもあるということを示唆する説得力ある証拠がある。このことは、イングランドとウェールズでの成人学習の多くの大規模調査のさきがけとなった報告書の知見から、1960年代にすでに明らかになっていた。国立成人教育研究所(National Institute of Adult Education）によって1969年に行われた研究によると、地方教育当局もしくは労働者教育協会や大学の成人教育プログラムで学んでいる人々は、クラブや同好会に属していたり、コミュニティサービスや文化活動に対して関心をもつ確率がぐんと高いことがわかった。同じ研究によって、

二つの成人教育学習者グループの間に有意差があることも明らかになった。地方教育当局で学ぶ学習者は一般の人々よりも社交性や社会参加のレベルが高かったが、労働者教育協会や大学のコースを履修する成人教育学習者はさらにそれらのレベルが高かったのである（NIAE, 1970, pp 145-8）。10年後に行われた英国の提供団体に関する体系的な調査はその著者たちに次のように言わしめた。「成人教育が政治的意義を帯びるという伝統は今も生きているが、健在とはいえない。かなりの規模で行われているが、全体の活動と比べると小さいし、そこには哲学と原理が欠落している」（Groombridge et al, 1982, p 15）。

しかし、著者たちにとってみれば、成人教育と市民参加が関係し合うものだという仮定を疑うことなど考えてもみないことであった。

成人教育と参加の間の明示的な関係が望ましいものだということについてのそうした確信は、英国では1980年代を生きながらえることはなかった。にもかかわらず、いくつかのより最近の研究では、市民活動と生涯学習活動とが人々の時間を取り合う、競合する関係にあるにもかかわらず、能動的な市民は生涯学習にも熱心な傾向にあることが明らかにされた（Field, 1991; Benn, 1996, 200; Preston, 2003）。例えば、他の条件がすべて同じなら、労働組合に属する労働者は非組合員よりも職種に関連した訓練を受ける傾向が強いという証拠がある（Livingstone and Sawchuk, 2004; TUC, 2004）。調査データによれば、様々な組織的文化活動に参加する成人は学習に参加する傾向が強いことがわかった（Sargant, 1997, ch 11; Field, 2003b）。こうした研究はどちらが原因でどちらが結果なのかを同定することはできなかったものの、市民参加と成人学習の間にある強い関連性を繰り返しはっきりさせるものである。

多くの調査から、最高レベルのフォーマルな教育を受けた人々は、市民活動に関わる傾向がより強いことがわかる（Field, 2003a, pp 75-6）。すでに指摘したように、原因と結果を選り分けることはむずかしい。しかし、特に高等教育を受けた経験が卒業生の態度や行動に及ぼす影響に関していえば、ここには因果関係の一定の証拠が見られる。英国世論推移世帯調査（British Household Panel Study）から得られたデータを用いた分析によってわかったことは、高等教育に入学しようとした人はそうしなかった人よりも市民活動へ

の参加レベルが高いが、実際の入学による付加的な影響は若い学生にとっても年長の学生にとっても非常に小さいものだということである（Egerton, 2002; see also Emler and McNamara,1996）。それゆえ、多くの人々にとって、市民参加と教育を受けた経験は日常の生活の過ごし方において緊密に関係はあるが、区別される要素であるといって差し支えないであろう。ブルデューの言葉を借りれば、この二つは教育を受けた中産階級のハビトゥスの一部なのである。

市民の活動領域で学習と社交性を結びつける証拠だけでなく、両者には直接の経済的影響があるといわれる。例えば、ビジネスイノベーションや技術革新に関心をもつ学者は人々の関係性が彼らの学習といかに絡み合っているかということにますます注目するようになっている。変革を英雄的な個人——発明家であれ起業家であれ——の業績として示すよりもむしろ、知識に基盤を置いたイノベーションはますます社会的ネットワークや協同的な学習に根ざした問題解決のプロセスの一部とみなされるようになっている（Porter, 1990; Lundvall and Johnson, 1994; Lall, 2000; Maskell, 2000; Szreter, 2000, Cooke, 2002）。

こうした著者たちによれば、ニュー・テクノロジーやアプローチの広まりは概して起業家の関係性の範囲と性質およびそれらが可能にする学習の産物である。とりわけ、ルンドヴァルとジョンソン（1994）は企業による集団学習が、ローカル化されたイノベーション・システムと彼らが呼んでいるものから恩恵を受けている点を強調した。グローバル化した市場で他の会社と競争しているときでさえ、企業は彼らが直接対面して他のインサイダーから得る情報とアイデアを利用する手段から恩恵を受けているのだ（Maskell, 2000; Maskell et al, 1998）。同じ産業で働く人々は、同一の前提を共有し、共通の慣行に馴染んでおり、時にはアウトサイダーには不明の言及やほのめかしに満ちた専門的な言葉を使ったりするものだということを考慮に入れると、ローカル化されたネットワークは特に暗黙の、埋め込まれた知識の形態へのアクセスを容易にしてくれる。ポランニー（1966年）は実践をとおして体現され、特定の関係性や文脈に埋め込まれた知識を言い表すのに「暗黙知」という語を作り出した。コード化された知識とは対照的に、その結果は行為の帰結に見ることができるが、暗黙知それ自体は、コード化できるようなかたちで容

易に明示的にはっきりさせることができない。

暗黙知と明示知

　実際には、暗黙知と明示知の間の境界線はしばしばぼんやりしている。ソフトウェア技術者の間で行われるインフォーマルな学習の研究において、ジュアニ・スウォートとニコラス・キニーは多くの回答者が、自分がもつ専門的知識を書きとどめたり記号で表したりすることができなかったことを明らかにした。彼らは特定のソフトウェアコードに馴染んでいるにもかかわらず、共有する実践によってのみそれを教えることができたのである（Swart and Kinnie, 2003, p 63）。キーポイントは、暗黙知がとりわけ共有された基盤の上に作り出され、人々がお互いを知り信頼しあっている場合にもっとも効率的に伝達されるようだということである。対照的に、より明示的で抽象的なかたちの知識はある一つの空間において生成されて、コード化されしばしば定式化されたかたちで他者に伝えられるものである。

　というわけで、ソーシャルキャピタルと信頼は、インフォーマルな学習を促進することによってイノベーションを下支えするうえで重大な役割を果たすようである。しかしながら、ルンドヴァルとジョンソンはローカル化されたイノベーションシステムにおける知識の外部的源泉（例えば大学）によって演じられる重要な役割にも注目し、相互作用が持続し集中すればするほど、新しい情報が吸収され応用されるようになると予言している（Lundvall and Johnson, 1994）。英国の産学協同に関する、近年の権威ある調査報告書に書かれているとおり、現在の一致した意見では「知識移転の最善のかたちは人の相互作用と関わっている」（Lambert, 2003, p 31）。

　ソーシャルキャピタルの経済的重要性は、起業家やビジネスリーダーの行動に限定されるものでもない。協力を可能にする際により広い職場の中での社会的つながりの役割についてもほぼ同じことが言える。これはほとんど新しいことではない。というのも、労働者の間のインフォーマルな相互作用も常に重要だったからである。賃労働が存在するようになって以来ずっと、労働者は自分の職や自分の子ども（通常は息子）の職を見つけるのに役立てるために、自分の職に関連するスキルや知識を伝えるために、結束を固めて雇

用主からの要望を拒否したりするために、そして一般に人生をより生きやすくする方法を見つけるために、自分自身と他人の個人的な知り合いを利用してきた。こうしたインフォーマルなネットワークの代わりになるからという理由で、福祉国家の官僚制的構造とフォード方式の産業組織が部分的に採用されたが、実際には人々はなんとかやっていくためにコネ（connections）に頼り続けた。例えば、仕事を見つけるうえで緩やかな絆が果たす重要な役割についてのグラノヴェッターの古典的論文は、フォード方式による製造業がまだ全盛期だった1970年代初頭に発表された（Granovetter, 1973）。経済の構造的変化は、個人的なコネがもつ価値を腐食させていったというよりも、むしろコネをより重要なものにしている。ほんの一つ例を引いてみると、政府の助成を受けたスキル調査は典型的に、「職を探している人にもっとも一般的に欠けていると思われるスキル」の一部として対人関係コミュニケーション、チームワーク、問題解決、顧客取引関係のような、いわゆる「柔らかいスキル」を浮かび上がらせている（Scottish Enterprise, 2003, p 35; see also Expert Group on Future Skills Needs, 2003, pp 86-94）。

　労働組織での近年の発展は異なるタイプの労働者が知識を創造し交換するやり方にさらに重みづけを増した。ユーリア・エンゲストロームは最近の分析で、彼が言う「共認識」（co-configuration）によって求められ生成される学習について探究した。すなわち、売られた後で、利用者による調整が可能な（あるいは自ら適応する）製品やサービスを作り出すタイプの仕事である。エンゲストロームは共認識を、医療のような、製品とサービスの統合された組み合わせに関わる職で典型的に見られるものだと考えている。医療では、利用者が、様々な異なる生産者との対話を続けていくことに従事しなければならない、多くのパートナーの一人となっている（Engeström, 2004, pp 11-13）。

　グローバル化して高度にネットワーク化された経済において、直接対面することがビジネスを成功させるうえで、なぜこのように決定的な役割を今なお演じるのかが問われるかもしれない。答えの一部は社会的つながりが人々の間の信頼を生み出し、それによって情報とアイデアの交流を促進するのに役立つという点にあるようだ。ある重要な歴史的研究において、サイモン・シュレッターは説得力あるかたちで人々のネットワークから情報へのアク

セスが得られる点にもっともっと注目すべきであると論じた（Szreter, 2000）。シュレッターにとっては、決定的な問題は「一国経済における個人の情報処理能力の分配様式」である（Szreter, 2000, p 61）。彼が言うには、ソーシャルキャピタルは、異なる経済アクターの間での情報伝達の取引コストを最小にするものとみなすことができる。彼が挙げる例は、車を購入するという経験である。ディーラーはたくさんの主張を行い、大量の情報を提供するが、購入者はなおも、この取引が良いか悪いかをはっきりさせるために時間を使うことが必要である。私たちはシュレッターよりももう少し先へと進んで、人々のネットワークは経済における情報伝達に役立つだけではない、それは人々が競合する主張をめぐって判断を下したり、様々な文脈において新しい情報を適用する際の手引きを提供するのにも役立つ、と示唆したい。

　人々の社会的つながりは、彼らの生活のいくつかの異なる領域で価値をもつ。まず第一に、市民参加と成人学習の間には明白で正の関連があるようだ。このことは学者や他の評論家の間では、市民参加と成人学習の間の互恵的なサイクルとして多くの人がはっきりと理解していることについての合意を形成するのに役立ってきた（Elsdon et al, 1995; Coare and Johnston, 2003; Preston, 2003）。もっともよく参加する人々はとかくもっともよく学習する人々だということは広く認められているし、同じように、成人生活において、学習者としてもっとも積極的な人々は市民活動にも関与する傾向が強いということも一般に了解されている。これらの活動の両方がそれ自体において好ましいものだと考えられている限りにおいて、この二つの活動は好循環をつくり出すのに役立つものとみなすことができる。しかしながら、この二つの活動は、ビジネスイノベーションの場合と同様に、これまた正の、それ以上の影響関係があるようだ。

コミュニタリアニズムの登場

　一つのわかりやすい結論は、私たちのコミュニティを強めることが、より効果的な学習を促進する簡単な方法であり、その逆もまた成り立つということである。しかしこれはいささかバラ色の絵であり、そこには様々な社会的趨勢の破壊的な影響が考慮に入れられていない。例えば、一部の大衆紙は現

代社会が分断されつつあることを日常的に嘆いているようにみえる。1990年代のコミュニタリアニズム思想の登場は市民的価値の崩壊をめぐって広く共有されている不安に対するきわめて現実的な反応であった。エツィオーニのようなコミュニタリアンは家族や、より広い親戚関係や、近隣関係を社会的正義、自己信頼や相互扶助の源泉――つまり市民的価値の土台――であると強調した（Etzioni, 1995）。

多くの人は、コミュニタリアンが単に意志の行為によっては再建できず、さらに大いに論争の的でもある社会的制度――例えば核家族のような――についていくぶん時代遅れになった強調のしかたをしているとして批判する。しかしながら、コミュニタリアニズムがいくぶん保守的にみえるとすれば、コミュニティ形成に関する学術的、政策的思考の多くはコミュニティ形成と社会的包摂の間には関係があるとする同様の信念に満ちている（Jarvie, 2003）。そうした信念は実務家と学者のどちらにも成人学習に関する考え方に見いだすことができる。例えば、ケン・ロビンソンは他ならぬコミュニティ崩壊のために若者の「柔らかいスキル」が衰えてきていると論じている。ロビンソンによれば、現代の学生はデスクワークと端末に釘付けになる時間がますます増えており、社交の時間が少なくなっている。若者の親も子どもに話しかける時間が少なくなっている。そして犯罪の不安が、家庭ベースの娯楽が利用できるようになってきたことと相まって、若者同士が遊んだりコミュニケーションを図ったりして時間を過ごすことをしなくなっているという結果をもたらしている（Robinson, 2001, p 140）。それゆえ、現代社会におけるコミュニティの衰退についての、コミュニタリアンの基本的な仮説のいくつかは吟味するに値する。

まず、第一に――他の人々と私たちの関係を含めて――固定した社会的座標に、より開放的で流動的な一連の指標が取って代わるという傾向が見てとれる。私たちと他の人々との絆（tie）は、たとえそれが極めて親密なものであっても、一度結ばれれば永続的に固定されるものではなく、私たち自身や他の人々の選択の結果としてますます強められたり、保持される（あるいは放棄される）。習慣や伝統に基づいて結束（bond）を回復しようとするよりもむしろ、人々の社会的絆はかつてそれが習慣的で疑いのないものであったと

きに提供していた、長期的な社会的安定のための基盤をもはや提供してくれないと認識するのが賢明なようだ。

かくして、カタルーニャ人の社会学者、マニュエル・カステルはあらゆる種類の固定的、直接的関係に取って代わって、彼の言う「ネットワークのネットワーク」に基づいた、調整の開放系が主流になるネットワーク社会の登場について語る（Castells, 1996）。ウルリッヒ・ベックはいささか異なる見方を採用して、私たちは人間の創造物であるリスクによって特徴づけられる時代に生きており、そこでは「個人の自己実現や達成という倫理的価値観が現代社会のもっとも強力な潮流となる」と論じている（Beck, 2000, p 165）。ベックにとってみれば、西洋の産業民主主義社会を下支えしてきた集団的アイデンティティと意味——家族、国民国家、エスニシティ、階級、職業——の源泉は枯渇し、もはや個人の安全も社会的統合ももたらさないのである（Beck, 1992）。

ソーシャルキャピタルはコミュニティの性質にみられる変化や変革の説明に根を下ろしているのだが、ソーシャルキャピタルをめぐる現在の議論はまさしくここから登場するのである。もちろん、後で示すことになるが、少なくともこれまで議論を主導してきた人々の間では、ソーシャルキャピタルの厳密な構成要件についての合意があるわけではない。しかし、私たちが家族の絆や近隣のつながりや社会運動、自発的結社への参加のどれに注目しても、時間を経るなかでの変化の証拠を無視することはできない。たぶん、こうした変化が積み重なって、結局は個人主義の成長と社会関係の個人化という副産物が生まれるにすぎないとベックが示唆するのは彼一流の誇張であろう（Beck, 2000）。しかし、彼とアンソニー・ギデンズは、正当にも意味や考えのない義務の習慣的な源泉から社会生活を分離することと、新しい情報や知識を視野に入れた、諸関係や価値の持続的な作り直しを目指す、付随した転換とを区別している（Giddens, 1991）。マイケル・シャーマンはギデンズとベックが、生涯学習へと向かう現代の転換を、ギデンズの言う「制度化された反省性」の中核的な要素とみなし、さらにそれ自体、諸関係を疑い、それを作りかえるプロセスの重要な一部であるとみなすとらえ方に注意を喚起してきた（Schemmann, 2002 ; see also Field, 2000, pp 59-63）。

私たちは、労働者教育や禁酒運動の世界からずいぶん遠いところへ来たようだ。しかし、そうした「ポストモダン状況」もまた、ソーシャルキャピタルに対して増大する、学問的な、そしてより広い関心を説明しているかもしれない。「ソーシャルキャピタルは不確実で模索の時代の精神にたぶん合っているのだろう」と言われてきた (Schuller et al, 2000, p 38)。キルヒヘファー (2000, p 15) の言を借りれば、「個人の、個人化された社会的形成」の時代における私たちの社会的つながりの他ならぬ不安定さが、そうしたつながりのもつ価値に私たちの注意を向けさせるに過ぎないのかもしれない。根源的な反省性と個人化傾向との間にある相互作用は、ある特定の所与の社会圏 (social milieu) に根ざした、固定的なアイデンティティを浸食する役割を果たしてきた。しかし、より流動的かつ開放的で偶然的な関係パターンへのこうした転換は、私たちがもつつながりが資源として役立つのを助長するという点で、際立っていることを浮かび上がらせる一助となったかもしれない。ソーシャルキャピタル概念の中心にあるのは、諸関係がもつこのような特徴なのである。

ソーシャルキャピタルの理論

ソーシャルキャピタルの理論の中心には、人々の社会的ネットワークは価値ある財産だという前提が据えられている (Field, 2003a)。ミクロレベルでは、たいていの人々は、人間関係が大事であり、他の資産の不足を克服するためにそれを用いることができるということを知っている。「あなたが何を知っているかではなく、誰を知っているかだ」という英国のよく知られたことわざで表現された見方である。ずっと一般的なレベルの分析では、人々のつながりはより広い社会的な結束と安定の基盤を提供する。複雑な社会は、少なくとも一部には人々が他者との日常的な相互作用によって、より広く、お互いに――よそ者を含めて、自分が直接知っている人とだけでなく――相互の利益のために人々が関係し合ったり、協力し合ったりすることが可能になるという理由から一体性を保っている。これがとりもなおさず、複雑な近代社会におけるつながりの役割についてのデュルケームの考え方である。つなが

りは、人々が単に「並列的な原子の寄せ集め」として存在するよりもむしろ、信頼などのような、人とうまく付き合ったり、予測可能で確かな方法でものごとを行うために必要なスキルや資質を学ぶ場を提供してくれる（Durkeim, 1933, p 226）。社会の絆が弱まり、デュルケームが書いた頃よりも人々が自分ともっとも近い親戚や隣人と疎遠になる時代においてさえ、一般に社会的連帯は個人をお互いに結びつけ、互酬性を容易にする、一連の、特定の関係に依存するということは依然として事実である。

　ところが、さらに最近になって、社会の絆を資本の一形態としてみる考え方が、社会的つながりのさらに新たな一面を示した。現代の議論はとりわけ資源としてのソーシャルキャピタルという考え方に集中してきた。人々が自分自身や自分たちが共有する目標を追求するうえで、他者と協力するために用いる資源としてである。こうしたとらえ方においては、人々が自分の目標を達成する能力を決定する一つの要因は、自分がもつ社会的つながりの性質と量であり、そうした絆が共有する信念や価値が存在することによって強化される度合いである。ソーシャルキャピタルについてのこのようなとらえ方は、特により広い社会の民主主義的な生活のためだけでなく、自分たちの幸福（well-being）（富、健康、教育、犯罪の低減など）のために、人々のつながりの重要性を確認する証拠が積み重ねられているという理由から、社会科学においてますます影響力をもつようになっている（これらの証拠は Field 2003a の第 2 章に要約されている）。

　ソーシャルキャピタルの理論に関する議論はほぼすべて、ピエール・ブルデュー、ジェームズ・コールマン、ロバート・パットナムらの貢献から始まっている。ブルデューとコールマンは、おそらくより古くから考えていた人たちであり、この二人は今日の論争の背後で最初の弾みをつけた張本人である。ブルデューのアプローチは、やや素描的ではあるものの、この概念の本書での扱い方に特に影響を与えている。とりわけ、ブルデューの用い方はソーシャルキャピタルが資源の不平等と、それゆえ権力の不平等と密接な関係にある、一連の、より広い構造的関係や主観的信念の一部である点について述べることを意図したものである。しかし、ブルデューの考えもまた不完全であり、ここでは私はパットナムやコールマンによって発展させられたものを含む、

ソーシャルキャピタルに対する他のアプローチに選択的に依存した、いくぶん折衷的なアプローチを採用している。相違や論争もあるけれど、この概念を用いる人々の間には、ソーシャルキャピタルの中核的要素は、こうした接触と結びついて、共有された一連の価値に加えて、人がもつつながりや対人関係的相互作用からなるという大まかな合意が見られる。

ブルデューの考え方

　ソーシャルキャピタルについてのブルデューの扱いは、社会的再生産の文化人類学を発展させる、彼の全般的な試みから姿を現した。1960年代の間、ブルデューは中・上流階層の社会成員が自分自身の利益を追求し確保するために、物質的資源と非物質的資源をあてにする点に関心をもった。これは下層の社会的地位の人々だけでなく、中産・上流階級の地位に属する他の下位集団に関してもあてはまることだが。広く論争を巻き起こした彼の文化資本という概念を生んだのはまさしくこうした文脈なのだが、この文化資本とは、中産・上流階級の人々が、階級構造における自分の地位のしるしとなったり、その地位を成り立たせる社会的差異の指標として、文化的シンボルを用いる状態を意味する。例えば、バッハやジャズを楽しむ能力は生まれつきの卓越性のしるしではなく、特定の社会集団が他の集団に対して卓越性を維持するために用いる符牒であった。バッハは中産・上流階級の高級文化を表し、ジャズ（や外国映画好み）はより周辺的な専門職階級の間での一定の奔放精神（boheminanism）を表すものであった。こうした符牒体系は、獲得された趣味というかたちで子どもたちに伝えられていった。さらにブルデューによれば、人々が文化資本を運用する力は財政資本（financial capital）としてもつ資源を単に反映するだけではなかった。文化資本は、家族や学校によって形成されて、金銭的保有資産からある程度独立して作用し、権力や地位を追求する個人や集団の戦略の一部として、金銭の欠乏を埋め合わせることさえ起こりえたのである（Jenkins, 1992; Robbins, 2000）。

　ソーシャルキャピタルについてのブルデューの考え方は、人々が自分自身の地位の優位性を確保するために用いる資源を同様に強調する。専門職集団のメンバーが自分たちの（そして子どもたちの）利益を増進するやり方につい

て、1973 年に最初に発表された論文の中で、ブルデューははじめに、ソーシャルキャピタルを「必要ならば有用な"支援"を提供する社会関係資本、すなわち、社会的に重要な位置を占めるクライエントを引きつけたいと願うならば、しばしば不可欠で、例えば政治的キャリアにおいて貨幣としての役目を果たすこともある、名誉と尊敬の資本」と定義した（Bourdieu, 1977, p 503）。

彼はその後、次のような一般的定義を出した。すなわち、「ソーシャルキャピタルは、相互の面識と認知の多少なりとも制度化された関係の永続性あるネットワークを所有することによって、個人や集団にもたらされる、現実の、あるいはバーチャルな資源の総体」であると（Bourdieu and Wacquant, 1992, p 119）。

資本とは蓄積された労働の産物であるという自身の考え方に合わせて、ブルデューはつながりが労働を必要とすることを強調した。あるネットワークのメンバーであることは利益をもたらし、したがって偶然的な関係を「短期的あるいは長期的に直接に使用可能な社会関係」へと変えることをねらった、「個人的な、あるいは集団的な投資戦略」を必要とする。こうした戦略が長期にわたって効果を発揮するには、投資行為が「止むことのない社交の努力」（Bourdieu, 1986, p 250）というかたちをとって、「主観的に感じられた永続的な義務」を伴わなければならない（Bourdieu, 1980, p 2; 1986, p 249）。

ブルデューによるこの概念の用い方は、それゆえ社会秩序の基礎の、より広い分析の一部であった。西ドイツのテレビで放送されたインタビューの中で、ブルデューは「社会現場」をカジノにたとえた。すなわち、私たちは自分がもつ経済資本を表す黒いチップを使うだけでなく、自分がもつ文化資本を指す青いチップやソーシャルキャピタルを表す赤いチップをも使って賭けをする（Alheit, 1996）。人生というゲームにおいて、私たちは自分の地位を確保したり利益を増進したりするために、ネットワーク資産を含む一連の資源を用いる。

ブルデューは、いくつかの理由から特に重要である。まず第一に、彼は過去 20 年間にわたって教育研究に目を見張るべき影響を与えた。社会的再生産の一形態としての教育に関する記念碑的論文は 1970 年に最初にフランス語で発表されたが、たちまち英語に翻訳された（Bourdieu, 1977）。この論文

はその後、影響力をもつ、広く引用される批判的教育学のテクストとなったのだが、その中で基本的に、ブルデューは、教育と社会的不平等についておおよそマルクス主義的な分析を支持したように見えた。英語圏のネオ・マルクス主義者たちが彼を受容したことによって、文化や社会的地位に対する彼のより広い関心が無視されたとしたら、少なくともそれは学術論文の多くでブルデュー自身が明示的に示した政治的目的とも合致するものであった（Schinkel, 2003）。しかしながら、そのために教育との関連でブルデューが考えたことの他の側面もまた、相対的に無視されることとなった。この研究にとってもっとも大事なことは1990年代末まで、英語圏では彼のソーシャルキャピタル分析はまったくといってよいほど注目されなかったということである。このことの分かりやすい例は、アメリカ人社会学者のジェームズ・コールマンとブルデューは一般理論アプローチを含む、他のいくつかのトピックをめぐってお互いに接触していたという事実があるにもかかわらず、コールマンがブルデューの貢献を無視したことである（Coleman, 1991）。ソーシャルキャピタルに関するブルデューの初期の論文は久しく翻訳されないままであった（Bourdieu, 1980）。

　しかし、この概念についてのブルデュー自身の取り扱いには、深さが足りなかったということもまた指摘しておかなければならない。デレク・ロビンスが言ったように、ブルデューは主としてこの概念を文化資本の隣接概念あるいは、時には一側面として扱っていた（Robbins, 2000, p 36）。たとえマルクス主義者だと容易には評されなくとも、彼はマルクス主義の深い影響を受けた思想と接触してきた。彼は究極的に「経済資本が他のあらゆるタイプの資本の根源である」（Bourdieu, 1986, p 252）と考え、そしてまた、様々なタイプの資本が「異なる種類の資本の間での全体資本の異なる配分」を基礎にして「主要な階級の存在状態」を決定すると考えた（Bourdieu, 1986, p 114）。こうしたアプローチの一つの帰結として、彼の理論はどちらかといえば、一次元的で、特権階層のソーシャルキャピタルだけを認めるものであった。彼の説明では明らかに、貧困・労働者階級はソーシャルキャピタルであるかそれ以外の資本であるかにかかわらず、資本の欠乏によって特徴づけられる。対照的に本書では、ソーシャルキャピタルは人間一般が広く所持している資産であ

ると考えている。すなわち、私たちはみな絆をもち、それを利用する。それゆえ大事なことは絆の範囲と性質なのである。

　ブルデューは、この概念を研究目的のために実際に展開させることはしなかった。ソーシャルキャピタルに関する初期の「仮説的覚え書き」の中で、ブルデューはお互いに集団のメンバーとなることによって動員することができる、「社会的資産の原理」を説明する「唯一の手段」としてソーシャルキャピタルという概念を定義した。例として彼が挙げたのは、家族、エリート学校の同窓生、会員制クラブのメンバー、貴族階級である（Bourdieu, 1980, p 2）。文化資本という一連の経験的指標に依存する、フランス中・上流階級の間での、趣味と気品に関する記念碑的な論文の研究において、彼はソーシャルキャピタルの指標を一つだけ示した。すなわち、ビジネスライフの車輪に油を差すうえで役に立つと彼が考えたゴルフクラブの会員資格である（Bourdieu, 1984, p 291）。後になって、彼は社会的再生産に関するそれ以後の研究で、特にフランス大学制度の画一性と凡庸さとして彼が描いた状態についての批評の中でこの概念の展開を試みた。そこで彼が調べたのは、著名な学者たちが自分自身の学問的血統の地位と威信を高め、他者のそれを妨害するために自分のネットワークを利用するということであった（Bourdieu, 1988）。ブルデューの考えを実証的研究の拠り所として用いることには、原理上とくに何の困難もないようだが、これは彼の研究には相対的に未開拓の領域として残されている。ソーシャルキャピタルについてブルデューもまた、いささか古風で個人主義的な扱いをした。彼のフィールドワークは、他の非常に多くの領域においてと同様に、主として1960年代と70年代にフランスの中・上流階級について行った膨大な研究から生まれた。父親には服従するものだとみなす彼の家族観は、バッハの鑑賞や、マイルス・デイヴィスに熱を上げることに表れた反抗的精神から生じる、想像どおりの名声がそうであるように、その時代と場所の味がする。彼が政治活動に強く関わったことを考慮に入れると、反省性、抵抗、服従のための余地はほとんどない（Boyne, 2002, p 117）。バッハ好みが一般に社会的優位を意味するものとして受け入れられるのは当然のこととみなされている——これはブリトニーやエミネムの音楽新時代に存在感を増す見込みはほとんどない考え方であるが。集団的アクターが活躍

する余地はほとんどない。すなわち、個人が自分の優位性を維持するためにコネを培い、したがって人が相互に結びつく生活は、単に目的のための道具的な手段なのである。

　しかし、ソーシャルキャピタルに対するブルデュー的なアプローチを、構造的不平等と相互に関連し合うものとみなすことはたしかに可能であり、同時にソーシャルキャピタルを集団の財産として、そして典型的に集団的な相互作用の産物として扱うことは可能である。また、人々のつながりが、単に、あるいは第一義にも、手段的なものに過ぎないということはまずないということを受け入れなければ、私たちはこの概念を十分に使えない。人によっては、自分のビジネス上の利益を増進する一手段として、ゴルフクラブやロータリーに加入するかもしれないが、たいていの人は自分が好きな人々や、自分が一緒にいて楽しい人々ともっとも効果的に協力するものである。文献においては、ソーシャルキャピタルの情動的な側面は概して無視されてきたが、ブルデューもその例外ではない。

　ブルデューの理論にも欠点がないわけではない。しかし、彼が権力の源泉としての、そして人々が自分の利益を増し、長期にわたって自分の相対的な優位を確保する手段としてのソーシャルキャピタルの重要性を強調することは今日の論争に対するきわめて重要な貢献である。彼がソーシャルキャピタルを維持するために求められる仕事を強調するのもまた、特にそれが相互の認知（cognition）と承認（recognition）のプロセスに関わるソーシャル・スキル、コミュニケーション・スキルに注目させるという理由から潜在的に重要な意味をもっている。ブルデューの考え方の多くは魅力的だが、それをより広い知的文脈に置くために、ジェームズ・コールマンとロバート・パットナムの影響力ある別の貢献と並べてみる必要がある。

コールマンの定義

　コールマンはブルデューとは非常に異なったアカデミズムへの受け入れられ方をした。ブルデューは英語圏における批判的教育学者の、きわめて選択的、党派的、無批判的な取り込みに苦しんだが、その一方、コールマンは教育研究の主流に、より強く受け入れられた。彼の評判はアメリカの貧困地区

での学力状況に関する一連の調査に起因する。その調査でコールマンは、ソーシャルキャピタルがそれなくしては貧しく社会の片隅に追いやられたままであったと思われるコミュニティに、現実の利益をもたらすことを示すことができた。コールマンによれば、ソーシャルキャピタルは互酬性の期待を意味するものなので資源とみなされるし、いかなる個人をもその関係が高度の信頼と共有価値によって支配される、より広いネットワークを巻き込む。ブルデューのように、コールマンのソーシャルキャピタル概念は社会秩序を説明しようとする、より広い試みの一部として定式化される (Coleman, 1994)。コールマンは、社会秩序の理論を体系化しようと試みて、経済学と社会学に頼った。

　コールマンが影響を受けたのは、ヒューマンキャピタルに関するゲーリー・ベッカーの研究であり、それは経済学の原理を教育、家族、健康、差別の研究に応用し、合理的選択理論の枠組みの中であてはめたものであった (Becker, 1964)。合理的選択（あるいは合理的行為）理論は経済学できわめて影響力が大きいので、ほとんど説明を要しないかもしれない。その中核となる考え方は、あらゆる行動は個人が自分自身の利益を合理的なやり方で追求することの結果として生じるというものである。すなわち、あらゆる社会的相互作用はそれゆえ交換の一形態なのである。コールマンは合理的選択理論から、個人の行動の総和として社会をみる捉え方を採り入れた。そこで、社会秩序を説明する際に、コールマンはシステムレベルの行動は個人の選好と行為の総体として理解しなければならないと提唱した。

　合理的選択の社会学は、人間行動の個人主義的なモデルを前提としており、他人の運命に関係なく、各個人が自分自身の利益に役立つやり方で行動していると考える。したがって、それは人々がお互いに協力し合う理由を説明するときに大きな困難に遭遇するのである。ちょうど自分の子どもを世話する場合のように、人々が利他主義へと押し込められたり、他の行為主体に互酬をもたらすように強制がはたらく状況以外では、協力が個人のために行われることは稀である。コールマンにとっては、概念としてのソーシャルキャピタルの魅力は、人々が様々な状況において協力し合うことができている状態を説明する手段をソーシャルキャピタルが提供してくれるというところにあ

る。

　最初から、ソーシャルキャピタルに対するコールマンの関心は、子どもの教育達成と結びついていた。アメリカの青年期の若者の間にあるピアグループ圧力に関する初期の研究に続いて、六つのエスニックグループの間の学業成績と機会について大がかりな調査を行った（Coleman et al, 1966）。その後、コールマンは私立学校と公立学校の生徒の成績を比較する一連の実証的な研究を主導して、社会階級やエスニシティといった他の因子を考慮に入れた場合でも、カトリック系の学校やその他の宗教団体系の学校の生徒の方が傾向として成績がよいことを示した（Coleman et al, 1982; Coleman and Hoffer, 1987）。コールマンは、こうしたパターンを説明するうえで、もっとも重要な因子は親や生徒に対するコミュニティ規範の影響であると論じた。その規範が教師の期待を支持するのに役立つというのである。ゆえに彼はコミュニティが、社会経済的不利の影響のいくつかをくつがえすことのできるソーシャルキャピタルの源泉であると結論づけた。

　コールマンは、ソーシャルキャピタルとヒューマンキャピタルの間の互恵的な関係を究明した、広く引用された論文の中でこの分析を入念に行った（Coleman, 1988-89）。中心となる彼の所論は、ソーシャルキャピタルがヒューマンキャピタルの発展にポジティブな貢献をするということであった。この論文の中で、彼はソーシャルキャピタルを、自分がもつ社会関係を通して利用可能な、アクターにとって有用な資源であると定義した。コールマンの推測によれば、ソーシャルキャピタルには「様々な実体」が含まれ、「すべてのものは社会構造のある側面からなり、人であれ団体であれ、アクターの一定の行為を構造内部で助長する」（Coleman, 1988-89, p 98）。通常、所有権や、見返りが個人に帰属する私有財であるヒューマンキャピタルや、物的資本とは違って、コールマンはソーシャルキャピタルを典型的に、それを実現するのに努力が求められる人々だけではなく、構造の部分をなすすべての人々によって作られ、そしてまた彼らに利益をもたらすであろう公共財として描いた（Coleman, 1988-89, p 116）。したがって、ソーシャルキャピタルは何と言おうとも、なお自分自身の個人的利益を追求している個人の間の協力を要請する。このテーマについて、コールマンは最近のもっとも完全な論文の中で次

のようにソーシャルキャピタルを定義している。

> ……家族関係やコミュニティの社会組織に内在し、子どもや若者の認知的もしくは社会的発達のために有用な一連の資源である。こうした資源は人によって異なり、子どもや青年の人的資源発達において重要なメリットとなりうる（Coleman, 1994, p 300）。

彼は他の論文で、子どもの発達という点から、ソーシャルキャピタルを「規範、社会的ネットワーク、子どもの大人への成長にとって有用な、大人と子どもの間の関係であり、ソーシャルキャピタルは家族の内部にも、またその外部やコミュニティにも存在する」と定義した（Coleman, 1990, p 334）。
　それゆえソーシャルキャピタルは、若者がテストに合格し、資格を取得するのを助けるばかりでなく、認知的発達や安定した自己アイデンティティの形成においても価値があるのだ。
　コールマンはまた、ソーシャルキャピタルがそれほどにもきわめて望ましい結果を達成する仕組みを説明することができると考えた。ソーシャルキャピタルとヒューマンキャピタルに関する論考の中で、関係性が人々の間で義務と期待を確立するのだとされ、信頼の全般的環境を築き、情報の水路を開き、いずれフリーライダーとなるような人たちに制裁を加える一方で、特定の形態の行動を支持する規範を設定するのだと考えられている（Coleman, 1988-89, pp 102-4）。コミュニタリアンの先入見を部分的に繰り返した議論の中で、コールマンはソーシャルキャピタルの創出が異なるネットワーク間の「閉鎖」（closure）によって、安定性によって、共通の、共有されたイデオロギーによって助けられると論じた（Coleman, 1994, pp 104-8, 318-20）。コールマンは閉鎖——すなわち、異なるアクターや機関の間に存在する多重的で濃密で相互に補強し合う関係——を義務の払い戻しだけでなく、制裁を賦課することに備えるうえで不可欠であるとみなした。一つ例を挙げれば、それは聖職者、隣人、より広い親類が、若者が学校に行かなかったり宿題をサボったりするのを思いとどまらせ、成績を上げるようにせき立てたりするうえで積極的に教師や保護者を支援するというようなことであった。単純な言い方を

すれば、家族の外のソーシャルキャピタルは「誰か他の人の子の活動に対する一人の大人の関心の中に、さらに介入の中に存在する」のである（Coleman, 1990, p 334）。

コールマンは、ソーシャルキャピタルをはぐくむ器の原型としての家父長制家族をよいものだと考える点でブルデューと共通している。より広い理論的枠組みでは、コールマンは家父長制家族をいわゆる「原初的」社会組織の最高形態として特別視したが、それは「子どもの誕生によってつくられる関係性の中に」その起源があるという事実によって特徴づけられる。これはコールマンによって、限られた目的のために成り立つことのある「構築された」形態の社会組織の対極にあるものとみなされ、家族のような原初的形態よりも弱い社会統制機関を表すものであった（Coleman, 1991, pp 1-3）。彼が概して肯定的なことばで言及した、唯一のタイプの構築された組織は宗教であった（Coleman, 1990, p 336）。それゆえコールマンにとっては、家父長制家族の衰退と学校や子どもを社会化する社会サービスのような、構築された組織の責任の増大は、「社会の機能が依存するソーシャルキャピタル」の長期的な浸食へとつながるものであった（Coleman, 1991, p 9）。

したがって、コールマンは教会と家族については臆せず保守的な考えをもっていた。欧州のほとんどの国々と、その他の少なからぬ社会において、どちらの制度も今日の社会生活を支えるうえで脅かされない位置を保持することはない。より根本的な言い方をすれば、コールマンは緊密ないし濃密な絆の役割を重視しすぎ、脆弱な、あるいは緩やかな絆の役割を軽視しすぎたのである（Portes, 1998, p 5）。さらにまた、合理的選択理論に熱心な人にはささか皮肉なことだが、コールマンは個人主義にきわめて否定的であった。彼の分析には明らかに矛盾したところもあった。例えば、ヒューマンキャピタルを形成するうえでのソーシャルキャピタルの役割に関する彼の説明は、論理必然的に、合理的な個人の選択はスキルの受け渡しを決定するための根拠としては、はっきり言って怪しいものだという見方に通じる。それゆえ、彼の説明には重大な弱点があるのだ。この研究の目的のために、コールマンのもつ主な強みは、ソーシャルキャピタルが単に特権の道具となるだけではなく、不利な状態におかれた社会集団のための資産となりうるという認識を

もち、社会的ネットワークの仕組みに対する関心をもっていたことである。

パットナムの定義

　影響力のある理論家三人組の最後はロバート・パットナムである。パットナムの関心は社会学や経済学よりもむしろ政治学の中での議論によって形成されてきた。イタリアのソーシャルキャピタルとガバナンスについて彼が行った研究は、相対的に豊かで市民意識の高い北部と相対的に貧しく行政が非効率の南部の間にある違いに光を当てるためにソーシャルキャピタルという概念を用いた。パットナムの定義は、コールマンの定義にも似て、協力を支えるソーシャルキャピタルの役割を強調するものであった。すなわち、「ここで言うソーシャルキャピタルとは、信頼、規範、ネットワークといった、協調的な行為を円滑にすることによって社会の効率を高めることができる社会組織の特徴を指す」というものである（Putnam, 1993, p 167）。

　パットナムにとってみれば、ソーシャルキャピタルは離反者にとって潜在的なコストを増大させ、互酬性の強固な規範をはぐくみ、アクターの評判をめぐる情報を含む情報の流れを円滑にし、協働を目指す過去の試みの成功を体現し、将来の協力のためのパターンを定めることによって、集団的行為に寄与するものなのだ（Putnam, 1993, p 173）。

　1990年代の半ば以降、パットナムの業績は政治学者の間では稀なほど大きな見出しとなった。いくつかの論文と強い影響力を与えた一冊の本で、アメリカにおけるソーシャルキャピタルの株が、潜在的に悲惨なほどに長期的に低落していると彼がみなす現実に注意を喚起した。コミュニタリアンの文献の多くが、証拠を示すアプローチにおいてはなはだ選り好みが強かったのに、パットナムは1960年代以降の低落を豊富なデータと実証的な基礎づけによって説明しており、彼が挙げた証拠が積み上げられて及ぼす影響力は非常に説得力をもつものである（Putnam, 2000）。パットナムのデータによると、政治参加、結社への加入、宗教への参加、ボランティア活動、慈善事業、職場での社交、インフォーマルな社会的ネットワークはいずれも、1960年代以降劇的に縮小した。彼は、この低落を率直さと信頼についてのアメリカ人の認識が、1960年代半ばをピークにして低下していることを示す調査結果

と関連づけている。パットナムは小規模な自助グループや若者ボランティアの成長、インターネットやその他のテクノロジーによる新しいコミュニケーション手段の登場といった、逆行する傾向もあることを認めつつも、そうした復活や変化の証拠が、「たいていのアメリカ人が2、30年前と比べて自分たちのコミュニティとの結びつきが弱くなった、他の多くの点よりも抜きんでているということは断じてない」と結論づける（Putnam, 2000, p 180）。彼の主張によれば、このことは主として、家庭で楽しむ電子娯楽、とりわけテレビの登場と、戦争と復興の世紀半ばのグローバルな地殻変動によって、協力的な習慣と価値を強いられた「ただならぬ市民世代」から、利己的な子や孫へとゆっくりと進んだ世代交代によるものである（Putnam, 2000, p 275）。

パットナムの業績は膨大な論争を呼んできた（Field, 2003a, pp 37-9）。特に、ソーシャルキャピタルのストックが暴落するイメージは、アメリカにとっても多くの欧州諸国にとっても物議を醸すものであった。市民参加をめぐる彼の指標はすべてを網羅したものとはなっていない。コールマンとブルデューが、いくぶん時代遅れの制度や、比較的緊密なかたちのソーシャルキャピタルにもっぱら関心をもつのに対して、パットナムは19世紀、20世紀の自発的結社の世界をバラ色に見える眼鏡で見るのである。多くの政治学者は、市民参加を可能にする機会構造をつくる――こわす――政治的決定を無視していると指摘している（Maloney et al, 2000a, 2000b; Braun, 2002, p 10）。パットナムはまた、ソーシャルキャピタルをきわめて肯定的で問題のない公共財として描く傾向があった。ソーシャルキャピタルが社会的不平等と友人びいきに寄与していることに対するブルデューの関心は、良きコミュニティについてのパットナムの考え方とは全くかけ離れたものである。それゆえ、パットナムの非常に影響力ある説明が、コールマンやブルデューの説明よりもずっと問題性があるように思えるとすれば、疑い深い人はいっそこの概念をあっさりと放棄すべきではないのかと考えることも十分にあり得る。

ブルデュー、コールマン、パットナムの問題点

これで、少なくともこれまでに開示されたように、この概念の弱さが出し尽くされたわけではない。これら三人の草分け的理論家に見られる一つの避

けられぬ特徴は、彼らの業績にジェンダー的視点が欠如していることである。パットナムは、ソーシャルキャピタルのジェンダー性にわずかに注目しているが、満足できるものではない（Putnam, 2000, pp 94-5）。一方、コールマンとブルデューはこの問題をほとんど無視している（Morrow, 1999）。しかし、多くの市民参加はきわめてジェンダーの違いを反映しており（Lowndes, 2004）、コールマンの本来的に保守的な家族観は時代遅れというだけでなく、彼の分析枠組みに重大な影響をもたらすものでもある（Blaxter and Hughes, 2001）。明らかにジェンダーを反映した実践のジェンダー的側面を探究することを概して嫌がることから生じる明白な疑問は、ソーシャルキャピタルという概念自体が根本的に欠陥のあるものなのかどうか、すなわち、この概念は証拠に対するやや伝統的なアプローチの産物に過ぎないのかどうか、ということである。成人生活での学習にジェンダーが関連していることの重要性を考慮に入れると、この研究ではジェンダー関連のことを無視することはできない。しかしながら、ジェンダーへの関心が人々のネットワーク、およびこうしたネットワークがもたらす資源へのアクセスと結びつけられない内在的な理由は見あたらない。

　では、ソーシャルキャピタルという概念は関係性と行動の分析に何をもたらすのか。この概念が社会分析のための道具箱の品揃えを増やしてくれるのならば、それがもたらす主な貢献は、資源としてのネットワークや関係性に焦点を当てたことにある。本書では、私はソーシャルキャピタルを、配分される資源と見る点において、コールマンやパットナムに従う。それは特権的エリートだけの所有物ではなく、あらゆる種類の従属的、中間的集団によってもつくり出され、動員されるのだ。しかし、ブルデューが社会的に不利な条件にある集団にとってソーシャルキャピタル資源がもつ重要性を認めることができなかったとすれば、パットナムとコールマンは不平等の役割をうまくごまかしている（Hibbitt et al, 2001, p 145）。彼らはまた、ソーシャルキャピタルは「絶対的に良きもの」であり、それが多いに越したことはないと考える傾向がある。ソーシャルキャピタルの暗い側面——それがもたらす負の影響——を私なりに強調するにあたり、私は人々が自分自身の優位性を追求し、他者との関連で自分の地位を確固たるものにするために利用することができ

る、地位に伴う資産であるとみなして、単にコミュニティの善を形成するものとはとらえないブルデューの資本概念に依拠している。

これによって私たちは、より明確に分類されたソーシャルキャピタル理解、すなわちソーシャルキャピタルは様々なかたちで現れ、そのそれぞれに異なる影響があるという理解へと到達することができる。マイケル・ウルコックはソーシャルキャピタルの形成過程に関する論文の中で、社会的つながりの三つの大きなカテゴリーを区別しようとした。

1. 直系家族、親友、隣人のような、よく似た状況にいる似た者同士の間の絆からなる結束型（bonding）ソーシャルキャピタル
2. さほど親しくない友人、職場の同僚といった、似た者との距離がより大きい絆からなる橋渡し型（bridging）ソーシャルキャピタル
3. コミュニティの完全な外にいる人々のような、異なる状況にある、似ていない人々に手を差し伸べる、関係型（linking）ないしはしご型（scaling）ソーシャルキャピタルで、コミュニティの成員がコミュニティ内部で利用可能な資源よりもずっと広範囲の資源を活用することを可能にする（Woolcock, 1998, pp 13-14）

本書での分析では、ソーシャルキャピタル資源を相対的に同質性の高いつながりと規範のセットからなるとみなして扱うよりもむしろ、大筋においてウルコックの分類手法を採用する。本章の次節では、こうした議論が生涯学習分野にとってもつ意味を検討することにする。

生涯学習にとってのソーシャルキャピタルの重要性

ソーシャルキャピタルの概念によって、私たちの生涯学習理解はいかに深まりうるのか。すでに概要を述べた草分け的理論家たちの著作からは直接の手がかりはほとんど見つからない。三人はいずれも、ソーシャルキャピタルの文脈で教育について書いたが、彼らの関心は主として学校教育や大学教育に限定されていた。ロンドンを拠点とする学習利益研究センター（Wider Benefits of Learning Research Center）の最近の研究は、ある程度その関係を探究

し始めたが、それは主としてソーシャルキャピタルの形成に対する成人学習の影響——その逆というよりはむしろ——という点からであった（Schuller et al, 2004）。生涯学習に対するソーシャルキャピタルの影響に分け入った研究は、これまでほとんど行われていない。

　もっとも一般的なレベルでは、ソーシャルキャピタルと生涯学習の間の関連は、ダイナミックな相互認知のプロセスとして見ることができる。パットナムとブルデューはともに、少なくとも一般的な点で言えば、このことを実に明示的に認識した。パットナムは市民参加を本来的に教育的なプロセスとして描くことでそうした認識を示した。彼は結社（association）を、そこで人々が市民的行動のイロハを教わり、互酬性と信頼のための能力を高める民主主義の学校であると考える。そうした能力は自分自身の集団の境界をあふれ出て、より一般的に公的領域における彼らの態度と行動を形成する。ブルデューも同じく、特権層のつながりを、人々が互酬性と信頼を学び、信頼と互酬性がそこを越えては及ばない限界を認識する方法をも学ぶ場であるとみなす。特権層がもつ貴重なネットワークや結社の外では、ソーシャルキャピタルは制度化された不信をつくり出す。しかしながら、これもまた学習のプロセス、すなわちブルデューの言を借りれば、絶えざる相互の認知と承認（recognition）のプロセスなのである。それゆえ、もっとも一般的なレベルでは、ソーシャルキャピタルの創出と再生はそれ自体、持続的な認知—承認のプロセスとみなすことができる。

　より限定的にいえば、人々が自分のつながりを通して特定のスキルを獲得するのは明白である。そうしたスキルははっきりとした形をとる結社の中であれ、緩やかなつながりによってであれ、協力の実践から生じるものである。そこには、文献上で広く論争の的となった信頼のための能力だけでなく、コミュニケーション、組織関連スキル、他者への寛容、自信、自尊感情、企業心（すなわち事業の機会を逃さない意志）が含まれる。さらに、特定年齢集団の子どもや若者を主な対象とする多くの制度化された教育とは対照的に、社会的つながりの中で、またそれによって行われる学習は、ある程度年齢に応じて増大することがある。すなわち、「学習の文化をはぐくむうえで社会的ネットワークと規範の役割は、ライフサイクルの全体をとおして重要」な

のである（CEC, 2003, p 24）。

　より間接的な関係性の見通しもまたある。なぜなら、市民参加は個人に、教育による人間的変革を目指す見通しを大きくする情動的能力を与えるからである。アクセスコース（正規の高等教育を受けていない人のための集中コース：訳注）で学ぶ成人学生に関する英国のある研究によると、学生の3分の2が以前に自発的組織で活動していたことがわかった。そこで著者は、「能動的参加は……個人の力と自尊の感覚を強め」、成人の間にある、学校に戻ることに伴うリスクに対して抱く嫌悪感を低減すると結論づけた（Benn, 1996, p 173）。そうした情動的・道徳的・伝記（自伝）的能力は、後期近代にはアイデンティティ刷新の絶えざる要求があるので、重要性を増す資源のように見える（Alheit, 1994）。

　最後に、ソーシャルキャピタルは仲間や、親のような、それ以外の大事にされる個人からの圧力をつくり出すことによって学習に貢献することができる。ジェームズ・コールマンの議論は、その核心部分をえぐり出せば、強く共有された規範をもつ、緊密に編まれたコミュニティは、こうした合意から逸脱しているとみなされる人々に対して説得力あるネガティブな制裁を課すだけでなく、スキル、知識、資格の価値をめぐって強力な合意を形成することができるというものである。コールマンが、コミュニティとそれがもつ規範は学習それ自体とはなんら直接の関連をもたないと考えて、むしろ認可を受けた学校教育機関に前向きな人々を有利にする、一つの社会統制形態としてのソーシャルキャピタルにもっぱら関心を向けていることは注目に値する。たぶんこれは、ヒューマンキャピタルに対する彼の関心が主に学校への出席や学力に限定される理由の一つである。しかしながら、成人の学習熱が彼らのつながりによって、そしてまた彼らが結びつく人々の規範によって、影響を受けるということも等しくありうることである。全く明白なことだが、つながりと彼らの規範が向上心の高い文化を育てるというよりもむしろ、向上心の乏しい文化を創造し維持するようなものである場合には、ソーシャルキャピタルの影響は少なくとも潜在的にはネガティブなものとなりうる。

社会的つながりと学習の関係

　それゆえ、ソーシャルキャピタルは学習を促進することができる。しかし、学習は単に社会的つながりの単純な副産物ではない。人々は自分がもつつながりに自分がすでにもつスキルや知識をあてはめることもできる。またもや、これは他の人々を信頼したり交遊を楽しんだりする性癖といった、人々の性質の一般的レベルのことだといえる。あるいは、それはもっと限定的で、特定の認知的、対人関係的、情動的スキルのレベルのことであるかもしれない。他のことがすべて等しいならば、こうしたスキルや知識をもつ人々の方が、スキルや知識をもたない人よりも、自発的結社や公的生活において快適に過ごせるであろう。しかも、スキルや知識をもつ人々の方がそうしたスキルをもたない人々よりもはるかに指導的地位に就くものと思われる。本章ですでに示したとおり、自発的結社に参加する人々は、参加しない人たちよりもより高い教育資格をもっている傾向があり、法律で定められた義務教育終了年齢の後も教育システムに留まる見込みが大きいことは非常によく知られている。アイルランド共和国の調査データによれば、高い資格を有する人々は、それがもっとも低い人々よりも対人関係の信頼のレベルが高いということがわかる。彼らはまた、集団的行動が公的決定に影響を及ぼすことを信じる傾向が強い（NESF, 2003, pp 53, 60）。同じ調査からはまた、人々のネットワークもまた教育と結びついていることが示唆されている。すなわち、教育程度の高い人は社交的サポートを求めて、職場の仲間に頼る傾向が非常に強く、教育程度の低い人は家族や隣人に頼る傾向がずっと強いのである（NESF, 2003, p 59）。相変わらず、原因と結果を識別するのは難しいが、この関係の本質はかなりはっきりしているように思われる。

　まさしく、人々がつながりを増やし、市民活動のより広い分野にアクセスすることから有形の利益を得ることが事実ならば、人々のソーシャルキャピタル資源は、自分の教育程度によって部分的に決定されるかもしれないと言えそうだ。これは教育が、人々が自分のつながりという資本を獲得し、強めるのを助けるという問題であるばかりでなく、人々が、ソーシャルキャピタルを適用可能な資源へと変えることを可能にするという問題でもある。しかし、ソーシャルキャピタル資源の動員が本来的に認知と承認に関わるプロセ

スであり続ける場合には、このことすら反復的な行動とみなすべきである。したがって、これは新しい意味と理解がたえず同時に再生産、（再）創出されている、能動的で双方向的なプロセスとみなすべきである。

　ここまで描写してきた構図は、ソーシャルキャピタルとヒューマンキャピタルとの互恵的な相互作用についてのコールマンの分析と非常に合致したものである（Coleman, 1988-89）。コールマンは若者が学校で獲得する教育資格について書いていたが、ここまで私が論じてきたことから、成人の学習にも同じ関係が成り立ちそうだということが示唆される。こうした方向でコールマンの説明を拡張すると、強いコミュニティにいる人々は学習に好意的な態度を共有しており、それゆえに教育訓練システムにすすんで関わるようにお互いに奨励し合うという理由から、学習に参加する傾向がより強いということが示唆される。ソーシャルキャピタルが学習を促進するはずであろうということを受け入れるからといって、私たちはソーシャルキャピタルに関するコールマンの相対的に狭い定義を受け入れる必要はない。最大かつもっとも試練を受けたネットワークをもつ人々は、異なるタイプの学習資源の潜在的な効果（例えば成人教育提供機関の質）についてばかりでなく、新しいスキルや知識の潜在的な価値（例えば実際的な問題を解決するための情報テクノロジーの潜在的可能性）についての情報を含めて、情報へのアクセスをよりしやすくなるはずである。

　この単純な仮説は、少なくともそれなりに実証性をもつ根拠によって支持されているようにみえる。エルスドンとその仲間が行った大規模調査が詳しく明らかにしたように、自発的で、コミュニティに立脚した小規模組織が、よりフォーマルで組織的な研修の需要を増大させるだけでなく、インフォーマルで偶然的な学習のために様々な機会をつくり出すのである（Elsdon et al, 1995）。したがって、私たちは当然にも、最良のつながりをもつ人々には、生涯学習に参加する傾向がより強いと考えることができよう。

　しかしながらこのことは、価値を強く共有していればおのずから成人学習に好意的条件となるといった考えなど、正当化できない多くの仮定を設けることを意味する。強いコミュニティが、成人学習についての否定的な見方を共有していることがあるというのは少なくともありそうなことである。さら

にコールマンが、家族や教会といった、どちらかといえば緊密なタイプの絆を過度に強調する、いささか区別がはっきりしないソーシャルキャピタルの定義を用いたということをすでに述べた。そしてまた、私たちがソーシャルキャピタルの分類された定義を必要としていることを認めるならば、異なるタイプのソーシャルキャピタルは、異なる方向で機能することがあるということになる。さらに言えば、私たちは学習ネットワーク資源によって与えられる、異なる能力の間の区別をつける必要がある。ソーシャルキャピタルと生涯学習の間の相互影響関係は常に権力関係にからんでいるが、これはコールマンやパットナムに同調する人たちが概して無視する要素である。すなわち、ブルデューは一般に権力と権威が、権力を他者に対して行使するエリート集団においてのみ問題となることだとするのだが、私自身の見方はもっと多極的で、関係論的なものである。本書で採用するアプローチは、財政資本やヒューマンキャピタルを利用する機会において相対的に不利な条件にある人々であってもなお、自分の関心を育てたり高めたりするのに自分が持つネットワーク資源に頼り、それを能動的に動員することができる、というものである。最後に、ネットワーク資源はかならずしも「(誰か) に対する権力」(power over) となるものではなく、より頻繁には「(誰か) にとっての力」(a power to) となる。ネットワーク資源はそれ自体においてエンパワーする力の一部をなすものであり、ネットワーク資産には他の諸能力を解き放つ力がある (Sen, 1999)。したがって、ネットワーク資源は潜在的に、人間的自由のための力なのである。

ソーシャルキャピタルの三つのタイプ

　ソーシャルキャピタルに異なるタイプがあるとすれば、特定の形態の学習と特に結びつきの強いタイプのソーシャルキャピタルがあることは十分考えられる。達成規準の創出と内在化によって、結束型ソーシャルキャピタルはフォーマルな教育訓練への参加を支持するであろう。しかしながら、低い達成規準との結びつきがより密である場合には、結束型ソーシャルキャピタルはフォーマルな教育訓練への参加意欲を低下させるであろう。インフォーマルな学習について言えば、緊密な結束的絆は、いかなる理由にせよ、単なる

第1章 社会的つながりと生涯学習　45

表1-1　結束型、橋渡し型、関係型ソーシャルキャピタルとそれらが生涯学習に及ぼす影響

ソーシャルキャピタルのタイプ	考えられる生涯学習への影響
結束型（bonding）－濃密だが境界がはっきりしたネットワーク、メンバーの同質性、高レベルの互酬性と信頼、部外者の排除	集団内でのアイデア、情報、スキルの自由な交換；子どもの間でのアイデンティティ形成に及ぼす強い影響力；受け取った情報の高い信頼性、外部の集団が発する新しい様々な知識の限られた利用、外部の集団が発する知識に対する信頼の低さ；きわめて伝統的な指向性をもつ教育システムとの関係
橋渡し型（bridging）－ゆるやかで制約のないネットワーク、規範の共有と共通の目標、信頼と互酬性のレベルはより限定的なことがある	集団内および集団間での様々なアイデア、情報、スキル、知識の比較的自由な交換；大人の間でのアイデンティティの維持と刷新のための潜在的な資源；集団内の（および価値を共有する他の集団が発する）情報や知識に対する高い信頼；フォーマルな教育システムとの文脈依存性の高い関係
関係型（linking）－ゆるやかで制約のないネットワーク、メンバーの多様性、規範の共有と共通の目標、信頼と互酬性のレベルは競合し合う要求によって制限を受けることがある	集団内および集団間での様々なアイデア、情報、スキル、知識の比較的自由な交換；集団内の（および価値を共有する他の集団が発する）情報や知識に対するある程度の信頼；大人の間でのアイデンティティ変革を支援する開かれた資源；フォーマルな教育システムとの条件付きの関係

　知り合いの間では簡単に手渡されないような情報の共有を円滑にすすめるだけでなく、ルーティーンと習慣的な形態の相互行為にぴったりの情動的・社会的能力（competence）を生み出すことも十分ありうる。それゆえ、緊密な絆が直接の集団内部でインフォーマルな学習を支持するのは十分ありうることだが、それは同時にまた、集団内で容易に利用することのできないスキルや情報を手に入れる手段をも制限する。

　橋渡し型と関係型はフォーマルな教育訓練と結びついているが、オルタナティブな——間違いなくより信頼性のある——新しい考え、情報、スキルを手に入れる手段を得る方法をも提供してくれるかもしれない。緩やかな絆は、反省的実践自体の獲得と発達をすすめるだけでなく、反省的学習をはぐくむのに役立つこともあるということがわかってきた。フレキシブルな構造をもつネットワークは、……交換可能な役割と場においてアクターがふるまい、位置取りを可能にしてくれる」（Edwards et al, 2002, p 534）。関係型ソーシャル

キャピタルは一般に多様な情報と意識にさらされることと結びつく傾向がより強い。他のことが等しければ、様々なゆるやかな絆によって異種混交の情報に接することは、ひらめきや創造性を育てるだけでなく、向上心や努力を増進するものだと言ってよいであろう。同様に、より緩やかなネットワークは、変化や退廃に対処するのに最適の情緒的・社会的諸能力を増大させる可能性が高いようであり、ある種の「リスク保証」と呼ばれるものの一部をなす（Kade and Seitter, 1998, p 54）。

　この段階で、少なくとも発見的な目的のために、仮説的な分類を試みることが役立つであろう。表1-1は、生涯学習に対するソーシャルキャピタルの潜在的な影響力の、試験的な評価を示したものである。もちろんこうした考察はよく整理されて論理的に見えるかもしれないが、実際にはあらゆる社会的行動はパス（path）に依存しており、したがって歴史的文脈と、社会的地位だとか、おそらくはジェンダーのような構造的要因もまた、ソーシャルキャピタルの影響を強めたり切り崩したりしかねないという点で、学習の様々なパターンを形成するのである。もちろんまた、人々は多くの資源の一つとなるソーシャルキャピタルを自分たちの自由にして、能動的に構造と関わるのである。

　それゆえ、結束型、橋渡し型、関係型の絆はいずれも学習に貢献するかもしれないが、その貢献の仕方は多分にそれぞれ異なり、対照的なものとなりがちである。しかしながら、どれがもっとも効果的なのかを判定することは容易ではない。それぞれに強みと弱点があるからだ。モーガンが言うように、強い「達成規準はひらめき・創造性を抑えつけ、異質性の高い情報は規律を壊す」のである（Morgan, 2000, p 593）。社会生活の他の領域においてと同様、それぞれのタイプのソーシャルキャピタルは、それぞれ別個の目的のために有効であろう。ブルデューのアプローチに従って、ソーシャルキャピタルを多くの、区別はされるが相互に関連し合う資本の一つとみなすならば、学習とネットワークの間の相互作用は同時に力関係を含むことになる。次章以降では、北アイルランドでのソーシャルキャピタルと成人学習に関する質的・量的研究から得られた関係性の諸側面をめぐる実証的な根拠を提示することにする。これにより私たちはこの章で念入りに検討した骨組みにしっかりと肉づけしやすくなるはずである。

第2章

成人の生活にみるネットワーク、学校教育と学習
── インタビューの結果と解釈 ──

　成人教育やシティズンシップについての長い議論の伝統にもかかわらず、ソーシャルキャピタルの生涯学習への影響に関する研究は、まだ比較的新参者扱いされている。これは、単に語彙を変えるという問題ではなく、1990年代以降に生涯学習やソーシャルキャピタルという概念の影響が出始め、確立された研究の流れにこの研究が新しい息吹を吹き込む上で重要な役割を確かに果たしてきたからである。成人教育や主体的市民参加に関する主な議論が高度に規範的なものであったということも事実である。議論への参加者は、政策や実践的展開の評論に対し、実証的な証拠の収集や分析を二次的な地位に置いてきた。学習への参加といっそう広い社会への参加との実証的な関連性を指摘している研究者もいるが、議論の多数派の声は、成人教育の社会的・政治的な目的の再定義に関わるものが多かった。その関心は時に、労働者教育や政治教育の衰退を悲しむような解釈を伴っていた。

　こうした情熱や不安は、今では不可解なものに見えるかもしれない。生涯学習へのより広い社会的文脈への関心は、私のような年老いた成人教育者の部類にだけ限られるものではない。私のように古典的な社会経済的研究法の訓練を受けたものでも、教育や訓練の分析から価値観や社会的目的を除こうとすることはできない。私自身の仕事は、長い間次のような関心によって特徴づけられてきた。それは、どんな成人が学習に参加し、どんな種類の学習に参加し、どんな成人の学習機会が奪われていくのかということである。ソーシャルキャピタルへの私の最初の興味は、その一部が北アイルランドの成人学習への参加のパターンを説明しようとする関心により生じ、もう一部は成人教育と主体的市民参加との歴史的・現代的関係にわたる継続的な好奇心か

ら生じたといえる。

　トム・シューラーと私が論じた点は、ソーシャルキャピタルと生涯学習のつながりに関する初期の論文の中で、既存の文献の中でもヒューマンキャピタルに過剰な強調がなされていると見えるものについて、バランスを保つものを提供しようとしてこの概念を提供しようとすることだけが目的ではなかった（Schuller and Field, 1998）。それだけではなく、ソーシャルキャピタルという考え方が成人学習への参加を促進するらしいある種の社会関係や実践を際立たせることを示した（Shuller and Field, 1998）。続いて、西欧 17 カ国の国際成人識字調査（International Adult Literacy Survey, IALS）の分析は、成人教育参加率の高い国が同時にボランタリーな団体への参加率も高い傾向にあること、そして一般的に他者を信頼する水準が高いことを示した（Tuijnman and Boudard, 2001, p 40）。ヨーロッパ価値観調査と労働力調査の結果（図 2-1）から別のデータを見た場合でもおよそ類似の傾向が見られる。家族のつながりもまた人々の学習参加に非常に強い影響をもつこと、しかもそれは少なくとも三世代間にわたる影響をもつことが示されてきた（Gorard and Rees, 2002）。そこでわかったことは、私たちの 1998 年の論文でも直感的にはすでに確認していたことを裏付けている。その論文では、かなりの実践的意義をもちうる様々な点で、人々のつながりが何らかの形で学習に関係しているということを論じていた。

　本章は、北アイルランドの成人学習とソーシャルキャピタルについて、フィールド調査の結果に基づきながら、さらなる分析を行うものである。この研究は、北アイルランドの際立った学歴パターンの観察からもヒントを得ている。成人教育という学問の中では常識であり、非常に多くの実証的な証拠からも指示されていることなのだが、もっとも高い学校歴をもつ人や集団ほど、成人生活を通して組織化された学習への参加を継続しその教育的利益を享受し続ける傾向がある（Cross, 1981; Mcgvney, 1991; Sargant, 1997）。北アイルランドは、しかし、生涯にわたるヒューマンキャピタルの蓄積という標準的なイメージとは異なる。その学校システムは英国でも試験の最高の成績を達成しているのだが、その成人層は、組織化された学習への参加では最低の比率を示している。北アイルランドのソーシャルキャピタルの全体的水準も

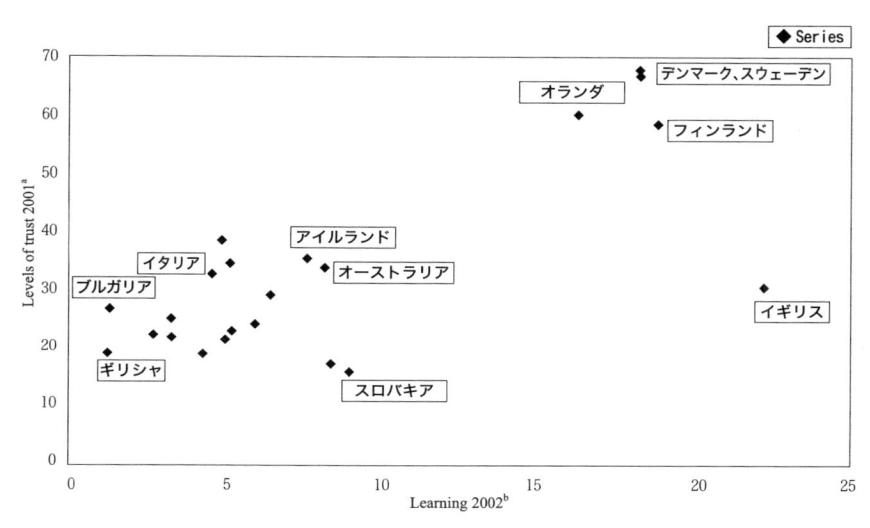

図2-1 ヨーロッパ22カ国にみる対人信頼関係の水準と成人学習参加

注a 「大抵の人が平等に扱われている」という質問に対する肯定的回答率（Halman, 2001, p 44）
注b 2002年の教育訓練への成人人口（25-64歳）の参加率。（CEC, 2004, p 83）
出典 ヨーロッパ労働力調査、世界価値観調査

比較的高いという説得力ある証拠も伴って、研究では、学業成績のある異常なパターンのようなものとこの傾向が関係しているかどうかを明らかにしようとした。本章では、経済社会調査会議（ESRC）の学習社会プログラムの予算を得て、研究計画の過程で集められた面接調査の分析結果を示す。まず、北アイルランドの生涯学習の概要説明から始めることが、研究背景をわかりやすいものにしてくれよう。

北アイルランドの教育と成人学習

　英国の四つの連合の一つとして、北アイルランドは、独自のきわめて優れた教育訓練システムを有している。1980年代後半以降、教育システムはかなりの政策変化の期間を経てきたが、その主要な制度的特徴は、1947年の教育法制定以来今日も大きな変化はみられない。中等教育はグラマースクールと総合制中等学校にはっきりと分かれ、11歳プラス試験（イレブンプラス

と呼ばれる、11歳時の振り分け試験：訳注）という猛烈に競争的な選別テストで生徒の進路が決められる。さらに、初等中等教育は行政的に次の二つに分かれている。一つは、「ボランタリースクール」と呼ばれ、主に教会によって経営されるが、政府の補助金を受ける学校であり、もう一つは、地方教育委員会によって運営される直轄学校と呼ばれるものである。だが少数の学校には公費で維持されているものもあるが、そのようなシステムでは大多数の生徒がすべてカトリックかプロテスタントのどちらかの学校で教育される。高等水準の教育は、継続高等教育機関と大学によって提供されている。前者の機能は、だいたいブリテンの継続教育を反映している。教員養成のような厳格に規定された領域を除けば、高等教育レベルの教育ではフォーマルな分離は見られない。

　北アイルランドの成人学習者は、英国やアイルランドの人々によく知られた複雑な領域の機関によって提供されている。継続高等教育機関や大学、そして広い領域にわたる職業訓練提供者と同様、成人教育の領域には、活気に満ちた労働者教育協会や比較的よく発展しているボランタリー部門がある。公共予算の一般的な資金も得ているが、北アイルランドの成人学習は、欧州委員会からももっとも不利な条件にある地域の一つとして認められており、欧州委員会の経常予算からかなりの支援を得ている。最後に、ベルファストに成人教育ガイダンスサービスがあるが、これは北アイルランド全体をカバーし、英国内を越えて、成人向けの情報ガイダンスサービスではモデルケースとみなされている。

　北アイルランドの教育達成度は、初期教育とその後に続く教育の著しい格差によって特徴付けられる。学校教育から大学までの初期教育においては、全体的な成果が高い。成果を見る一つの方法は、学校の試験でいい成績を達成した者の分布をみることである（図2-1）。GCSE（16歳時に受ける科目別の中等教育修了資格試験：訳注）、高等教育機関までに求められる最低限の試験の成績獲得者率を見る限り、スコットランドと類似しており、イングランドやウェールズの比率より上回っている。同様に、北アイルランドとスコットランドは、Aレベル（2年制の高校課程修了時に受ける科目別試験：訳注）（あるいはSCE上級レベル）の生徒の中で大学入学の最低限の成績をあげる生徒

表2-1 英連合王国における学校生徒の試験成績（%）

	5科目以上でGCSE成績がAからCまで、またはSCE標準成績を取得した者	GCSE成績でAからCまでを取得できなかった者	2科目以上でGCE-Aレベル/3科目以上でSCE上級に合格した者
2001/02			
イングランド	51.6	5.4	37.6
スコットランド	60.4	4.6	39.4
ウェールズ	50.5	7.6	30.6
北アイルランド	58.7	4.4	43.4
1993/94			
イングランド	43.3	7.7	19.2
スコットランド	48.4	8.4	29.7
ウェールズ	39.4	10.1	19.7
北アイルランド	48.5	4.8	30.0

出典：Church(1996), Causer and Virdee(2004)

表2-2 特定年齢層の地域別高等教育参加率（2001-02）

	イングランド	ウェールズ	スコットランド	北アイルランド	連邦国
17歳	0.4	0.7	14.1	0.3	1.6
18-20歳	27.5	29	27.6	33	27.8
21-24歳	13	14.5	12.8	18.5	13.2
25-29歳	4.9	6.1	5.7	5.1	5.0
30-39歳	3.5	4.3	4.1	3.1	3.6

出典：HESA（2003, p 25）。ここでの参加率は、各年齢グループに焦点をあてている。高等教育への流入の尺度である入学率とは別のものである（HESA, p 8）。大学への参加者だけではなく、他の制度も含む高等教育全体を示す。

表2-3 英連合王国各地域における社会階級III中、IV、Vから高等教育機関への若年入学者の比率

	1998	2000	2002
連邦国	25.1	25.4	28.4
イングランド	24.9	25.3	27.9
ウェールズ	26.4	25.9	29.8
スコットランド	24.1	24.4	28.0
北アイルランド	33.6	32.9	41.3

出典：高等教育財政機関公刊の成績指標に関する報告より。www.hefce.ac.uk/learning/perfind

の比率でも、他の連合王国以上となっている。しかし、1980年代後半以降、北アイルランドは、何の資格も得ずに学校を脱落する者の比率でも、スコットランドも含む他の連合王国以上の差異を示して低くなっている。

　北アイルランドの学校システムの学力達成度はスコットランドを除く他の連合王国以上なのである。その優勢ぶりは、高等教育への進学の際にいっそう強まっている。便宜的に、進学率は、「年齢別進学指標（API）」で測定されている。APIは、大学生を供給する年齢層人口の全数を母数とした高等教育入学者数の比率である。ただAPIは、多くの欠陥をもっているが、スコットランドのかなり高い進学率を示す傾向は、重要な欠陥というほどのものではない。表2-2と表2-3は、APIにおいてもわずかな格差を示すデータとなっている。表2-2は、それぞれの年齢層人口に占めるおおまかな入学者率を四つの連合王国について示したものである。北アイルランドおよびスコットランドが同じ地位にあり、イングランドやウェールズより比較的高い比率となっている。対照的に、表2-3は、ブルーカラー階級からの大学入学者率をみたものだが、この集団では、北アイルランドの高等教育機関への入学者率は、他の連合王国各国よりかなり高い。こうした教育への力の入れようによって、北アイルランドの教育システムは、若い人々にも大きな成功の機会を与え、特に不利な条件にある人々にとって大きな成功の機会を与えている。

　もちろん、学校修了資格の達成は、教育レベルを測る物差しの一つに過ぎない。北アイルランドの青少年が学問的によい成績を収める理由は、一般的な意味で教育程度が高いというよりも、特定の資格を得るために組織的に頑張っていることにもよるだろう。OECDの32の加盟国が協同するPISA（生徒の国際学習到達度調査、the Programme for International Student Assessment）の調査結果にもこの仮説を裏付ける証拠が見られる。2000年のPISA調査は、読解力、数学と科学の三つのリテラシーで構成され、15歳を対象として実施された。PISAは、標準的なアセスメントの道具として用いられているので、特定の国や地域のカリキュラムに対応した成績測定法ではないが、生徒が成人生活で直面するときに解決が期待される問題に焦点を当てている。北アイルランドは、読解や数学の面でイングランドよりわずかに低い結果となったが、科学的リテラシーの成績でははるかに劣った結果となった[1]。しかし、イン

グランドと同様、北アイルランドの生徒は、三つの指標のすべてで OECD の平均をかなり上回る成績をとっており、いずれの指標でも対象となった国の上位三分の一に入っている (Johnston, 2002)。PISA は、北アイルランドの青少年が単にテストでいい成績を収めるために教育されているという考えを否定するような証拠を提供するわけではない。だが、北アイルランドが国際的な標準によって、教育的にも高い水準を有する社会であることは示されたといえる。

　PISA はさらに統計的な平均の偏差値から、北アイルランドの顕著な特徴を示す証拠を提供している。対象となった国々でも、生徒はその優秀性から5つのレベルに分類されている。三つの指標のそれぞれにおいて、北アイルランドは、イングランドやアイルランド共和国よりも、成績に大きな分散が見られる。トップのグループと底辺のグループが多くなり、中位のグループに属するものが少ないのである。この2極化の傾向は、読解力の成績において特に見られ（表2-4）、数学や科学リテラシーの成績ではこの分布はそれほど顕著ではない。その原因は一つだけとは考えられず、北アイルランドの11歳時試験という選抜システムの存在により、その結果としての学校人口の分化によるものか、といった原因とまったく結びつけられないわけではないだろう。

　結局、このデータは、英連合王国の他の地域と比べれば、北アイルランドが相対的に高い水準の学力達成度を示しているというわけである。その相対的な優位性がどの程度基礎的な理解や知識より試験の成績に限定されている

表2-4　読解リテラシー：最高水準と最低水準の比率、PISA2000（イングランド、スコットランド、アイルランド共和国、北アイルランド）（%）

	レベル1以下	レベル5
イングランド	13	16
スコットランド	12	15
アイルランド共和国	11	14
北アイルランド	15	16
OECD平均	18	10

出典：Johnston(2002, p 161), EYPU(2002)

かは疑問符がつくところだが、北アイルランドの初期教育システムが多くのOECD加盟国の中でもいい成績を収めていることをPISAの結果は示している。さらには、この水準の成績が、著しく不利な社会的条件の中で生じているということを考えるべきだろう。世界的な水準では貧しいと言えなくても、北アイルランドは、西ヨーロッパの基準で判断すれば低所得社会である。平均的な週所得は、連合王国の平均より約四分の一低く、1990年代の北アイルランドは、他の英国地域の中でも最高の失業手当率を毎年のように更新し、長期的な失業率もまた高いままであった。こうしたことは高い学業成績と関係するような特徴ではない。むしろ、より一般的なパターンは、教育以外の資源を教育的な実績へともっとも上手く転換することができるのはもっとも裕福な地域や国だということである。にもかかわらず、英連合王国の標準からみても、OECDの豊かな国と比較しても、北アイルランドは、それぞれの学校段階で非常にいい成績を残すという特徴をもっている。それが、他の英国の地域と比較してもっとも高い大学入学率に結びついているのである[2]。

しかし成人期の教育訓練となると、この様相は逆転する。学校段階の成績では英国グループの中でもトップクラスだったのが、北アイルランドは最低の地位に転落する。表2-5によれば、労働年齢人口のうち何らかの職業訓練を受けるものの比率が、他の地域に比べて北アイルランドは一貫して低い。その理由の一端は、北アイルランドでは小企業や家族規模の企業が大半を占めているように、きわめてローカルな経済構造によって説明できるかもしれない。しかし学校の成績水準の高さにもかかわらず、何の資格もない成人が相対的に高い比率を占めていることについての説明は、あまりに難しい。

表2-6によれば、四つの国ともに資格をもたない者の比率は減少傾向にあるが、公的資格をもたない成人人口が北アイルランドで占める比率は、イングランドと10％ポイント以上の差が厳然としてある。最後に、表2-7に示したように、一般的な成人教育への参加率も他の国と比べて北アイルランドは非常に低い。以上の表から指摘できるのは、これらの事実が、学校成績の著しい高さとは対照的に成人学習への低い参加という一貫した特徴を示すという点である。このパターンは、何らかの説明を必要とし、経済社会調査会議の学習社会プログラムにおける調査研究計画では、この問いへの回答を一つの目

表 2-5 英連合王国における職業訓練受講労働者の比率（1986-2001）（%）

	イングランド	スコットランド	ウェールズ	北アイルランド
男性				
2001	13.8	14.5	16.0	12.2
1995[a]	13.7	13.3	13.7	9.9
1991	15.0	13.7	13.3	11.1
1986	11.8	8.6	10.6	9.4
女性				
2001	17.6	15.9	20.7	15.2
1995	15.3	12.6	15.6	12.6
1991	15.5	12.4	14.0	13.0
1986	10.5	6.3	9.9	7.9

注 a：1994年の労働力調査の変化による。95年以降のデータはそれ以前のデータと比較できないため。
出典：Church(1996, p 71); Causer and Virdee(2004, p 66)

表 2-6 公的資格を持たない英連合王国労働者の比率（1995-2001）（%）

	イングランド	スコットランド	ウェールズ	北アイルランド
2001	14.6	14.7	17.1	23.7
1995	16.8	18.0	15.1	26.1

出典：Church(1996, p 84); Causer and Virdee(2004, p 65)

表 2-7 フォーマル学習及びインフォーマル学習に参加する成人人口の比率（2003）（%）

イングランド	スコットランド	ウェールズ	北アイルランド
39	42	38	30

出典：Aldridge and Tuckett(2003)

的としたのである。

　この問いに加えて、研究のもう一つの方向は北アイルランドの非常に顕著な社会構造の機能に関するものであった。北アイルランドでは、家族と教会が日常生活の二つの柱であり、その影響力のない時間を考えることはできない。たとえ偶然の旅行者であっても、いろいろな都市や町で、あるいは非常に小さな地域であってさえ、多くのボランタリーな団体や地域団体が活動していることに気づくだろう。

　その事例的な証拠は、社会的ネットワークに関するはるかに体系的な研究

によって確認されている。そうした研究は、北アイルランドの市民参加の全体的水準が英国よりも良好であることを示している（Murtagh, 2002）。メアリー・デイリーによる最近の調査データの分析はさらに詳細であり、北アイルランドのソーシャルキャピタルの全体的水準が相対的に高いとすれば、その水準は、他の人々と関係するきわめて顕著なパターンに基づくことを示している（Daly, 2004）。予想通り、家族は、ブリテン（イングランド、ウェールズ、スコットランド）におけるよりさらに重要なものとなっているという結果を示している。つまり、母系の親族関係が特に重要であり、北アイルランドの成人の23％は一日に少なくとも一度は母親に会い、ブリテンではその数字は9％にすぎないという結果も見られる（Daly, 2004, p 55）。ブリテンでも北アイルランドでも、危機的状況で援助をまずは配偶者に求めようとする傾向があるのだが、家族は、両国ともに社会的支援を提供する最初の場所でもあった。ただ、顕著な点は、ブリテンの人々は支援をまずはその配偶者やパートナーに求めようとして、その母親にはあまり頼らない。また、気分が落ち込んだときの支えとして身近な友人が重要な特徴を持つというのも、北アイルランドよりはブリテンでより言われることである（Daly, 2004, p 59）。最後に、両方の社会で全体的に高い参加パターンが見られるのは、教会団体や、慈善団体の会員となる割合が、北アイルランドでは著しく高く、他方、ブリテンでは他の形態のボランタリーな組織への参加率が高い傾向にある。

　全体的にみれば、そこには、伝統的な支え合いがそのまま残された社会というものがあり、相対的に高水準の同質性がみられる。北アイルランドの社会生活についての一般的な予断を考えれば、社会階級や宗教にかかわらずこのパターンは地域社会全体にわたって広く見られることを付け加えておくことも無駄ではないだろう（Daly, 2004, p 66, Murtagh, 2002）。だが、それは、人々が家庭や近隣の安全な場所を離れる時に直面する偏狭な敵意や目に見える脅威の浸食的効果と表裏一体の関係にある。大学生のライフスタイルに関する最近の研究は、この点が次のように描かれている。北アイルランドの学生は他の英国地域の大学生に比べて（表2-8）、大学生活の環境が安全でないと感じている。報告されている暴力犯罪の全体水準がスコットランドと北アイルランドではほとんど同じであるのに、安全性についての人々の認識は現実

のリスクだけでなく感じ方によっても形成されるようだ。しかし、明らかな点は、北アイルランドでは守られた環境にいるはずの青少年でさえ、ブリテンの学生ほどには安全だと感じていないことである。見知らぬ人の間を歩くことは危険だと感じている。このことはしたがって、成人学習の参加パターンを分析する際の基礎的な情報ともなり、次のことを示す。つまり、北アイルランドでは、全体的にソーシャルキャピタルのストックが高いにもかかわらず、全く異なった方法でその配分が行われていることを背景として生じている。

初期教育と継続教育：対象グループの視点より

　ESRC研究は、ソーシャルキャピタルと成人学習の分析にあたって非常に多様なアプローチを用いた。しかし、質的手法にも重点を置いている（Field and Schuller, 2000）。研究のために収集された新しいデータのほとんどは、インタビュー形式の面接法を通じて収集された。面接は、仕事柄、成人学習者と接触する機会の多い成人学習のスタッフ、つまり経済セクター別に編成された人事職員やリクルーターといった人々を対象に10回にわたって行われた。教育訓練のプログラム運営に何らかの形で責任を持つ人々とも30回にわたる個別面接を行った。面接は北アイルランド全体にわたり（ベルファスト地域の人が主だが）、ボランタリー部門、コミュニティ部門の人々やビジネス、行政、教育部門の人をも対象とした。

　一つ指摘しておくべき価値があるのは、対象グループ自身がソーシャルキャピタルを研究する特に良好な方法となっていたことである。北アイルランドは比較的小さい社会なので、かなりの数の、ひょっとすれば全員の参加

表2-8　北アイルランド及びスコットランドでいつも安全と感じる生徒の比率（％）

	北アイルランド	スコットランド
住居にいるとき	60	80
大学周辺を歩くとき（昼間）	63	88
大学周辺を歩くとき（夜間）	27	40

出典：Sodexho(2004, p 36)

者がすでにその部門での他のキー・プレーヤーをほとんど知っているだろうと予想していた。この調査にあたって、ほとんどの参加者がすでにお互い同士知っており名前で挨拶できる関係にあったことがわかった。他の参加者を知らなかった人はすぐに紹介された。その一つの結果が、参加者の中にはお馴染みの話題に皆が熱中しているのではないかと思われる場合にはとりわけ、すでに自分の仲間から何を期待できるかを知っている人もいたということである。もう一つの結果は、インタビューを受けた人々が自信に満ちてはきはきした人々であり、共通の関心事について仲間の専門家たちと和やかな交流を楽しんでいる素振りをみせたことである。これは、対象グループの中に権力の相互作用や利害葛藤がなかったというわけではなく、葛藤や権力関係が単なる面接者と被面接者の間のものではなかったということである。以下の会話のテープ起こしに見られるように、人によって声の大きさは異なり、時には他の参加者を黙らせようとする人も出てくる（大抵それは成功していないが）。

初期教育

　ほとんどの対象グループは、非常に短い導入的説明についての参加者の見解を、時に非常に強く述べようとすることから始まっている。私たちが面接した人の中には、北アイルランドの教育程度に関する私たちのとらえ方に異論を唱えた人もいた。例えばソフトウェア産業の会議で 10 分ほどの議論の後、ある経験を積んだ実業家はこう結論を述べた。

　　ハリー[3]「これから出てくる結論だが、あなた方は私たちの学校が優秀だといって驚かそうとしているでしょう」

　地域開発のために働いている人々を対象としたグループでは、参加者は、私たちが北アイルランドの教育状況についてあまりに楽観的だとも考えた。私たちの研究背景を説明した後、ファシリテーターがつぎの質問から始めると、直接的で非常に明快な答えが返ってきた。

L. S.（Lynda. Spence, 調査者）「最初の質問から始めたいと思います。不均衡というのでしょうか。そのようなものがあなたの担当部門にはありますか？」

ナイオール「はい（笑）」

L. S.「はい？」

ナイオール「答えは『はい』です」

ケイト「あなたがたが調べた北アイルランドの広域レベルで見られるよりは、一つの地域レベルでの不均衡は確かにあります。私たちの数字は、もっと深刻であり、成人について言えば、この地域の人々の50％は、公的な教育資格を持っていません。北アイルランドでは26％くらいと思いますが」

事実、既述したように北アイルランドの学校制度の学歴水準は、1970年代以降大きく上昇してきた。限定的ではあるがこの変化の認識も少しは見られる。地域開発に従事する対象グループの中で、ある男性のプロテスタントの専門職の言葉では次のように述べられている。

ナイオール「私がちょっと疑問に思うのは、何か原因があるのかな？ 単なる歴史的な違いなのかな？ AレベルとOレベルでこうした数字を引き上げているのが若い世代ではないかと？ それに、歴史的には、35歳代から、40歳の年齢集団は、そうしたタイプの教育を受けていなかったし、それが分布の歪みをもたらしてるのかも。今とは反対に、50年代や60年代を振り返ってみて、彼らが学校でどんな教育を受けたのかを示す数字はあるのでしょうか？」

共通する点として、参加者たちは、学校制度の中の教育程度についてむしろ時代遅れの見解をもっているが、明確に話した人々は、このトピックについてファシリテーターが話した導入的説明に易々と賛成できないと言ったり、驚きを表明したりした。だから、この対象グループから最初にわかった点は、研究者が教育程度の高い教育システムだととらえていたことについて参

加者たちが自信をもって全くの異議を唱えたことであった。

　対照的に、私たちが行った成人学習に関する説明については驚きは少なかった。ただ、ソフトウェア産業の参加者たちだけは、私たちが報告した成人学習における低水準の参加率についてある程度の疑いを表明した。そのメンバーの一人は、このことがその産業特有の性質によるかもしれないという考えを述べた。

　ブライアン「私たちのビジネスには、私たちの産業には、やはりこのビジネス特有のハイリスクがあると思う。非常なスピードで動くビジネスだということは、皆さんよくご存じでしょうし、実際に人を訓練するには相当の日数を必要とすることが問題で、おわかりのように、何かしらのプレッシャーを受けていたら、私はだれもがプレッシャーを受けていると思いますが、しかし、プレッシャーを受けて状況を変えようとするでしょうし、一週間の訓練を提供します。外部の訓練ですね。そこに市場が生まれます。このビジネスでは成長をつづけなければならないから。私はその全部について話しているわけではないんですが、ソフトウェアの部門では、誰もが好意的で（フム、フム）学んでいるということがおわかりになると思う。それは全く単純なことです」

継続教育

　他の点では、北アイルランドの成人学習が典型的な下位レベルにある点についての説明は、対象グループに抵抗なく受け入れられた。

　北アイルランドの教育システムは選抜的な制度だが、明らかな可能性として言えることは、これが人生後半の学習パターンと結びついているかもしれないという点である。私たちの研究でのインタビューに応えた人々は、選抜的な中等教育が人々の教育に対する全般的な態度に重要な影響を与えたということを確信していた。ボランタリーな部門の労働者からなる対象グループでは、社会階級と成人学習の役割をめぐって議論が始まった。この議論がひきがねとなって女性のコメントが出てきた。その女性は、イギリスの総合制中等学校で教えた経験のある人だった。

L. S.「それで、だから階級が……？」

キャシー「はい、いろんなやり方で切られます。若者に影響を与える問題、障害のある人に関係する問題などでそうですが、しかし、ここにはもちろん非常に重い問題、11歳プラスがあって、それは非常に重い階級の問題です」

L. S.「はい、11歳プラスですね。他にどなたかこの問題をとりあげたいですか？」

ロブ「一連の関係があるだろうとは思っていました。私が現在いるところへ働きに行く前、教師の資格を持っていて、イングランドのあちこちで教えていましたし、他の学校とも関係がありました。生徒によって、またその親たちによっても、教育、その教え方や学校に対して、非常に異なった態度をもっていることに驚かされました。私がかかわってきた生徒たちは、全員グラマースクールに行きたがっていました。取れる資格は全て取ろうという非常に強い意欲を持っていました。もっと上級の学校に行きたい、もっとできるだけのことをしたいというような子どもたちだったと考えられますね。そしてある程度、疑問なのは、彼らは中等学校で満足しているのかということで、私たちは人々の態度を奨励する必要があると思います。私たちは教育の過程で最終の選抜を行うことで教育に対する人々の態度に方向付けを与えています。自分の非常に限られた経験なのですが、そのことは非常に強い印象として残っていますし、イングランドの総合制中等学校の経験から生まれてきていると考えます」

アリス「（この組織では）保護者の人とも働いていますが、その人たちの多くは、私たちの所に来る若い女性でしょうし、最近私が考えたのは、彼女たちの学校時代に学校教育についてもっていた否定的印象を徐々にでもなくし、彼女たちが例えば自己開発コースで勉強したいと考えられるような点まで導くには、すさまじい労力がいるということです。教育は否定的なものという印象をもっていたら、ひどく恐ろしいことになりますし、人がそんな印象を克服し、そんな見方を撤回して、自己開発コー

スにでも行くようになるためには、私たちはもっとアウトリーチと支援を強める必要があります」

キャシー「大事なことですが、ご存じのように、成人学習は広い空間です。それは、いろんなもの、高いレベルの資格から自己開発のようなものまでいろんなものをカバーしてますよね。人がしようとする成人学習のタイプというのは、それ以前の学習経験と関係しています。私やジュディやアンがかかわっているような基礎教育タイプの仕事の多くは、学校が12歳くらいの年代までに提供する必要があった教育水準へと人々を引き上げる機会を人に提供するものです。リテラシーのスキルやニューメラシー（計算）スキルの学習をするには相当な時間が必要なことはおわかりでしょう。その仕事、ボランタリーな仕事ですが、そこにはおびただしい量の経験やあらゆる種類のことが含まれており、そういったものを実際の教育システムはやってこなかった。だから、それを成人学習と呼んでいるのですが、実際には、学校ができなかったことをたくさん成人になってからもう一度課しているのです。しかし、2科目でAレベルを取った子どもたちに対しては、学校はちゃんと教育をしているんです」

何か同じようなコメントがソフトウェア部門の対象グループからも出てきた。その人は、元気なビジネスグループ「北アイルランド―成長への挑戦―」のレポートを引用することから始めた。

ドナルド「確かに、学校へ行って、Aレベルでいい成績をとって、大学へ行って、専門職について、子どもたちをグラマースクールへやって、それが巡りに巡って、といった種類の悪循環があるという議論がされています。その循環の中にいる人たちはうまく行き、そのメリーゴーラウンドに乗れない人たちはシステムの外に取り残される。そこには多くの真理があると思うのですが、だからこそハミルとブライアンが何の資格もない人々に関するパーセンテージは信じがたいと先ほど述べていたコメントは、見解として広く受け入れられているんです。その循環の外側に多くの人がいることについての気づきが求められます」

この課題は、地域開発の対象グループでも浮かび上がっていた。

ジム「非常に多くの人がそれなりの、ウム、初歩的な資格を取っているとおっしゃっていましたが、そのレベルにさえ達しない人もいて何も達成できていないという人がいる。そんな人たちを研究してみたら、教育制度において彼らが本当にネガティブな体験しか持ち得ていないことがわかるはずです。そうした状況がそんな人々をさらに何か他のタイプの教育に関係するものを受けたいと動機づけることも確かにない」

L. S.「はい、その状況を確認することはできるでしょうか？ 最高水準の資格をもった人々について話してきましたが、他方で多くの人はそうした資格を持っていなかったり、継続教育をいっさい受けようとは望まなかった人も大勢いる。それはどれくらい大きな要素だと思いますか。それが要因となって人々が教育に関わろうとすることに興味を失ったとお考えですか」

ナイオール「それはもう大きい、大きい要因でしょう」

ジョーン「主要な要因だという印象を持っています」

ナイオール「地方史グループや何であれコミュニティグループで一緒にいる人々にお会いになれば、学校での経験の中身がわかりますし、そのような問題は多数出てくるでしょう。ご存じのように、教師についての話でも、そうした問題が彼らのその後の人生にどのように影響を及ぼしてきたかがわかりますし、そうした状況はなおも続いている」

アカデミックな価値

他の被面接者は、選別システムという言い方はしなかったが、むしろ北アイルランドの教育システムを学力が過度に重視される傾向にある点に注目した。この言い換えは、観光業で働く人を対象としたグループで早くからみられた。

ジョン「おそらく、ある人々が教育をさらに続けて受けようとすることはないだろうと言う理由の一つは、自分たちがAレベルで成功し、いい大学やカレッジコースを出てきたからで、それでもう教育に関する限りは十分だと考えているからでしょう。それは既存のいくつかの統計にも反映されていると思いますが」

L. S.「確かにその可能性もありますね。あなたが指摘された点は興味深く、確かに他の対象グループの何人かも北アイルランドには何かあると感じているらしく、それは学校でいい成績をとって一生懸命勉強すれば、もうその後はわざわざそれ以上の教育を受ける必要はないと感じているらしいことです、ええ」

ある上級行政職の人も同じようなコメントを地域開発の対象グループの中でしていた。

ジョーン「北アイルランドについて思うのは、『Aレベルをいくつかとったのにそれ以上の教育をうけない理由は何か』という時、Aレベルが実は一つの学位を取っていることに等しいという態度がまだあるからだと思う。ある程度の教育を受けて、特にグラマースクールの教育を受けたら、さらにAレベルをとったら、必要な教育はほぼそこまでだ、と。ちょっとした逆行的な態度のようなものがそこにあると思います。それを得たらもう何かを達成してしまったような気になる。一つの職を得たら、例えば公務員のような、するともう何かそれ以上勉強する必要はないと。（ざわめき）さて、そこに、事実に基くというのとは反対に、純然たる観察なのですが、そのことは申しあげておきたいですし、多くの人々の参考になると思います」

L. S.「実際に、そのことは以前にも聞いたことがあります。どなたか他にこの点へのコメントはありますか。ご存じのように、ある程度の自己満足があるという事実ですね。多くの人が例えばグラマースクールにまで行ったらそれで十分だと考えて、安定した仕事を得たら学校へいく必要はないと考えています。その意味は、教育それ自体には低い

価値しかおいていないということでしょうか」

ジョーン「そうだと思います。北アイルランドの人々は、A レベルや仕事など普通の経路をたどったところで、それがどうしたと思う傾向があるようです」

ソフトウェア産業のある上席の人事担当マネージャーは、同じパターンを次のように説明した。

ジャネット「ところで、私が働く場所では大卒を雇ってます。職場はずっと高学歴で仕事を開始する。私たちが期待するのは最低限の十分な資格です。しかし、その後、問題があると思うのは、成人学習の参加率が低いことです。もう勉強は十分していると考えているんですね。『もうこれ以上学校へ行く必要がないし十分勉強してきた』という問題です。だから、歴然とした参加率の低下が見られることになる。いわゆる遠隔学習や自己学習計画に参加する人の数は数えるほどしかいないことになる」

南アーマーから来た地域経済開発産業の労働者は、この課題について別の見解を持っていた。彼女の地域で何の資格ももっていない成人の比率が高いことについて、地域開発の対象グループでコメントした後、こう続けた。

ケイト「もっと気になることは、資格をもつ人々の数字を分析した時、人々はアカデミックな資格、理論的基礎があって、大学卒の学位があって等々、はあるのですが、職業資格はほとんどない。職業サイドの、いわば『実践的』なものがほとんどないんです。高水準の失業状況の中で、この二つの状況が地域にあると、労働力の脱スキル化ということになっていく。そして、教育がある人々、特にアカデミックな人ほど、実際にはその地域を離れて、いっそう大きなギャップに出会うことになる」

この問題を展開しながら、観光業グループの参加者は、アカデミックな価

値が支配的である理由についてふりかえった。

> **マルコム**「そうだ、大学へ行こうとしている時、学校を出る頃は、自分が何をしようとしているのか現実にははっきり決まっていないからなのか、それとも大学のコースで何をしているかが、よくわかっていなかったからなのか？」
>
> **ジョン**「思うんですが、そこにはある種の家庭の事情というか、俗っぽいですが、社会経済的な理由もあるのではと、それはつまり、」
>
> **ケイト**「何かしようとすることですね」
>
> **ジョン**「はい、学位をもつことがよいことというか、私は特にこの業界が面白く思ったからで、確かにいい資格をもつのが非常によいと。そうした資格があるゆえに、例えば非常勤で講演の仕事を持つ助けにもなりましたし、それはいい履歴にもなるのです」

アカデミックな経歴の優位性は、インタビューを受けた人々によって一般的に受け入れられていた。しかし、分断化された社会の中で宗教や社会階級がアカデミックな知識の優位性とどのような形で融合したかについても議論が行われた。観光業の対象グループは、この課題を会合の最初から考えていたが、後にこの問題に戻って、家族の願望が少し以前から、特にカトリック社会の中で変化してきたという点を論じ、それがアカデミックな経歴の優位性を普及する助けとなったのだという議論もあった。

> **ジョン**「そう、まさにその点なのですが、話をさえぎって申し訳ないのですが、GCSE に関する数字が私には必ずしも理解できない。それは、社会経済的な問題だと思うので、北アイルランドに特有の理由からこの 15〜20 年間にわたる傾向として、人々の間に社会経済的に見られる傾向として、保護者たちが教育の機会を得てきたので、もう一度それがステータスシンボルであると主張し始めている。つまり、自分たちの子どもが A レベルを取り、GCSE を取るべきだと主張している。この現象は必ずしもスコットランド、イングランドやウェールズでは

みられない。北アイルランドがその点で変わっている、というのも現在にいたるまでの何年にもわたって続いてきた特徴、一種の……」
ケイト「教育を重視するという特徴ですね」
ジョン「そう、そしてさらに、宗教的な観点からも、あまり言いたくはないのだが、宗教的観点からも、昔の非カトリック社会よりも、カトリック社会で教育が重視されている。それが、OレベルやGCSE段階とAレベル段階の成績で大きな違いとなって表れた。わずかでも数字に影響してきたと……」

カトリック信者の方が教育のアカデミックな面を重視する傾向にあったという示唆は、また地域開発グループでもなされており、カトリックの専門職が次のように論じた。

ナイオール「アイルランド共和国でも同じです。確かにそうだと思います。通り抜けていく手段としての教育に価値が置かれていることはまったくその通り。宗派の違いという点からもこのことを見てみると面白い。あなたはどう考えられるかわかりませんが、そのルートを通っていこうとする傾向がカトリック的背景をもつ人により多く見られるのではないかと思います。なぜなら、1947年法での11歳プラスなどとのつながりが、市民権運動の内部で非常に強く強調されていたので、そうした文化の中でそのルートも浸透していったと（フム）。職業的モードは、プロテスタント社会の内部ではもっと同質ではないかと思います。」

やがて、次章で分析する調査データが、二つの主要な宗派社会の間にはその教育的姿勢において何の相違もみられなかったことが示された。しかし、これは、北アイルランドにおけるカトリック社会にとってのアカデミックなルートの重要性を軽視したりするものではない（Black, 2004, p 70）。公共生活の他のほとんどの領域とは非常に対照的に、北アイルランドの歴史の中で、差別が、少なくともはっきりとした形では社会移動に対する直接的な障壁とならなかった領域の一つが教育であった。

社会階級の影響

　成人学習への参加が社会階級によって異なるだろうということは、インタビューを受けたかなり多数の人たちが予想していたことである。ボランタリー部門の雇用者からなる対象グループへの口火を切る発言が中産階級のカトリック女性からなされていたが、彼女は私たちの量的データをそのグループと共有できるかどうかについて疑問を持っていた。ファシリテーターは、そのグループを私たち自身のテーマに戻そうとするため、質問を避けようとしたが、限界があった。3分後その人は、彼女自身の発言に戻って、こう言った。

　　ジル「私の疑問に戻りますと、これは地理的に全域にわたるものでしたか？　私がこのことを尋ねる理由は、ボランタリー組織というものは、たいていの組織についても考えられると思うのですが、入るのに何も一般的な教育資格も訓練を必要としない。西ベルファストのカトリックとプロテスタントに関してわかることは、たくさんの人々が実際には何の労働環境にも身を置いていないところでは、学習機会を利用させようとする動機づけがはたらくということです。早い段階で動機づけておかなければもう一度そうした学習環境へ人々を戻すのは非常に難しいということです」

　実際、ジルは正しかった。この問題に関して量的データをみる限り、他の所と同様、北アイルランドでも成人学習への参加を決定づける上で社会階級が一つの重要な要因であることことがわかる（Field, 1997）。

　学校制度におけるアカデミックな価値の優位は、また成人の間でネガティブな態度の要因の一部となっており、それは特に自分たちが教育で失敗したと考えている成人に見られる。北アイルランドの選抜的な中等教育制度は、きわめて競争的である。インタビューに答えた一人の言葉を聞こう。その人はベルファストのボランティアセンターで働き、その年長の子は11歳プラスを受けたばかりであった。

マイア「ただグラマースクールへ行けばいいってものではなく、行くならメソディ校、アカデミーね」

J. F.（ジョン・フィールド、著者）「一番いい学校がどこだとどうしてわかるんですか。どうすれば見つかるんですか？」

マイア「誰でも知っています」

J. F.「友達の話ですか？ あるいは優秀校一覧というようなものがあるとか」

マイア「いえ、誰でも知っています。どこの小学校が一番だとか、他のお母さん方と話し合うこともあるわ。私はすでにクイーンズ大学[4]についても尋ねています。娘をどうやってそこに行かせるか。グラマースクールではなくってね。何も話し合う余地のないこと。そこに入れるためには何でもするものよ」

この学校中心文化は、大人たちにどんな影響をもたらすのか？ 民間部門の訓練マネージャーを対象とした調査では、多くの大人たちが成人のコースを単に学校に戻るようなものとして考えているという考えが述べられた。

ボブ「私たち大人にとって大きな集団だけど、現実にはドロップアウト、中退した人たちなんです。その通りでしょう？ この人々は、ドロップアウトした後で教室を離れて10年以上経ってから教室へ戻る理由がわからない。教室と呼ぶんですが、そんなふうに考えている人です。そんなのいらないし、学校へはもどりたくない。もう一度戻るというのは、この人々にとっては大変、大変難しいことです」

個別インタビューに答えてくれた一人、元囚人のため働いていた人は、そうした人々を継続教育カレッジで訓練を受け続けるように説得することの困難さについて話した。「この人々にとって学校へ行くということ、それは町の中のカレッジの建物をイメージし、それは『学校』であり『教師』なんです。そのイメージすべてが戻ってくる。彼らは、マガベリーのメイズ刑務所

に何年もいた人々であり[5]、驚くようなことを独学をしてきたし、私たちは彼らに学校へ行くように話している。さらにもし多くの成人たちが人生後期の学習を単に学校へ戻ることと考えているなら、彼らのライフステージを考えてみると、多くの人がかなりふさわしくない危険性のある活動とみなすようなことだという考えにはかなりの抵抗があることを理解しておきたい。

パートタイムの高等教育

アカデミックな径路においてさえ、何人かの参加者は、異なった進路の間には明白な違いが生じうると言った。地域開発グループの公務員は、パートタイムの高等教育の問題を引き合いに出した時、長々と続くやりとりの口火を切った。

ジャネット「すみません。もう一つの消極的な態度は、これもまた観察によるものですが、人々がパートタイムの教育で得た資格に、たとえば大学へ行って伝統的な3〜4年の勉強をして得た資格と同じ価値付けを与えないということです。何かそこに特別の感情のようなもの、そうして得た資格がパートタイムの勉強で得たものよりずっとよいものであるに違いない、という感情があると思います。同じ価値を持つ資格ではあるのですが、そこには何というか、(はい)」

J. S.「それは面白い。しかし、なぜそう思うのですか？」

ジャネット「わかりません。大学へ行ったことがないからという感情なのかどうか、自分自身の時間でより多くのことを学んだか、大学生とみられたことがなかったからなのか、まともな卒業生になれない（笑）といったようなことなのか。」

ジョーン「しかし、なぜ？ そんなフィードバックを聞いてどう感じますか？」

ジャネット「そうね。オープンユニバーシティ（放送利用による通信制大学：訳注）からわかるわ。オープンユニバーシティは、それなりに立派に設置されましたが、確かに、最初そこで学位を得て出てきた人々は、(まあ) いいようには思われなかった。ご存じのように伝統的な大学に行っ

た人々ほどにはいいと思われなかった。」

ジョーン「だけどある意味では確かに、そこに行って学位を得るにはもっと多くの努力が必要だった」

ジャネット「ええ、確かに、そう思います。しかし同時に、それが昔に考えられていたようなとらえ方だとは必ずしも思わない。教育という言葉で人を思い浮かべるのかを考え直すには長い時間がかかると思うのです」

職業訓練に関して一般の肯定的な見解があるようには思えない。職業訓練に対するおよその姿勢は、伝えられるところによれば、なおも1970年代にさかのぼる「スキーム」の芳しくない評判によって色づけられている。ある民間部門の訓練の専門家は、対象グループの中でそのことにふれた。

ゲリー「学校に行くと、そこの人々は、古いYTP（青年訓練プログラム）について話そうとするでしょう。それはたぶん学校の中で悪評を買ってきたもので教師たちはたぶんそのプログラムを不良少年たちのためのものとみなしたんです」

資格社会

高等教育の拡張や、職業資格の増殖は、私たちの対象グループの人事の専門家たちにとって、複雑な恵みのようなものであることがわかった。ソフトウェア産業部門のある公務員は、資格が過剰な社会について痛烈に話した。

ドナルド「ブライアンが言ったもう一つの事ですが、それが私に思い出させたのですが、このビジネスは紙っぺらのようなものだということです。私の経歴では、比較的近年までは、OJTや企業内訓練といったものは、書かれた記録としては残らないし、重要でないし、履歴書にも書けなかった。最近は、履歴書というのは、あまりくわしく見ないようなただ次々と何頁にもわたって資格が記入されているようなものだと考えられていて、私はそうした資格の列挙を軽んじたくないのですが、知

れば少しは役にたつものとか面白いものを誰かが学んだということ以上のものとはみなされないでしょう。そうした種類の文化が、人材の質のマネージメントシステムやNVQ（National Vocational Qualifications 5段階からなる科目別の全国職業能力資格認定制度：訳注）、そしてそれに類したものなどの結果として入り込んできて、やったこと何でもその結果として、修了証を出し、何らかの証拠書類を出すようになったんです。」

観光業対象グループでもまた、職業能力資格の価値についての疑問が表明された。次のようなやりとりが見られるように、これは複雑な問題である。

ジョン「そうです。確かに、正直にいうなら、最近は、経営者がNVQ資格を信用しない」

モイラ「経営者は信用しない」

モーリーン「そうです」

ジョン「実際的状況では、非常に多くの解雇があって、人はたやすい方へ流れるから、それが適切に監視されていないし、すべて書類仕事だから、書類を処理して人を退職させるだけ。人が煩わされることはない」

モーリーン「しかし、ジョン、NVQはいいよ。それは経営者、一部の経営者にとっては悪名が高いけど、幸運にも、それは仕事しながら取れるし（そうだね）、現実的で、身体を使った実践的な訓練だから正しい選択だと思う」

ジョン「それを正しく選択できれば」

モーリーン「はい、朝に歩いていき、自分の仕事と関係したことすべてをすることができる。そうした事実を……」

L.S.「それを正しく選択することは難しい？」

ジョン「はい、絶対にそうです」

モーリーン「それはあまりに官僚的だから」

ジョン「はい、全くその通り」

モーリーン「はい、NVQを見てきていうのですが、NVQは証拠がすべて、証明するものがすべて、大量の、自分がなしたことを示そうとする面

倒な試みです。NVQ の目的は非常に素晴らしいものだと思いますし（そう、そのとおり）、実地の経験についてあなたが言っていたことに戻る」

　民間の訓練産業の対象グループは、経営者がデイリリース・プログラムへの研修者の出席を認めたがらないことについて話し合う中で、NVQ の問題を検討した。

　　ジル「はい、NVQ は、そのことを納得させるよう仮定されていた。どの経営者と話しても、彼らはあまりに高くつくと言う。NVQ はそれだけの費用をかける価値がないと」
　　L. S.「NVQ があまりに高くつくということには、他の人もその意見に賛成ですか？」
　　リチャード「ええ、高いです。経営者は今もそう思っています」
　　キャシー「NVQ って何か、そんなもの聞いたこともないと。RSA やシティ・アンド・ギルド、さらにはもっと昔のもののことしか考えていない」

　NVQ に伴う官僚主義は、人々が採用決定の現実とみなしていることと、時として対照的なものである。インタビューに答えてくれた警察教官として働くある人は、警察に関する一般教養的な資格を設けることに従事していたのだが、次のように考えたという。「就職にあたって、資格に依存している人生を過ごそうとしても現実の就職に必要とされるのは資格ではない。実際には経験や人柄によるのですが、正直なところ綺麗な記録をもって陸軍で数年過ごしたいというようなものです」。農業のアドバイザーも次のように言った。「採用の処理をする側でも、自分たちが知っている人か、自分たちが知っている人を通じて来た人を好む。信頼性、それにつきる」。地域開発対象グループの何人かはさらにはっきりと言った。地域開発ネットワークのあるマネージャーは、訓練への経営者の支援が不足しているという公務員のコメントを受けて、次のように言った。

　　ナイオール「おわかりでしょうが、ある点で私をいらだたせるのは、一

般教養的な勉強ばかりしてきた連中で、その仕事のために資格がつくられたと考えられているような仕事をするにはあまりに準備不足なんですよ」

インフォーマルな学習

　インフォーマルな職場の学習は、研究の対象としたすべての領域でノルマとなっていた。非常に高度な技能のスペシャリストを採用するエレクトロニクスやソフトウェア産業の領域でさえ、インフォーマルな学習を尊重する気風がかなりある。この領域の訓練当局の職員へのインタビューによると、エレクトロニクス産業で働く人のほとんどが、レベル 2 の NVQ を持つ半熟練工か、上級国家資格（Higher National）水準の資格を持つスペシャリスト技術者であった。「こうした労働者がそれぞれのレベルでいい資格を持っているという事実があるにもかかわらず、エレクトロニクス産業で働く大勢の人が、おそらく自分たちの仕事の中でその資格をどうしていいかわからない状況にある」

　同じような構図がソフトウェア産業の対象グループにもみられた。そのメンバーはほぼ完全に大学を卒業したグループ労働力、しかも比較的若い労働力を採用する人たちであった。

ブライアン「昇進しようという段になったり、人を昇進させようとする時、理系の修士号を持っていたという事実は昇進の判断基準とは何の関係もない。というのも昇進の対象とする人を実践的なスキルがあるかどうかで判断することがわかっているから。その点で、名前の後につく学位・称号が昇進に差異を産むような教職や医学とは違っている。特別の経験を持つ人を雇っている場合でさえ、理系修士号を持っているという事実は雇った後は全くどうでもいいことになってしまう。なぜなら、関心があるのはその人の経験がどんなものであり、どれだけ上手にその仕事ができるかという点だから（そうだよ）。理系修士号を持っているという事実は、それどころか、時間を弄んできたんだとか実践より教養好きではないかと心配になる。これは本当だよ。はっ

きりさせたかったもう一つの点は、成人学習とは何かということ。(競合他社の名を挙げて)〇〇で9週間にも及ぶ訓練をしてきたという事実は、それは勉強になったよ(ああ)、学習スキルは身につく。私たちの産業の誰もがこの5年間で自分の仕事を根本的に変えた。1980年以降専門的な資格など持っていない。だが、一日訓練コースを受けたり、二日間コースも受けてきたが、違った仕事の実践を通じて学んだものが9割であり、誰が何と言おうとそれこそが学習なんだ」

　ある職場では、インフォーマル学習はゲームのような名前で呼ばれている。それは、経験を積んだ労働者と経験のない労働者が同様に新しい技術の発展についていけるかというものであった。対照的に、観光産業の対象グループでは、インフォーマル学習が職場を破壊する活動のように描かれていた。仕事をするためには必要なものだが、インフォーマル学習は資格ほどの価値を持たないと彼らは信じていた。その理由は、観光産業が1990年代以降、和平過程から利益を被る産業においてサービスの質を改善するようにという政府の推進策の一部として外部監査のための証拠を積み上げていくようにという圧力の増大を反映したものであった。にもかかわらず、このグループそのものはインフォーマル学習の重要性を認めていたし、グループでもっとも発言力を持つ一人は、BTEC賞のような主要な職業資格でさえ自分達の職業の状況にあまり関係がないと信じていた。

ジョン「カレッジを出てこの産業のアシスタントマネージャーとして最初の職に就いた時についていえば、カレッジのコースのほとんどの内容がまったく役に立たなかったし、もっと一般常識的なことに力を入れた方がよかったし、」
ケイト「実用的なもの」
ジョン「実用的なビジネス法」
マイケル「HND(継続教育カレッジで提供される職業関連の全国資格：訳注)やBTEC(Business and Technology Education Councilが認定する職業能力資格：訳注)タイプ」

ジョン「程度をもっと低くして、『人とのつきあい方』やニーズの『インタビュー法』、『現代法』などのもっと選ばれた科目を」

L. S.「そうした科目を探したんですか」

ジェイマック「自分では試行錯誤したよ」

L. S.「だけど訓練の模索を通じてではないですよね」

ジョン「ええ」

L. S.「面白いですね。だからわざとそうして、学校教育方面では探さなかったということですね」

ジョン「正直なところ、時間もなかった。結局、まずは仕事に就いてたので、継続教育に行ったり探したりする時間もなかった。付け加えるなら、私の経営者はおそらくその費用も出してくれなかっただろうし、利用できる訓練コースはすべて高価だし、人はみんなそんなものに費用を出さないだろうと思う、それに……」

インフォーマル学習がループの外側にあるととらえるような同様の感覚が、ソフトウェア産業の対象グループでも述べられた。だが、ここでこのグループは突然冗談の言い合いをしたが、ある参加者が落ち着きを交えて言ったことは、その対象グループ自身が自分に学習経験をもたらしているということだった。

ブライアン「それはこの問題、つまり、成人学習とは何かということに戻る。それはただの証明書じゃない。二日間の訓練コースに行ったら、その終わりに証明書がもらえなければ、成人学習とは何かについてきっと考えたりはしないと思う。教育という領域に戻ると、そうした資格を出しているのは、工科大学とか、大学とかでなければならない」

ハリー「ブライアン、僕も君に賛成して尋ねるとすれば、君は成人学習に参加しているかどうか、その答えは何だろうか」

ブライアン「やっていないけど、やっているよ！（笑）。いつも学んでいるよ」

ドナルド「今日ここに来なかったとしたら、君は『いいえ』と答えてい

ただろう（笑）」
ブライアン「ええと、ただ……」
ドナルド「今日ここに来てなかったとしたら、おそらく『私は学んでいない』と言っただろう」
ブライアン「今日は、学んでいる。これが自分にとっての教育だ」
ハリー「だけど町で通りがかりの人にはっきりこの質問をしたら、その人は『いいえ』と言うだろう。たとえ職業関連の訓練を受けていても（そうだ、そうだ）。それがもう一つの……」

　これらの領域では、インフォーマル学習は、新しいスキルや情報が伝えられる重要な手段として認められている。しかし、回答者たちが感じたのは、学問的な資格やNVQといった非常に人為的で官僚的な標準だと信じられているものに比べて、インフォーマル学習が低く評価されているということであった。インフォーマル学習はしたがって、曖昧な地位にあるものととらえられている。実際に、誰もがインフォーマル学習を利用しているにもかかわらずである。

学ぶ喜び

　コミュニティ開発部門で働く人々にとって、インフォーマル学習は、学校教育制度の厳格さや官僚制と見られるものとのオルタナティブとして高く評価された。次の議論で示されるのは、インフォーマル学習の一つの側面として和気あいあいとした雰囲気に置かれた価値であり、それは、特に女性の間で顕著であった。それは、（ベルファスト、ヨーク通りにあるアルスター大学のキャンパスの一つを皮肉って）継続教育や高等教育のフォーマルな世界で見られるものとは対照的であると。この話し手は、はきはきとしたカトリックの専門職業人で、コミュニティ開発部門でも高い地位におり、（インタビューの数週間前に行われた）成人学習週間と「成人学習を祝うこと」の傾向について冗談ぽく話した。

　ナイオール「もう一つの要因は、学ぶことの喜びにあると思います。つ

まり、人は喜んで学習に加わる、ご存知のように、学ぶことが世界でもっとも自然なことだとみなされる文化の中で学習に加わるんです。それはまたある程度女性たちのグループを通じても創造されてきたと思いますし、そこには、ちょっとした楽しみがあり、社交などもあり、個人的には、相対的にたやすく重要な課題、仕事、スキルを交える事もできるし、さらに経験を共有したりもできる。それは一種ずっと広い環境であって、教室や学校といったようなものではない。私たちはいろんなやり方でそういったものからは離れてなければならないと思います」

L. S.「誰か他の方のご意見は……」

ナイオール「そう、制度化です。学校のような制度では、場所が決められる、継続教育を考えてみて。継続教育カレッジ、箱、この恐ろしく醜い建物を考えてみて。ヨーク通りのアートカレッジのように（笑）。また、木工や建具についてシティ・アンド・ギルド（1878年設立の職業資格認定機関：訳注）のコースを取りました。それは笑えるよ。非常にいい経験でもあったけど、学位や大学院のコースを取りに行って、それを取りに行ったら私は教室で一番の年寄りだった。確か、ダンガノンにあったんだが、その扱われ方は恐ろしかった。学ぶなんてものではなかった。本当に毎日が同じことの繰り返しで、おきまりの順番で、信じられないほど退屈だった。一般の人は、自分の仕事と、建具の世界に入っていくために何か資格を取ることとの間に関係があると考えたんだろうな。それは誰もが考えていることだ。学習の祝福、何か人生劇場の幕があがるようなものとね。忘れて下さい（笑）」

パターンの説明

インタビューの目的の一つは、北アイルランドのソーシャルキャピタルの水準とパターンが、初期教育と継続教育との間に見られるやはり特有の相違のパターンを説明するのに役立つかどうかを発見することにあった。すでにみたように、調査データは、北アイルランドのソーシャルキャピタルの全体

的水準が相対的に高いことを示している。インタビューからは人々の関係が、直接的な家族といった密接なつながりから、教会を含む信仰組織を通じてのもっと広いつながりに関しても大変強いものである事がわかる。合理的に考えられる仮説は、このつながりのパターンが学校の成績の強化に貢献しているかもしれないということ、しかし、それはまた何らかの方法でそこに存在する社会的なありかたを変化させるように人々を導き、成人の行動を阻止していることである。対象グループや各個人別のインタビューは、この仮説を支持する結果を示した。

低い労働移動

　職業生活は、社会的ネットワークを構築するための重要な文脈を提供する。対象グループ参加者の中には、北アイルランドの労働市場が低い水準の労働移動という特徴を持っていると信じている者もいた。それはつまり労働者の自己成長の試みを妨げる特徴ということである。この点は、ソフトウェア産業の対象グループで非常に強調されていた。

　　ハリー「北アイルランドに他の特徴があるか？　私たちの文化では転職率が（すごく低い）、それが非常に低いことでしょう（ええ）、連合王国の他の国と比べてね」
　　ブライアン「低かったですね」
　　ドナルド「低かった〜」（笑）
　　ハリー「IT部門でも、皆生涯その職にあること、今もそう。IT部門でさえ、おそらく他の部門ほど高くないでしょう（絶対に）。それが全体として、北アイルランドでのもう一つの要因でもある。転職しようとしても見込みがないから、仕事を変えようとは思わないでしょう。何か他の仕事につくために訓練を受けようとなぜ考えるでしょう。この国の他の地域ではそうかもわからないが、仕事を変えるというのは、北アイルランドの習慣にはない。だから、実際に自分のために、さらに―（さえぎられる）―資格を得ようとする習慣もない」

続いて、ソフトウェア対象グループが論じたのは、地方の労働市場が低水準の移動にとどまる理由であった。特にこのグループでは、二つの理由があがった。家族の強い結びつき（この例では母親との特に強いつながり）と、地方の労働市場の文化に占める行政雇用の大きな比重である。

ブライアン「……北アイルランドは経済的状況が変わっていて、両親からのプレッシャーは、いい教育を得て人生に備えようというものです。このプレッシャーは他でも強いとは思わないし、海の向こうのブリテン島では教育がなくてもいつもいい仕事につけるんでしょう。それから、第二に、仕事に就いたら、その経済状況、それを無駄にするつもりはないだろうし、仕事を変わろうと考えていることを母親に話したりはしないでしょう。母親から『そうね、いい仕事についているんだから、ずっとそこにいて、そこで働くんですよ』と。私たちの中ではそういう気持ちがあって、そう教え込まれているように思う」

ドナルド「それがPPP（permanent pensionable post）、生涯年金受給資格職（ええ）。私の母もそのことをいつも話していた（はい）」

L. S.「大概の人がそれは昔のことだと考えていると思いますか？」

ハリー「ウーム、まだ政府に雇われている非常に多くの人がいますし、政府の職は、PPPです。（ええ）今でも、今でもですよ。大概の人は公務員職についたら生涯勤めようと考えていると思います」

ドナルド「民間部門の大概の職よりは相当安定しています」

ハリー「そう信じた方がいい（笑）」

公共部門の雇用の文化は、地域開発部門の対象グループの中でもそれとなく示されていた。ある郡から来たコミュニティ開発担当者は次のようなコメントをした。

ナイオール「私たちの地域だけかもしれないが、もう一つ、ベルファストは最大の引きの地域だから。一般に5科目のOレベル修了証さえあれば、利用できるタイプの仕事があり、公務員やその種の仕事には行

列ができていて、資格を発展させたり改善させようというプレッシャーはそうした多くの低資格の人たちにはほとんどない。それが私たちのところでは問題の一部となっていて、一度その職に就いたらずっとその仕事でいたがるんです」

　他の地域では、労働移動は、短期の移住や長距離通勤を意味するのかもしれない。南アーマー市では、共和国からの非熟練労働への需要が技能訓練の需要を低下させていることが主張された。

ケヴィン「そう。雇用機会がない。市場は、人びとが提供できることを評価していない。したがって、みんなダブリンに行く、そこでは市場がちゃんと評価して、仕事を正規の価格で得られる。つまり、たとえば南アーマーの所得の3倍か4倍の所得が得られるという話だ。だから、どこか他の場所まで行っていっそうの所得が得られる時に、近隣でその比率の給与を支払ってくれるよういっそう高い水準の資格を得た方がいいかどうかについて悩む理由もそこにある。イングランドは、建設業で基礎資格にみあった報酬を得られる市場を伝統的に作ってきた」

ダン「そうだ。低賃金に基づく競争が行われている産業だし、個人や個人の貢献を評価するのではなく、その個人がする最低限の仕事をだけ評価する」

　ここでも、南部に新しい家を求めて南アーマーを出ていくよりも、毎日、毎週労働者はダブリンへ通勤している。

　驚くべきことに、北アイルランドでは実際に非常に移住率が高いにもかかわらず、職探しのための引越しは躊躇するという一般的な傾向は、対象グループでも広く認められた。地域開発グループの次の会話は、公務員から始まったが、多くの要因がそこで働いていることを示すものであった。

ジャネット「そう、人々が出て行くことを恐れていたりはしないと思う。仕事を持って残りの人生をアイルランド周辺で過ごすために教育する

といったようなこの種の態度は、非常に抑止するような種類の態度だと思う。思うに、ご存知の通り、出て行った人が何人か帰ってきたりするというのは、たくさんの人が帰ってきているけれど、ものごとの見方として健康的な在り方と思う。だから、この近辺で仕事がないから、ここにいるためにできることだけを見ていこうなんていう考えには陥らないようにすべきだと思う。それに……」

ケヴィン「でも、そういう考えを広めるのは難しいよ！」

ジャネット「だけど、思うに、それはできると思う。確かに問題はあるけど、私が話せるような訓練という観点からみれば問題があって、いろいろな職があるけどそのためには故郷を離れなければならないということを理解させるのが難しいような村に住んでいた経験があるから。その移動というのが20マイルもないような場合でも、そこから出て行くには彼らにとっては大変な距離という時もあるんです」

上述したように、インフォーマル学習への志向性はより共通に見られ、対人関係的なつながりへの信頼性とも相まって、採用や選抜をめぐる決定を知らせる手助けとなっていた。

個人的なつながりと評判

個人的なつながりや評判は、大きな価値があり、ソフトウェア産業の対象グループにおけるNVQの議論でも次のように表現されていた。

ブライアン「紙の資格証明は得られないにしても、人が学習するかどうかは重要な問題だと考えるべきだと思う。北アイルランドではその点についてまったく関心が低いよ。一つの組織として、私たちは人々にNVQを与える。しかしNVQに伴う大きな困難は、全部が証拠書類によるという点にある。NVQは75％が書類処理で、何かを証明するためだけのものだ。実際に、その点について私たちは関心を持っていない。誰かに訓練コースを受けさせたなら私たちが自分自身のことを知り、その人自身もそのスキルを身につけたことを知る。しかし、一つ

のNVQを得るためには、それを得るまでの費用が4倍にまでふくれあがる。私の知る限りではそんな産業は全部が台無しになってきたし、複数の仕事をしているようなものだ（フム）」

だから、この話し手にとって、入門レベルの資格は、最初の取り決めとして重要なのかもしれないが、次第に、個人的な知識がもっと重要な意義を持つことになっていく。

> **ブライアン**「最初は、いい学卒資格を持つことが仕事始めの段階では重要な点だよ。その後は、実務能力が、資格以上に仕事ができることを証明することが重要となる。それは……」
> **L. S.**「そうですね。あなたは人を雇う際にはその実務能力をどのように評価しますか？ 仕事で必要とする能力を持っていることをどう評価しますか？」
> **ブライアン**「僕たちはそうした能力をいつも盗もうとしているよ（笑）」

同じような観察結果が公共の保健事業部門の対象グループでもみられた。

> **デビッド**「個人的な観察で、何も実証的なデータもありませんが、北アイルランドのような小さな地域ではおそらくあなたのキャリアにおいて同じレベルの移動はみられません。さて、もしあなたのキャリアが流動的な状況にあるとしたら、職を求めようとするでしょうが、雇う側はあなたのことを聞いたこともないわけですから、だから資格が重要なんです。少しでも自分を認めてもらうためにね。例えばイングランドやスコットランドのようなもっと大きな地域に住んでいたら、キャリア発達を図る必要性は、これは実証的なデータはなく経験からですが、より高水準で北アイルランドよりも教育程度の向上に依存することがよくあると思うのです。それに比べてここ北アイルランドでは、あなたのコンピテンシーというか、あなたについて人が話す仕方、「彼あるいは彼女はよくやったよ」といったことが、（フム）、非常に重要な役割を果たすんですよね（ホ

ントだね）。資格があるとか特別の資格を得ているとかいうことより、いい仕事をすると人から見られることの方がもっと重要だという、経営者やその態度に戻ることになる」

さらに、個人的なつながりが教育システムに影響を与える一つの方法として用いられている。ソフトウェア産業の対象グループが集っている時に、この産業の継続的な発展の結果として、スキルの重大な格差を参加者たちは予想していた。結果的にはドットコムバブルの崩壊、固かった労働市場の規制を緩和させた。しかし、私たちが集まった時には、この産業は、大学の卒業生も入社してこないのではないか、資源をスキル向上のために振り向ける必要があるのではないかといった不安を抱えていた。最初に、個人的な接触を通して問題を解決しようとする試みがみられた。

L. S.「この産業と大学の間には十分なコミュニケーションがあるのでしょうか？　その状況についての議論はされてますか？」

ドナルド「正直なところ、おそらくないでしょう。確かに、ブライアンが話していた見解ですが、同じような見解はIT部門内の人々にもみられますし、（老練なIT研究者の名前）のような人々、クイーンズ大学の企業に対応する部門の人々の中にも同じような見解がみられます。そうした人々はそうした点を認識していると思いますし、変化も起きています。しかし、財政的資金や物的資源の面で制限を加えられる状況にあるのでそうした制限のために変化への対応が難しくなっています。おそらく民間部門であれば自ら埋めようとするであろう純粋なギャップがここにはあると思います。教育を受けようとする人の数だけが大学や継続教育カレッジの唯一の促進要因だと私は信じてはいません。つまり、それは人々に継続教育や高等教育カレッジのシステムを通過させるような大きな展望をもてる領域でもあるのです。当然そこにはそうした人々が働く機会も生まれる」

学習の需要を増加させる要因としてネットワークや協会の重要性が広い範

囲で了解されていた。南アーマーから来た男性は、地域開発部門の対象グループへの面接において次のようなコメントを寄せた。

> **ケヴィン**「いつもは、新しい地域グループの集会の最初の2回には、議題のトップにすぐに教育があがりますし、特に、委員会メンバーや組織を構成している人々の議論ではそうなります。この人たちは、自分たちに教育資格や現場の経験が不足していることについては非常にオープンでしょうし。確かなことでは、ニューリーで最初にそのプログラムを展開した「行動のコミュニティ」の人々がありますが、彼らは、プログラムを継続しようとせず、委員会にも出ず、どんな意味でも参加をしなかった人々よりは自信をもっていました。例えばもっと小さなものでも、「アルスター住民カレッジ」地域リーダーシッププログラムがありますし、この例では、だんだんと人々を巻き込むことから始めて、教育や訓練に回帰することを非常に重視するものです」

公共部門の雇用は、成人としての資格の学習が意味を持つ唯一の場所とみられていた。観光業の対象グループの何人かは、北アイルランドの多数の外部金融機関の一つから財政的支援を得ている政府機関内と半公共団体の中の両方で、フォーマルな資格が自分のキャリアを高める必要があると信じていた。

> **ジョン**「敬意を込めてだけど、あなたはどうしてマスターを取る必要があるの？ あなたは明晰だし、明らかに成功しているし、専念すれば非常に魅力ある人になれると思うけど（笑）」
> **ケイト**「ええっと、もう1段階向上したいからマスターの資格を取りたいんですが」
> **ジョン**「その資格を活かすことができると思います？」
> **モウリーン**「でも、ジョン、資格を活用することは、手段として重要なことではないんです。それは何かを証明することであって、紙の上で広告を打つときに人々を動かしていく一つの方法というようなもので

す。人はマスターをもっていると書くことができるでしょう、修士号が必要なら」
モイラ「これはそうでしょう。政府の仕事、北アイルランド観光局[6](NITB)。私たちはこの仕事からは手を引きつつあるところですよね」
ケイト「それには確かに何かあって、政府の仕事だけではなくて、一つの組織が財政基盤を提供している仕事、アイルランド国際基金、観光局とかいった団体であれ、私の仕事も援助をもらっているのですが、そういう仕事を得るには修士号を持っている必要があるんです」

子育て

しかし、これは、一つの例外であった。

時には、学習の低い需要の一因として、インタビューでは家庭が引き合いに出されることもあった。特に女性の場合、家庭の他のメンバーから子どもを世話するように、そしてまた子育てという優先的な課題をめぐるあらゆる仕事に適合するようにというプレッシャーを受けるらしい。男性と女性の双方に対して述べられた他のいろんな学習の障害とは違って、女性の場合には唯一常に子育てがあげられていたというのはそれほど驚くべき結果であるとはいえない。地域開発部門の対象グループのある男性専門家によると、

ナイオール「人々が学習に参加しないのには多くの理由がありますが、特に女性が参加せず、自分たちを学問的に向上しようとしない理由があります」
L. S.「そうですか、しばらくそれについて話してもいいですか。なぜそうなんです。理由を言ってみてください。(沈黙)おそらく子育てに関係する問題があるから」
ナイオール「いいですよ、いいですよ。子育ての費用が第一の理由です。家族の支援が乏しく、低い給料というのは私たちの住んでいる観光業タイプの地域でも一つの問題ですし、同様に、貧しい公共交通機関やその費用、スキルの欠如、経験の欠如、知らない人やその脅しの恐怖、変化の恐怖、地域の雇用機会の欠如、雇用や学校の休日の柔軟性のなさ、

これは女性にとって大きな問題ですが、一般的に、保育の質とそれのみならず、費用の問題や、保育の選択肢のなさや、子どもを見知らぬ他人に預けることを嫌がる気持ちがあります」

　ある女性の専門職で、プロテスタントの人は、子どもにとっての第一の養育者は女性であるという見方を支持したが、それは機会でもあるということを示した。

ジャネット　「別の理由もあると思います。ナイオールの意見への支持になるかどうかはわからないのですが、女性は我が子の学習を励ますことも自分の大きな役割と考えています。また、自分が若い時にはしなかったけれど今はする必要があると感じていると思います。識字教育での私の経験から思うのですが、確かにそのことが多くの女性が勉強の場にもどろうとする大きな要因でもあります。それが助けとなる、それが他の状況でも影響をもたらすんでしょうね」

女性の挑戦

　一方で何人かの参加者は、女性の方が男性よりも変化の挑戦に対して積極的に対応する傾向があると信じていた。地域開発の対象グループの男性カトリックの専門職は、インフォーマル学習がもつ価値についてコメントの中でこの問題にふれた。

ジェイムズ　「それにインフォーマル学習とフォーマル学習の間にはつながりもある。インフォーマルな学習に参加したら、参加しない場合以上にフォーマルな学習にも参加していくことになる。職業的なものに男性は惹かれることが多いとも思う。ジェンダー的なものは現実の問題だし、大きな問題です。自分の感覚では、男性以上に女性の間には教育に戻ろうという非常に大きな願望があるように思う」

L. S.　「なぜそうなんですか」

ジェイムズ「全体的に変化の問題でこの全体的な問題が……、女性が望むのは……、女性がどんな場でもそれを得るために闘わなければならないし、男性はそうした場そのものがきちんと設計されていることを望むんだ。男性は仕事をし、家族にいろいろと提供して等々。確かに近頃はそういう状況ではないかもしれないし、そうならないという事実もある。ものごとを知らないことを認めるということは、男にとってもっと難しいんだ」

地方経済の構造

　このようにインタビュー対象者たちは、成人の生活の中で学習を妨げる要因となっているとみられる非常に広い範囲の一連の文化的問題を指摘した。

　そうした文化的要因と同様、地方経済の構造もまた成人学習の需要を減じる傾向にあるという認識もみられた。観光業対象グループの二人の女性によれば、

モーリーン「ある程度の悲観主義もありえます、一度学校を出て仕事につくと、仕事を続けて、それが自分の生涯の姿になるんだと。それよりもっと悲観的な態度が生まれる。おそらく、いろんなトラブルにもそれが関係しているのかも……」

ケイト「さらにもう一つの態度の傾向があります。北アイルランドでは、多くの人が早い時期に学校を出て、小さな家族企業で働きます。教育をさらに受けることが必要となる、多国籍企業とか全国的な大企業に行って働く機会はなく、その種の大企業なら労働者のために企業内の訓練コースに行くよう勧めたりキャリアガイダンスの道もあり、昇進の機会もあるでしょうが。本当にいい資格をとって北アイルランドの学校を出ているすごい数の人がいますよ。私の学校にいた人々は個人商店や事務所で今働いているけど、訓練を受ける機会は全くありません」

地方の観光業では小企業が圧倒的に多いことについて、ファシリテーターはグループの見解をさらに尋ねた。

L. S.「小企業ということですが、小企業ですか？ それとも家族企業ですか」

ジョン「家族企業ですね、はい（うなずく）」

L. S.「家族企業では家族の中で訓練を受けようとする姿勢はどうですか」

ケイト「家族の中で頑張ろう！（笑）」

モーリーン「コスト削減（そうそう）」

ジョン「それは非常に重要な点です。コスト削減。私はホスピタリティについて（訓練センター名）訓練を受けているのですが、そこではおよそ 80 の訓練コースがあります。一見すると 1 日コースが 125 ポンドあたりで、全部が全部高価です。そうした人々を訓練へ送り出す時間コストというのも（そのとおり）ありますし、人手を割くことはできないから、何とか現実にやりくりしても、人を送り出すだけの余裕などないし、コースに支払う余裕もないんですよ。そんなコースは自分から受けようとしないでしょうし、自分で負担しようともしませんから、訓練費用を支払うのは経営者だろうと期待するのでしょう」

たとえ、訓練の公費補助の利用可能性があっても、それだけではインフォーマルな形態での人材補充や訓練を当てにしないよう小企業の人々を説得するには不十分であると思われる。地方行政の観光開発担当者がその点にふれている。

モーリーン「施設拡充のための政府観光局の補助金があって、私もマーケティングコースで働いていますが、そこでは釈迦に説法をするようなことに大きな抵抗があります。お金を使おうとしない人たちがいるんです。一人二人はいるけど……」

ジョン「あまり知りたくないことだね」

L. S.「なぜ抵抗感があるのかな？」

モーリーン「仕事をきちんとしてきているし、20年間もその仕事をしてきたと感じています」

モイラ「自分たちはすべて知っていると思っている。それはこのようなものでしょう。『私は昇進した。私はまったく訓練を受けていなかったけど、仕事を続けている。こんなにうまく幸福に暮らしている、だから結構。10のベッドルームをさらに手に入れるためにどうして、マーケティングコースを取らなくてはいけないの？ 何であれどうして必要があるの？……』と」

L. S.「その人たちがいいたいことは、このコースに行くこと、訓練に参加することは、自分には役に立たないし自分がもっと稼ぐことにもならないと。それが問題のある態度ですか、それとも」

モイラ「おそらくこの制度への特有の批判ですね。その批判には、訓練を提供する側の人が現実の世界を知らないという思いがある」

モーリーン「コースに対して敬意がみられませんし、コースを運営している人々に対してたぶん敬意を払っていません」

ここで小企業の多い産業には、典型的に頭の固い企業主が多数いるとみられており、そうした人々の世界経験は、行政担当者や研究者のいい善意だけどナイーブな意図とは相反することが多かった。その結果、フォーマルな訓練や教育を冷ややかな目でみる職業的な文化がそこに生まれている。

給付金の罠

民間部門の訓練担当者たちは、全く異なった構造的障害にからめとられている。このグループにとっては、給付金システムは重要な障害を作り出すものとして非難すべきものである。この問題は、この対象グループで繰り返し論じられたが、次のようなやりとりの中でちょっとした合意がみられた。

リチャード「給付金が給与より多い。ある人々、特に子どもを持つ人々にとってはそうなる可能性がある」

L. S.「それは他の人たちの経験でもあるんですか？」

キャシイ「はい」
ウナ「はい」
ジョージ「えぇ」

　民間部門の訓練担当者たちは、ニューディール政策についての質問がきっかけとなってこのトピックをふり返った（それはその当時の「福祉から労働へ」政策として話されているもの）。

リチャード「それが現場の現実です。私たちは、そうした人々と対面しなければならないものですし、そうした人々に一度でも役立つことを何かさせようとしなければならない。それはすべて悲観的なものというわけでもない。サクセスストーリーだと感じられるものもあります。しかし、そのうちの何人かは、きっと、そこへ送られたからという理由で来ていて、そういう人たちはその場をだいなしにするでしょう」
ハリー「溝にはまって出られない状況で、そこから出ることができなくなる」
ジル「特に、給付金の罠に嵌るのが若い人々です。子どもたちが、家を出てしまう頃までには、家を出て他の人と話す仕方も忘れてしまう。私たちはそうした人々を相手にしますが、彼らの役に立つことは本当に難しいでしょう」

　ここに、もう一つの経験を積んだ専門家のグループがいることがわかる。彼らの職業上の常識によれば、訓練を受けることだけでは無意味に近いのである。

北アイルランド紛争

　最後のこととして、この地には、30年間にわたるアイルランド抗争の影響がある。何人かの地域開発部門の担当者は、北アイルランド紛争が広範囲にわたる無力感を産んだと考えており、それが政治当局と人々の間の距離を大きく隔てたと考える人もいる。南アーマーからの男性カトリック信者で経

済開発担当者は次のようなやりとりから話を始め、中部ウルスターの女性プロテスタントの地方教師がその後を継いだ。

> **ケヴィン**「地域にこれの未来を動かす人々がないのなら、二年に一度は辞職前に失言を繰り返す国務大臣を待つというなら（笑）、安定した経済など望むべくもないよ。北アイルランドの大臣デントン男爵婦人のことを言っているんだけど、彼女は去年、社会で何か役立つようなことをすると言おうとしていたんだが（笑）、あまりに鈍い響きだったんで、たとえ彼女が国を上向かせたい、競争力をつけたい、うまく経営したいと真面目で誠実に願っていたとしても、事実とても誠実だったと思うけど、地域の人々に任命されていない人間に何ができるというんだい。急進的な措置を進めたり省庁を再編したりする何の力も権威もなかった。その理由は主に、我々が国外から支配を受けてきて、そんな権威などもったことがなく、そんな責任もなかったという事実によるものであり、ヨーロッパ補助金をなおも得ているので、できるだけ保守的に、最低水準のことだけすればいいという精神がいつまで経っても脱けない。いつもこれからもずっと政府から出される補助金があるから切り抜けていくというわけだろう」
>
> **ジョーン**「私はその意見には全く賛成です。というのもここには地方の説明責任というもの自体がないから。まったく地方の説明責任がなくて、自信をもつ方法も、変化をもたらすために自分の能力を信じる方法も学んでいないなら、自分の目の前に広がる多くの機会を利用する気にもならないでしょう」

しかし、この意見に対しては、同じグループの他の話し手からすぐに反対意見がでた。彼は、平和と調停のための特別の行動計画によって、意思決定に地方当局やボランタリー組織を参加させようとした欧州委員会の試みの重要性に注意を向けた。

> **ジェームズ**「いいかい、私が大切だろうと思うのは、ものごとがどこへ

向かっているのかやどんなトレンドがあるかをよくみなければならないということだよ。実際、『平和調停プログラム』が意思決定の方向に動こうとし、多くの人々を参加させようとしているなら、それは生産的だし、フム、プログラムをいっそう動かす方向で始めてみたらどうかと思う。教育の結びつきというものがあるんなら、それをもっとよくするような、もっと効果的にするようなプロセスへとつながるさらに強力な教育の結びつきを作っていく必要がある。そんな風に見ていくことが重要だと思う。自分たちの生活にもっと責任をもち、参加し始めるような人たちと、教育との結びつきって何だろう。少なくとも、私にはわからないけど、地域のレベルにはどんな機会があって、その機会がどんな重要性があるのか、その点を私たちは十分に考えてこなかったように思う」

この時しかし、欧州共同体の特別の行動計画はまだ早期の段階にあって、分権化された政府の不確定な利益はなおも将来のものであった。

一般に、北アイルランド紛争は、成人学習にむしろ不明瞭な影響をもたらすものとみられていた。民間企業の訓練担当者の対象グループの場合、北ベルファストの訓練センターを運営する男性プロテスタント信者と、リスバーンの同じようなセンターを運営する女性カトリック信者との間で、この話題が陰気なひやかしあいの種になった。

リチャード「だけどまあ、別の面をみるとね、ベルファストでは、刑務所がちょっとした影響を与えた。刑務所から出てきた人たちの中には、積極的な学習者になった人たちもいたといえるよ。非常に積極的な学習者にね。ベルファストでは女性グループ全般にもいえることだ。非常に積極的になっていて、本当に多くの積極的学習者がいる。男性グループではそうでもなくて、女性だけにいえることだけど……」

キャシー「西ベルファストでは、そうした人々が訓練コースのことをよく知っているし、特に女性がそうです。非常に多くの教育を受けています。何かの学習を始めて、自信のようなものを築いて、そして続け

リチャード「それからシャンキルのセンターです。いろいろな調査があるのですが、その調査によると、西ベルファストにプログラムに参加したことがない人が多い」

キャシー「じゃあみんながシャンキルにいたんでしょうね（笑）、フォールではクラスはみんな満員なんです。本当に偏狭です。そこにもこうしたセンターがあるんですが、案内もしたのに、わずか100ヤードもそこの人々は動こうとしない」

リチャード「『石を投げて』届く距離だというのに」（笑）

別の面では、北アイルランドの対立的な政治的遺産の影響は、非常に否定的に見られる傾向にあった。北アイルランドの長期にわたる紛争から生じた課題に触発されて学ぼうとする力強い衝動も認められる一方で、その紛争が産んだ宿命観や疎外感に向かう傾向が上回る程に相殺されることとなっていた。南アーマーの経済開発担当者によれば、

ケヴィン「戦争のような暴力に巻き込まれながら、教育、訓練、雇用に関わった人々の本当にいろんなエピソードがあります。それを立証するのは本当に難しいこともわかっています。純粋に地域の安定性を守るために、そうしたことを大切にするような学習コミュニティがあるとするなら、地域から出ていく方法であったとしても、それもまた一つの価値観です。私たちの住宅地域の中の最悪のところでは、数字はあまりにひどいから、雇用には何の価値もなく、教育にも何の価値もなく、他にどうしようもないということがわかります。それに加えて国に対してまったく大きな疎外感があって、ボトムアップでものごとを変え始めることができないなら、体裁づくりにしかすぎません。私たちはそれを何度もしています。もっと誰でもがするような状態になってきていて、女性たちがそれをリードする傾向が生まれてきています。特に、労働者教育協会（WEA）の手法によって。そこでは、だんだんと人々が参加するようになり、教育を価値あるものと思うようになり、

教育が重要な事になっています。しかし、社会からもっとも取り残された人々、暴力にひどく被害を受けた人々は、どのレベルにも参加していないのです」

　地元の隣人たち、特に内紛でもっとも直接的な被害を受けた地域から出て行くことのリスクを、民間部門の訓練担当者の一人が述べた。その人は、停戦期間中に開かれた対象グループの中でとりあげて話していた。

ヒラリー「13週間続いた紛争、北アイルランド紛争のことを考慮に入れたでしょうか。特に夜間クラスですが、長いこと人々は夜間外出を控えていました。夜間は外出したがらなかったのです。今でも外出したがらない人がいると思います」

L. S.「それは重要な点です」

リチャード「大事な点です」

ヒラリー「まだ影響が続いていると思うのですが……」

リチャード「そうですね。夜だけじゃない。ある地域には、夜も昼も出かけようとしない」

ヒラリー「住民の体験。夜間クラスだけではなく、たぶん訓練も。それに仕事もです。どこで職に就いたかにも注意することが重要です。トラブルのようなものになるから、ここでは。あそこでは、仕事に就かないようにするとか……」

リチャード「ここでは人の移動はほとんどありません。遠くへ行くこともない。私たちがちょっと偏狭なのかもしれないが」

ヒラリー「そうです。検問所やどこかで混乱が起きたりした当時は、仕事まで行くのにどれくらいかかるか推測しづらいことがありました。検問所があれば、40分それだけでかかりました。そうだね。通勤のために残された所要時間以外にです」

　結局、インタビュー対象者たちは、生涯学習にダメージを与えた要因の中には北アイルランド紛争があると感じていた。事実上、誰もが囚人対象、特

に共和国軍の囚人対象の自己教育プログラムの重要性に気づき、最悪の暴力を経験した地域における地域社会のグループ、特に女性グループの著しい成果を認めていた。また結局、彼らの考えでは、この闘争が直接実践への弊害をもたらし、よくても学習への無関心、最悪の場合には学習への積極的な敵意すら産む広範な文化の発生を促したのだった。

ソーシャルキャピタルとヒューマンキャピタル—補完的なものか代替的なものか

　本章での分析によれば、ソーシャルキャピタルは、実際にはフォーマルな学習でもインフォーマルな学習でもその両方において一定の役割を果たしている。しかし、フォーマルな学習とインフォーマルな学習では異なった役割を果たしており、その影響はライフサイクルのそれぞれの段階で変化していることをも示唆している。フォーマルな学習についてみると、教育的資格の価値をめぐっては住民が共有する強い合意が見られる。家族がその合意に力を及ぼし、広く地域もその影響を及ぼし、その結果、子どもたちは自分の周りの人々から学校での規則を守り学習するよう強い働きかけを受けている。初期学習、学校教育の面では、質的なデータが示すように、北アイルランドの人々は自分たちのソーシャルキャピタルを資源として積極的に用いて若い世代に提供し、学校教育の高水準の達成を産んでいる。コールマンが示したように、少なくともこの面では、ソーシャルキャピタルとヒューマンキャピタルは少なくとも補完しあっている。

　成人の生活では、この構図は、それほど確かなものとならない。インタビューの結果にみたように、新しい地位を保証する主な要因は、人の評判、すなわち地位を決定する人に知られた他者の意見によって測られる評判にあるらしい。評判や誰かの力についての個人的知識、こうしたものは長い時間をかけての実践を通じて示されたものであるので、昇進のような他者の人事決定にも大きな意義を持っている。成人の生活では、家族が、個人の成長や変化にブレーキの役割を果たすことが多いと思われる。そうでなければ、個人の成長や変化は、地域生活の安定性や継続性に脅威をもたらすかもしれない。高水準の安定性によって特徴づけられているような環境、たとえば家族や職

場、地域社会の中で、よく知った他者との相互作用を通じて、人は、新しいスキルや知識を獲得し、新しい理解を産みだしていく。こうして、成人の生活では、ソーシャルキャピタルがヒューマンキャピタルの代替物を提供しているといえそうである。

　したがって、質的な研究の知見が広く支持するのは、限定的なタイプの代替仮説である。コールマンが学校の子どもたちについて予測したように、互いに補完し合うというよりはむしろ、成人の場合は、ヒューマンキャピタルへの投資を効果的に代替するような社会的絆に基づく戦略を採用できる。資格証明書や通学年数といった学校教育の指標とともにインフォーマルな学習を含めてヒューマンキャピタルへの投資を再定義することによってのみ、私たちは二つのキャピタルを一般的に補完しあうものとして理解することができる。こうしたヒューマンキャピタルの概念の拡張は、概念としてはいかに望ましいものであっても、経済学者たちとっては実質的には役に立たないものにしてしまうのかもしれない。経済学者たちは、面倒な現実に対応するような概念の曖昧さよりも測定しやすい概念の明確さを好むからである。もちろん、北アイルランドはきわめて固有性の強い場所であり、特有の形態の社会組織や非常に親密な絆を具体化した強固な制度を持ち、信仰に基づくコミュニティに特徴的な共有された価値体系によってその制度が強固なものとなっている土地である。この固有の事例をあまりに一般化しないことが重要である。しかし、これまでに示したデータは次のことを示していると思われる。つまり、多くの目的のために、つながりを通してインフォーマルに得た情報や、職場仲間や家族から得たスキルは、フォーマルな教育機関で伝達されるものよりもある状況でははるかに効果的なものとなり得るということである。これは重要な知見であり、かなり広い意義を潜在的に持ちうるものである。次章ではさらに、ソーシャルキャピタルが成人学習にどの程度の根源的な影響を及ぼすのかを見ていくことにしよう。

注

1 スコットランドは PISA2000 に参加しているが、スコットランド政府は、別の調査も実施してその内容を補完する方向を選んでおり、イングランドや北アイルランドとの比較には注意が必要である。
2 継続教育カレッジの短期高等教育を含む公的な統計によれば、スコットランドの高等教育（HE）入学者率が高いことは認められている。しかし、実際にはきわめて短いプログラムもここには含まれているだけでなく、一般的に低い修了率で特徴づけられる（Field, 2004 参照）
3 面接者の名前は、仮名。対象グループのファシリテーターとして、Lynda Spence (LS)がグループ面接を行い、彼女と私(JF)が個人的なインタビューを行った。
4 ベルファスト・クイーンズ大学（Queen's University Belfast）
5 当時はほぼもっぱら長期の囚人を収容する刑務所。
6 北アイルランド観光局（Northern Ireland Tourist Board）

第3章

社会的つながりと成人学習：その証拠となる事実の概観

インタビューによると、社会参加と生涯学習のつながりは複雑であることがわかる。ソーシャルキャピタルとヒューマンキャピタルは常に協力的に働いているという考えかたは、パットナムやコールマンの研究に見られるが、前章で見たように、質的証拠を考慮に入れると単純に首肯できない。人々は時として、学習への参加の代わりとしてネットワークを扱うし、人々は時として、自らのソーシャルキャピタルの資源を動員することによって、インフォーマルな学習を行う。北アイルランドでは、緊密な絆による強いネットワークがあり、フォーマルな成人学習への参加が、時として、インフォーマルな学習を促進するのと同様な社会的ネットワークによって妨げられることがある。緊密な絆は、若者を社会化する際に、学校をサポートするように機能する。しかし、そうした絆はまた、成人の教育訓練に代わるものを提供しうるし、それらは冷笑的な文化と、成人間でのフォーマルな学習からの撤退を促進することもある。

個人レベルとコミュニティ・レベルでは、社会的ネットワークと成人学習の関連性は複雑であり、その中で人々は積極的に、自分自身がいる環境に取り組める学習のアイデンティティと戦略を発展させている。しかしながら、質的知見によると、自らのコミュニティで積極的な人々が、多かれ少なかれ、成人学習に積極的であるかどうかはわからなかった。本章では、2000年から2001年において行われた主要な社会態度調査から得られた量的データを提示する。北アイルランド生活時間調査（NILTS）は1998年に始められ、イギリス社会態度調査への北アイルランドの対応を引き継いでいる[1]。ここに提示されているデータは、文化的なコミュニティでの生活についての設問へ

の回答と関連して分析されてきたが、大部分は生涯学習に関する質問項目である。

一般的に、その設問は人々のふるまいよりも態度に焦点が当てられているが、それらはこの研究の目的に役立つ。なぜなら、その態度は、回答者によって広く共有されている価値を省察し、同時に、回答者自身の権利における価値ある洞察を提供するものとしてとらえることができるからである。ソーシャルキャピタルの中核となる考え方は、人々がお互いの利益のために協力し合い、人々が使う資源へのアクセスを得ることができるがゆえに、人々の結びつきが価値を持つことを示唆している。予備調査では、この一般的知見が、学習への参加パターンを理解することに応用できることが、示唆されている（Schuller, Field 1998）。その調査データによって、この提案についてのよりシステマティックで証拠に基いたレビューができるし、私たちもまた、コミュニティにより多く関わっている人々が、そうでない人々よりも、成人学習に多かれ少なかれ積極的であるかどうかを知るであろう。しかしながら、北アイルランド生活時間調査データについて考える前に、他の調査データの要約がその場面をとらえるのに役立つであろう。

ソーシャルキャピタルと生涯学習：ポジティブなサイクルか？

前章では、北アイルランドでは、学習への参加の代わりに、多くの環境に、濃密なネットワークが現れていることがわかった。これらのかなり複雑な結果は、社交的な人々は何らかの学習をしやすいことを直截的に示す既存のいくつかの調査結果と食い違っている。これらは2002年のイギリス成人学習オムニバス調査（Field, 2003b）の見出しとなった結果である。それらはもちろん、高度に個人化された社会になってきたなかで、コミュニティと参加についての継続的議論と大きな関連性がある。より広く言えば、これらの調査データは、自らのコミュニティに深く関わっている人々は、そうでない人々よりも、成人学習者になりやすいことを示している。つまり、頻繁にレジャーのために外出する人々はまた、学習に参加しやすいのである。逆に言えば、レジャーについての関心が家の周りにとどまる人々はおおむね、成人学習者

になりにくいのである。そういうわけで、この一般的な統計レベルでは、成人学習と公的な関わりとの密接な関係が見られる。

　2002年調査では、ソーシャルキャピタルと成人学習との関係性に光を当てる多くの設問が含まれていた。これらの設問は、三つの広い領域にグループ分けできる。第一に、それは人々の主なレジャーに関する関心についての設問を含む。この関心は、他の人々とのつながりを含むような多くの活動（ボランティアによる奉仕、礼拝の場への出席、スポーツ活動への参加、他の人との交際を含む）と同様に、（ガーデニングのような）家庭により焦点化した活動にまで及ぶ。第二に、この調査は多くの活動に関わる頻度について尋ねている。そのいくつかは他の人との高いレベルでの相互関係（映画やコミュニティ・センターや礼拝の場への出席を含む）と関連がある。第三に、それは人々の一般的な信頼についての質問を投げかけている。この設問は、世界価値調査から採っている。それは単に信頼について非常に粗く示したものであるが、回答はソーシャルキャピタルのこの次元がこれからの研究に役に立つかどうかを示している。本章では、これら3セットの設問への回答について示す。

　2002年成人学習調査からまずはっきりした調査結果は、他の人々とより関係がある人ほど、成人学習者になりやすいということである。回答を分析する際に、私は人々の余暇の関心について、主として家庭を基盤にした人々と、他の人と高いレベルでの交流をもっている人々に分けた。真に他の人との交流を求めている人々は、礼拝の場や、社会活動（家族、友人、ディスコ、外食、パブその他）や、スポーツ（フィットネス、ウォーキングを含む）や、音楽演奏やボランティアや委員会活動に至るまで参加している。自分でやる人は、（この調査では工芸も含む）屋内でのゲーム、編み物、裁縫、ガーデニングが、分析の目的のため、典型的な家庭を基盤とした活動として規定されていた。

　他の人との高いレベルでの交流を含むこれらすべての関心について、この調査では、一般の人に比べて、参加者たちが成人学習者になる傾向が強いことがわかった。現在と最近の学習のレベルを見ても、礼拝の場や、社会活動や、スポーツに参加する人や、音楽演奏やボランティアや委員会活動をしている人は、全国平均よりも上回っている。各々のケースでは、高いレベルの

交流をしている人々は、一般の人よりも、自分たちをなんの学習もしていないと規定する傾向にもある。

　家庭に基盤を置く関心事になると、構図はより複雑になる。二つのケースでは、何かに参加している人は、一般の人よりも学習者になりやすかった。つまり、日曜大工や工芸に関心がある人々は、屋内でのゲームに関心がある人々のように、現在および最近の学習者になりがちである。屋内でゲームをしている人々の場合、彼らの活動は家庭に基盤を置いた活動であるが、孤立した活動ではない。ほとんどの屋内でのゲームは、パートナーを、それも時として複数のパートナーを必要とする。そういうわけで、ここでの調査結果は、人との結びつき（connectedness）と成人学習の間に一般的な関連性があるということと矛盾しない。他の二つのケース、すなわち編み物・裁縫とガーデニングの場合、人々はたいてい、現在または最近学習をしている（した）という報告をする傾向が弱いので、人々の平均を大きく下回ることになる。これら二つの関心は家庭に基盤を置いているばかりでなく、他者との交流を必要としないので孤立してなされうる（まさにこの理由のため、人々は庭で時間を過ごしたいのだとも言われている）。

　これらの調査結果は、ソーシャルキャピタルと成人学習への参加の間のポジティブな関連性についての一般的仮説とおおむね合致する。これまで使ってきた言葉で言えば、それらの調査結果は、代替的仮説よりも補完的仮説を支持している。こうした印象は、もしも人々が社交的な活動に関心をもてば学習者になっていくだけでなく、そうした活動に多くの時間を使う人々は、時間を使わない人々よりも学習するようになるという、同じ調査の別の結果によってさらに強められる。これらの活動の中には（図書館に行くような）直接的に学習を補完すると考えられるものもあれば、（映画館に行くような）学習と競合するようなものもある。そういうわけで、これらの設問への調査結果は重要である。なぜなら、しばしば活動に参加することは、学習を含む他の活動のために使うことのできない時間と資源を費やさねばならないからである。それでも、この調査結果は、外出することと学習することが競合しない——逆に言えば、それらはお互いに強く関連していることを示している。

　最後に、2002年成人学習調査は、頻繁に外出する人々は、そうでない人々

とは異なる種類の学習をする傾向があることを示している。例えば、しばしば映画館へ行く学習者の中で、学習を求めるもっとも共通した理由は、人間的な発達と教育的な進歩である。彼らは外出しない人々よりも資格を求めて働く傾向が強い。対照的に、めったに映画館に行かない人々は、他の誰かの決定の結果として、あるいは仕事上の理由から、学習をしているようである。少し異なるパターンは、社交クラブやコミュニティ・センターに行く人々に見られる。今一度繰り返せば、自分の学習が「自分の選択ではなかった」と言いそうなのは、もっとも外出しない人々か、それよりも少ないが、仕事との関連で学習する人々である。しかし、彼らが資格を求めて学ぶかどうかについて、しばしば外出する人々と他の人々との間には差はない。礼拝の場のケースでは、他の誰かの決定によって学んでいるのは、時々（1週間に1回未満から1カ月に1回）行った学習者である。もっとも頻繁に出席する人は、資格を求めて働く傾向がもっとも強い。その一方で、めったにあるいはまったく出席しない人々は、資格を求めていない傾向がある。

学習経歴の複雑性

　これらの調査結果から、人々の学習経歴の複雑性の程度がわかる。そこでは、ライフスタイル、年齢、社会的地位が、特定の参加パターンを生み出す社会参加の程度と交差している。だがここで、一つの一貫したパターンがデータから現れている。それは、もっとも能動的な社会的・文化的生活に参加している人々はまた、もっとも自らの学習を統制下に置きやすく、教育的・人間的な理由のために自らの学習を行うということである。

　はっきりと疑問として出てくるのが、その逆も成り立つかどうかということである。つまり、換言すれば、孤立している人々は学習者になりにくいかということである。このことは、ガーデニングの例によっても示されているし、自分の好きな活動を楽しんでいる人々の多くは、他者と関わりがないのである。また、この調査では他のところでも、他の非常に示唆的な調査結果がある。それは、人生の移行に関する設問で、ある特定の環境が学習への不参加と強く結びついている一方で、他の変化が参加に好意的であることが示されている。これらのいくつかははっきりしており予測可能である。例えば、

重い病に罹ったことが非学習と強く関連している一方で、失業が学習とわずかな関連性しかもたないことである（それは、しばしば他者の決定によってもなされることが同じように予測できる）。だが顕著なことは、社会的支援の鍵となる原因を人々から取り除く引退や死別は、平均よりも低い参加レベルと関連している。対照的に、パートナーとの関係が終わることは、高い参加レベルと密接かつ明確に関連している。なぜパートナーと引き裂かれた人々がより学習に向かうかを正確に分析することは魅力的なことである。しかしこの文脈で、それはおそらくさらなる最良の調査として残されよう。

　2002年成人学習調査の主な結果として、重要なことは、概して成人学習者の多くは何かに参加している傾向があり、逆もまた真であることである。これは、量的データに表れた複雑な表現図よりも明確でわかりやすい調査結果である。興味深いことに、それはまたおおむね北アイルランド生活時間調査のデータに表れたパターンでもある。

北アイルランド生活時間調査の結果

　本節では、成人の生活における人々の学習への態度に関する調査結果と、人々の間でこうした態度が様々に組織化された市民社会においてどのように変化しているかを示す。この経験的な証拠を検証する際に、私は、一方での市民活動への参加と他方での成人学習への態度の関係性について探求したいと思う。他のデータと同様に、北アイルランド生活時間調査が私たちに語っていることは、非常に限定的であることはもちろんのことである。にもかかわらず、その結果は、特定の市民社会に関わる人々と積極的でない人々の間にある態度にはっきりした差異を示している。それらのデータがまた活動的でないグループの間ではっきりした多様性が出たことは深く予測できなかったことである。この詳細な調査の目的は、現代の社会秩序への参加と統合を促進する際に、成人学習の果たす役割をより広く理解することである。

　当初、イギリス社会態度調査の地方版を提供するために構想された、北アイルランド生活時間調査は、毎年行われて広範な社会問題についての世論を伝えている。同調査を要約すると、北アイルランドの成人人口は、生涯学習

についておおむね積極的な見解を持っているということである。こうした合意は、多かれ少なかれ、すべての社会階級と年齢集団、両性、すべての主たる宗教コミュニティ（すなわちカトリック、プロテスタント、無宗教）に共有されている。一方で、広範なひとまとまりの価値について見ると、カトリック人口とプロテスタント人口間の差異はいくぶん小さい（プロテスタントは少々個人主義的な見地をとる傾向があるが、カトリックはわずかに福祉政策的アプローチに賛成している）ものの、これらは非常に限定されている。やや大きな差異が見られるのは年齢集団とならんで社会階級、初期の教育経験としての家庭の要因である。これらの差異は、多かれ少なかれ、予測できたかもしれない。例えば、肉体労働者や最低の学歴資格しか有しない人々は、生涯学習に対して周辺的で積極的ではなかった。彼らは、高齢者と同様に、自ら技術的な変化に対応できないと感じていた。しかし、これらの差異は、より広く共有された合意の内部での差異として見られるべきである。それは概して、異なる人口の部分を横断してみても、非常に小さな差異しか示していない。

　主要な宗教コミュニティに関する単純なステレオタイプは、ソーシャルキャピタルの調査班の結果によっても論破される（Murtagh, 2002）。ブレンダン・ムルタは、多くの活動では、プロテスタントが、カトリックよりも、特にクラブ、協会、教会に基礎を置いた活動で積極的であることを示して、伝統的な知見を否定している。つまり、純粋な社会活動への参加は、見事にバランスがとれているのである。北アイルランド生活時間調査では、混在した宗教的環境においては、かなりのレベルの活動が行われていることも明らかになっている。混在していることは社会階級や地理について選択的にはたらき、上から2つの社会経済的カテゴリーの人々によってなされているもっとも混在した活動について選択的に働くことが、おそらく予測できよう。対照的に、すべてのサッカー選手の半分以上が、彼らの近隣地域内で主にプレーするが、混在した宗教的環境ではそれはたった31％である。ムルタは、もっとも裕福で動きやすい人々にとって、北アイルランドの伝統的な民族的・宗教的なアイデンティティ構造から離脱したライフスタイルと消費パターンの周辺に、新たなアイデンティティが形成されており、その一方で、人種差別の効果と日々の不安が、不利な集団の間でこれらのアイデンティティを強化

し続けていると結論づけている。

　このことは、同調査から導き出せる理にかなった結論であるように見えるが、その調査結果は、北アイルランドにおけるソーシャルキャピタルの性質について多くのことを私たちに語ってもいるのだ。第一に、すでに触れたように、それらは全般的なストックが相対的に高いことを示している。その調査は、北アイルランドにおけるあらゆるレベルの市民参加は、ブリテン島よりも著しく高いことを示している点で、他の研究を裏づけている。しかし、北アイルランド生活時間調査はまた、ブリテン島との差異の多く——すべてではないが——を占めているのは、家族、親友、隣人、伝統的な教会といった典型的な絆となる資本と見えるものである。もちろん、これらの特徴は密接に絡み合っており、教会員としての身分は家族を通して譲渡されている。多くの労働者階級、とりわけ近所づきあいから遠く離れて事業に乗り出すことなどめったにない、もっとも不利益を被っている人々におけるソーシャルキャピタルの差別的性質についてのムルタの指摘も重要である。北アイルランドは社会的に分割されているが、それは単なる人々の二つの宗教モデルに沿ってではなく、増加しつつある国際人とお金に余裕のある中産階級の間においてである。中産階級は、宗派的な分裂と、非常に差別的になりがちな労働者階級コミュニティのより自分本位で防衛的な生活パターンとが混ざり合っている。

　その質的調査では、この一般的なパターンが、濃密な絆のネットワークによって、インフォーマルな情報・技能・考えの交換がなされているがゆえに、フォーマルな成人教育・訓練には、相対的に低い参加しかないことも示されている。北アイルランド生活時間調査は、様々なタイプの市民的関わりへの態度と生涯学習の諸側面との関連性についての量的分析を許容することで、このより早期の仕事を補完している。ここで報告された調査結果は、より大きなデータ本体から選択されているし、それらがソーシャルキャピタルと生涯学習の関連性に光を当てているように見えるように選択されている。特に、私は四つのタイプの関わりへの態度に注目している。(a) コミュニティもしくは近隣を基礎にした集団、(b) 文化的諸活動、(c) 教会と他の信念を基礎とした組織、(d) スポーツ、つまり、これらは人々の生涯学習への態度と連

関しているのである。

　もっとも一般的なレベルでは、北アイルランド生活時間調査の結果は、気に入った生涯学習への態度と四つの関わりへの肯定的態度との間のはっきりした正の関連を示している成人学習調査による構図をおおむね追認している。これに言及する際には、すべての主だった宗教集団を含むすべての部分の人々がこの一般的に前向きな合意を支持しているように見えることに注目することが重要である。つまり、社会生活の他の多くの領域がそうであるように、生涯学習への態度は、主要な宗教集団間ではほとんど変化がなかった。このことは、異なった階級（中産階級は生涯学習に対して高いレベルの積極的態度を示している）と、以前の教育経験（学歴が高い人ほど積極的になる）の間で見られた際立った態度の多様性と対照的である。

生涯学習と市民参加

　2002年の成人学習調査と他の既存の調査を基礎に予測されたように、生涯学習に対する一般的な態度は、市民参加が重要だとみなす人々の間でより積極的である。しかしながら、表3-1から表3-4がはっきり示しているように、生涯学習への積極的な態度と、四つの形態の各々の関わりへの消極的な態度の間にははっきりした関連性がある。それでも、この生涯学習への積極的態度と関わりへの消極的態度の明らかに矛盾した関連性は、積極的態度と能動的な関わりの関連性よりもかなり弱い。対照的に、生涯学習への積極的な態度は、自分の人生にどの形態の関わりも重要でもつまらないものではないと考えている人々の間で、もっとも弱いのである。

　要するに、いたるところで生涯学習について合意はされているが、その内部では、市民参加にもっとも積極的な人々の間に高いレベルの積極的な態度が見られる一方で、同様な市民参加に非常に消極的な人々がいるという両極端な効果が見られるのである。市民参加について何も決めていない人々は、生涯学習にもっとも積極的でない態度を示している。

　また、この調査では、生涯学習とシティズンシップについての人々の態度についても調査している。それは、より限定して言えば、生涯学習が人々をよりよい市民にすると考えるかどうかについて、回答者に尋ねている。この

表 3-1 「成人になってからの学習が人々にまったく新しい世界を開く」という意見に賛成する比率

自らコミュニティ活動に参加することの重要性（OWN LEIS2）	非常に賛成／賛成
重要	93.8
どちらでもない	77.2
重要ではない	83.5

表 3-2 「成人になってからの学習が人々にまったく新しい世界を開く」という意見に賛成する比率

自ら文化的催しに参加することの重要性（OWN LEIS3）	非常に賛成／賛成
重要	94.4
どちらでもない	77.0
重要ではない	83.7

表 3-3 「成人になってからの学習が人々にまったく新しい世界を開く」という意見に賛成する比率

自ら教会活動に参加することの重要性（OWN LEIS4）	非常に賛成／賛成
重要	90.1
どちらでもない	67.7
重要ではない	86.5

表 3-4 「成人になってからの学習が人々にまったく新しい世界を開く」という意見に賛成する比率

自らスポーツに参加することの重要性（OWN LEIS1）	非常に賛成／賛成
重要	90.6
どちらでもない	75.3
重要ではない	84.1

設問では、よりよい市民（better citizens）という言葉の意味内容についての定義がない。そして、分断された社会において、この言葉についての共通した定義があると想定すべきではない。にもかかわらず、その回答は、ますますなじみのあるパターンといえるところに収まっていた。回答者全体の57％がこの命題に賛成している。概して、人々は生涯学習がよりよい市民を生み出すという見解をとるが、この見解は、生涯学習一般に対する人々の好意的な態度ほどには、広く共有されているわけではない。ここでも、回答は両極端に分かれるパターンを呈している。

　表3-5から**3-8**では、生涯学習がよりよいシティズンシップを促進するという見解が、調査された四つの市民活動の各々に参加することが大切だと考える人々の間では、広く支持されていることが示されている。

　同様に、これらの表では、回答が二極化していることが確認される。そこではまた、特定の活動は大切ではないと考えている人々の間で、この見解に同意する人々がはっきりと多数を占めていることがわかる。各々の活動の重要性について特に意見のない人々は、生涯学習とシティズンシップを結びつけようとする傾向がもっとも弱い。積極的な人々とどちらともいえない人々の間のギャップは、文化的諸活動への態度をみるともっとも大きいが、スポーツへの態度をみるともっとも小さい。

　また、回答者は、政府が生涯学習により多くの公費を支払うべきと思うかどうかについても質問されている（**表3-9**から**表3-12**まで）。ここでも、教会活動に参加している人々にとって、積極的な集団と無関心な集団の間のギャップがもっとも大きく、これまでの見慣れた両極分化のパターンが、四つの活動の各々に参加している人々にも表れている。各々のケースで、もっとも深い関わりのある人々は、公費の支出増加をもっとも強く支持しており、次にそれに関わっていない人々が続き、どちらとも言えない人々の支持がもっとも低い。

新しいテクノロジーを学ぶ態度との関連性

　最後に、北アイルランド生活時間調査によって、私たちは、ソーシャルキャピタルとニュー・テクノロジーを学ぶ態度との関連性を考えることができ

表 3-5 「人生を通して学習を継続することで人々はよりよい市民となる」という意見に賛成する比率

自らコミュニティ活動に参加することの重要性（OWN LEIS2）	非常に賛成／賛成
重要	66.7
どちらでもない	45.2
重要ではない	54.4

表 3-6 「人生を通して学習を継続することで人々はよりよい市民となる」という意見に賛成する比率

自ら文化的催しに参加することの重要性（OWN LEIS3）	非常に賛成／賛成
重要	68.9
どちらでもない	36.6
重要ではない	56.2

表 3-7 「人生を通して学習を継続することで人々はよりよい市民となる」という意見に賛成する比率

自ら教会活動に参加することの重要性（OWN LEIS4）	非常に賛成／賛成
重要	61.8
どちらでもない	41.1
重要ではない	56.6

表 3-8 「人生を通して学習を継続することで人々はよりよい市民となる」という意見に賛成する比率

自らスポーツに参加することの重要性（OWN LEIS1）	非常に賛成／賛成
重要	60.9
どちらでもない	50.7
重要ではない	55.8

表 3–9 「政府はすべての人のために生涯学習の提供にもっとお金を使うべきである」という意見に賛成する比率

自らコミュニティ活動に参加することの重要性（OWN LEIS2）	非常に賛成／賛成
重要	93.8
どちらでもない	77.2
重要ではない	83.5

表 3–10 「政府はすべての人のために生涯学習の提供にもっとお金を使うべきである」という意見に賛成する比率

自ら文化的催しに参加することの重要性（OWN LEIS3）	非常に賛成／賛成
重要	94.4
どちらでもない	77.0
重要ではない	83.7

表 3–11 「政府はすべての人のために生涯学習の提供にもっとお金を使うべきである」という意見に賛成する比率

自ら教会活動に参加することの重要性（OWN LEIS4）	非常に賛成／賛成
重要	90.1
どちらでもない	67.7
重要ではない	86.5

表 3–12 「政府はすべての人のために生涯学習の提供にもっとお金を使うべきである」という意見に賛成する比率

自らスポーツに参加することの重要性（OWN LEIS1）	非常に賛成／賛成
重要	90.6
どちらでもない	75.3
重要ではない	84.1

表 3-13 「人々が最近の職場で使われているニュー・テクノロジーについていくことは不可能である」という意見に賛成する比率

自らコミュニティ活動に参加することの重要性（OWN LEIS2）	非常に賛成／賛成
重要	52.9
どちらでもない	54.8
重要ではない	58.6

表 3-14 「人々が最近の職場で使われているニュー・テクノロジーについていくことは不可能である」という意見に賛成する比率

自ら文化的催しに参加することの重要性（OWN LEIS3）	非常に賛成／賛成
重要	52.6
どちらでもない	57.4
重要ではない	58.3

表 3-15 「人々が最近の職場で使われているニュー・テクノロジーについていくことは不可能である」という意見に賛成する比率

自ら教会活動に参加することの重要性（OWN LEIS4）	非常に賛成／賛成
重要	56.2
どちらでもない	60.4
重要ではない	55.8

表 3-16 「人々が最近の職場で使われているニュー・テクノロジーについていくことは不可能である」という意見に賛成する比率

自らスポーツに参加することの重要性（OWN LEIS1）	非常に賛成／賛成
重要	53.6
どちらでもない	45.2
重要ではない	59.8

る。北アイルランド生活時間調査では、人々が技術革新によって圧倒されていると感じているかどうかを調べる方途として、「人々は最近の仕事に関するニュー・テクノロジーのすべてについていくことは不可能である」という文章があった（表3-13から3-16まで）。この設問に対する回答は、一方であからさまではないが、あきらめと無力感を示しながらも、人々が自らの運命の重荷を背負うことができると感じている程度と一定の関係があるともとらえられる。

　全体として、回答者の57％が、ニュー・テクノロジーについていくことは不可能だという意見に賛成している。市民参加を重要だと見る人々は、多かれ少なかれ、バランスのとれた意見を反映している教会活動に参加している人々を除いて、この意見に賛成する傾向がやや弱い。したがって、教会に参加する集団を除くと、これは概ね、ソーシャルキャピタルをもっともたくさん有した人々は自らの人生の変化に敏感であるという仮説と首尾一貫する。しかしながら、こうしたニーズは二つの点で適切である。第一は、より多くの関わりを持つ人々と、より少ない関わりを持つ人々の違いは、さほど大きくはない。その差がわずかなパーセントを超えることはほとんどない。だから、そうした相対的にとるにたらない差を過大視することは間違いである。第二に、前の回答に見られた二極化は、すべての集団に当てはまるわけではない。市民参加について、4地域のうち3地域では、そうした活動を重要ではないと見る人々が、ニュー・テクノロジーについていくことは不可能だと言いがちでもある。スポーツ活動という著しい例外を除き、どちらにしても市民活動を重要だとはみなさない人々は、他の2集団でもいる。

　もちろん、この設問への回答を解釈することは難しい。その意図は、まず回答者がテクノロジーの変化によって圧倒されていると感じているかどうか、あるいは別にテクノロジーを習得する力をある程度感じているか、を発見することにあった。しかし、ニュー・テクノロジーについていくことができないと言っている人々の中には（よく知っているといった）他の理由のためにそうしている人もいれば、他方で、そうできると答えた人々が単に（乏しい知識に基づいて）非現実的である場合もある。教会メンバーたちの回答は、彼らの平均年齢を反映しているかもしれない。それは他の活動よりも高くな

る傾向がある。

　しかし、こうした留保の中でも、北アイルランド生活時間調査の結果は、重要な例外はあっても、概して、市民活動に積極的な人々がニュー・テクノロジーを習得する可能性について信頼しており、市民活動に積極的でない人々がこの見込みについて信頼していないという仮説とは矛盾しない。このことが、自発的な活動に関わった結果として、一般的なエンパワーメントの程度を暗示しているというのには、そのデータをあまりに大きく広げすぎである。しかしながら、この一地域で、社会的にもっともつながりのある人々が、新しい知識と技能を掴むことは、あまり関わっていない市民よりも、やや脅威でなくなっているように見える。しかし、この項目に関する回答の変化の度合いは相対的に小さく、この一連の調査結果をあまり深読みすべきではない。

　追加の設問は、労働者たちが技能を最新のものにしつづける責任を共有する程度に関わっている（**表3-17**から**3-20**まで）。その設問は、誰が学習のための費用を払うのかという開かれた問題をあとに残すように、そしてその代わり、学習そのものに責任を負うことに焦点化するように、質問されている。ここでも調査結果は、はっきりした分かれ方を示している。所与の組織的活動を重要あるいは重要ではないとみなした人々は、そうした活動を自分の人生で重要であるし重要でもないと答えた人々に比べて、労働者はそうした責任をとるべきだという傾向にあった。このパターンは、特に、教会活動について際立っている。教会を重要だと見ている人々と、教会を重要ではないと見ている人々は、ほとんど同じように労働者の双肩に責任を置く傾向にあった。教会活動に無関心であったり決心のつかない人々は、その調査の中で、他の集団よりも、労働者は学習に責任をとるべきだと信じる傾向にはない。

ソーシャルキャピタルと生涯学習への態度の関連性
　これまで、北アイルランド生活時間調査の調査結果では、ソーシャルキャピタルと生涯学習への態度のレベルは、はっきりとした関連性を示した。それらはまた、組織的活動に関わっていない人々は、これらの活動に無関心である人々よりも、生涯学習にいくぶん好意的であることを示しているように

表 3-17「北アイルランド経済を成功させるには、労働者は自分が遅れをとらないようにスキルの学習に責任をもたねばならない」という意見に賛成する比率

自らコミュニティ活動に参加することの重要性（OWN LEIS2）	非常に賛成／賛成
重要	86.8
どちらでもない	78.4
重要ではない	79.5

表 3-18「北アイルランド経済を成功させるには、労働者は自分が遅れをとらないようにスキルの学習に責任をもたねばならない」という意見に賛成する比率

自ら文化的催しに参加することの重要性（OWN LEIS3）	非常に賛成／賛成
重要	84.8
どちらでもない	72.1
重要ではない	82.9

表 3-19「北アイルランド経済を成功させるには、労働者は自分が遅れをとらないようにスキルの学習に責任をもたねばならない」という意見に賛成する比率

自ら教会活動に参加することの重要性（OWN LEIS4）	非常に賛成／賛成
重要	84.9
どちらでもない	69.8
重要ではない	81.8

表 3-20「北アイルランド経済を成功させるには、労働者は自分が遅れをとらないようにスキルの学習に責任をもたねばならない」という意見に賛成する比率

自らスポーツに参加することの重要性（OWN LEIS1）	非常に賛成／賛成
重要	86.0
どちらでもない	75.3
重要ではない	80.3

表 3-21 グループや組織への参加レベル別にみた「成人になってからの学習が人々に
　　　　まったく新しい世界を開く」という意見に賛成する比率

	参加している	所属しているが参加していない	所属していない
政党やクラブや結社	80	85	86
労働組合や専門職団体	90	92	84
教会その他の宗教団体	88	83	84
スポーツ団体、趣味や余暇クラブ	89	85	84
慈恵団体・グループ	89	82	85
近隣組織・グループ	86	83	85
その他の組織・グループ	80	94	86
すべての回答者	86		

見える。成人教育を提供する側から見ると、既存の活動をはっきりと嫌う人々は、いずれにせよ関心のない人々よりも好意的で乗り気であると言えるかもしれない！

　しかしながら、このパターンは、私たちが、人々が実際に様々なタイプの組織に関わる程度を考えるようになると、やや崩れてくる（**表 3-21**）。今一度言えば、既存の組織の生活にいくぶん積極的に参加している人々は、所属はしていても積極的な役割を果たしてこなかった人々や、単にそのタイプの組織に所属していない人々よりも、生涯学習に好意的で乗り気であるように見える（もちろん、この最後の二つのカテゴリーは、どんなグループや組織にも属していない人々に加えて、選んだもの以外の他のタイプの組織のメンバーや積極的に活動している人々を含んでいる）。そこでもう一度、私たちは、非参加者たちよりも学習に積極的な態度を共有している参加者たちにその事実を見てみよう。

　私たちはまた、表 3-21 の調査結果から、積極的なメンバーが学習に好意的に関わっている程度は、組織によってかなり異なっていることがわかった。平均よりも学習への態度がかなり積極的な人々は、次の人々を含んでいる。

- 積極的かそうでないかに関わらず、労働組合や専門職組織に所属している人々
- 教会、スポーツ／趣味グループ、あるいは慈善団体などに所属もしくは参加している人々
- 「他の」カテゴリーのグループに所属しているが参加していない人々

これら以外で、直接関連している唯一の調査結果は、ある特殊なタイプのグループに属していないと回答した人々が、生涯学習について積極的な意見をもっているという点については、平均かそれ以下であった。かなり複雑なのは、政党や政治組織についての調査結果である。そこで積極的なメンバーは、消極的なあるいはメンバーでない人々よりも、学習について積極的でないことがわかった。これは特異な回答である。しかし、そのことは、(「多言は空虚なり」ということわざのように）北アイルランドの人々の政治的なあり方を表す著名で確固たる考え方をよく反映しているのかもしれない。

　排除された人々に関わる手段として、地方のパートナーシップに関する政府の政策を受けて、町内会の会員であることと生涯学習への態度の間には、特に積極的な関連性はないことに注目することも重要である。

　最後に、**表3-22** では、より広い価値の方向性を指摘するために意図された三つの設問への「参加者たち」の回答が詳細に解きほぐされていくことが示されている。これら三つの設問は、逆に言えば、特殊な価値の方向性をより広く表すものとしても見做すこともできる。(1) 道具主義、(2) 市民参加、

表3-22 グループや団体で活動的な人々のうち、生涯学習についての意見に賛成するメンバーの比率

	道具主義「成人になってからの学習は、仕事や昇進のような役に立つものにつながる場合のみ、行う価値がある」	市民参加「人生を通して学び続けることで、人々はよりよい市民になる」	断念「人々が最近の職場で使われているニュー・テクノロジーについていくことは不可能である」
政党やクラブや結社	39	49	58
労働組合や専門職団体	22	63	48
教会その他の宗教団体	32	61	58
スポーツ団体、趣味や余暇クラブ	30	56	51
慈恵団体・グループ	23	57	53
近隣組織・グループ	33	51	53
その他の組織・グループ	23	49	45
すべての回答者	36	57	57

(3) 断念、ここでもその調査結果で、異なるタイプの組織と、学習についての異なる見方とが連関していることが示されている。

学習についての道具主義的な見方

　北アイルランドの政党に積極的に参加しているメンバーは、平均的な人々よりも、学習について道具主義的な見方をしているようである。また、彼らは、おそらく皮肉なことに、学習を市民参加と結びつけていないだろう。つまり、彼らは、ニュー・テクノロジーと並んで、巻き込まれる挑戦については諦観したあるいは宿命論的な見方をする他の人々と同じなのだ。教会グループやスポーツ・趣味グループ、近隣グループの積極的なメンバーは、学習について道具的な見方をとりがちではないし、市民的な成果への信念に傾く（近隣グループはこの注目すべき例外であるが）ようであり、ニュー・テクノロジーを扱うことは不可能であるとはあきらめていない（この統計では、教会メンバーが例外である）ようである。労働組合、慈善団体や「その他の」団体の積極的なメンバーは、学習について道具的な見方をあまりとらないし、一般的にテクノロジーの変化に直面してもあきらめることは少ない。慈善団体に関わっている人々は例外として、彼らはまた、学習と市民的成果を結びつける傾向にある。慈善団体に関わっている人々に見られる、そのやや異端的パターンは、主要な教会とより意味のあるいくつかの慈善施設の密接なつながりを反映しているかもしれない。

　労働組合や専門職団体のメンバーは、もっとも道具的なグループではなく、もっとも市民としての心を持ち、かつ宿命論的ではない点で目立っている。くりかえすと、そのメッセージは、ソーシャルキャピタルを単純な様式で見るべきではないことを表している。参加に違いがある一方で、もっと重要なことは、おそらく参加している組織のタイプであろう。そこでは、後の人生における学習や変化へのアプローチにおいて、ある人々は他の人々よりもずっと保守的なのである。

　したがって一般に、北アイルランド生活時間調査の調査結果が非常にはっきりしたパターンを示していると結論づけることは可能である。自らの人生で市民参加が重要だと見る人々は、概して、生涯学習を人間を解放する力と

第3章　社会的つながりと成人学習：その証拠となる事実の概観　119

して価値づけるようである。彼らはまた、もっとも生涯学習が主体的市民参加を促進する一助として見ており、もっとも生涯学習に公費を増加させることに賛成している。彼らは、ニュー・テクノロジーに圧倒されるとはもっとも感じていない。

　これまでのところ、こうしたことは、主体的市民参加と成人学習に関する既存の文献と一致している。その調査結果の新しいところは、関わりを持っていない人々が、実は、分離しているということである。つまり、市民活動が自らの人生で重要ではないと思っている人々が、非決定の人々よりもはるかに、生涯学習により積極的な態度を示しているのである。このグループはまた、政府の支出と主体的市民参加への成人学習の影響についてみると、積極的な人々と非決定の人々の間におり、概してテクノロジーの変化への態度についても同様な立場にある。

　このことは重要な調査結果である。というのも、「関わっている人」と「関わっていない人」の単純な区分はやや誤りであることを示しているからである。また、概して、より多く関わっている人とより少なく関わっている人の間に際立った違いがある一方で、そこには違いの程度があると言わなければならない。すべてのことにもっとも関わりを持っている人々が好意的な態度を示す一方で、すべてのことにもっとも関わりを持たない人々が非好意的な態度を示しているように、関わりと学習の間には同等な関係があると推論する根拠はない。調査データは、関わりと学習との間の広範で正の関連性を描いている。しかし、私たちは、粗統計からこれらの調査結果のあいまいさを過小評価すべきではない。

量的データからの教訓

　パットナムのソーシャルキャピタルの定義は、主として市民参加に共有された規範や信頼が加わった観点から表現されている。ほとんどの研究者と同様に、彼はその言葉を、通常、主体的市民参加として言及される現象よりも広い範囲で使っている。例えば、イタリアでの研究（1993）では、彼はコーラスの貢献について光を当てているし、アメリカでのコミュニティ研究

（1995, 2000）では、ボウリングの世界で起こっていることにかなりの関心を示している。彼のアメリカでの 1995 年の論文で提示された証拠となる事実は、同様に、ソーシャルキャピタルについての広い見方をとっており、それはコミュニティに根ざしたボランタリーな組織への参加と並んで、教会活動、文化活動、スポーツへの参加を含んでいる。

　要約すると、北アイルランドの調査データは、ソーシャルキャピタルと生涯学習の関連性を見出している他の研究——2002 年の成人学習調査総合調査を含む——を裏づけている。より専門的には、この研究は、市民参加への態度と成人学習の正の関連を示している。もちろん、北アイルランド生活時間調査のような、一つの調査結果を読み込みすぎることは誤りであろう。さらに、他の調査と同様に、それは因果関係のパターンについてほとんど何も語っていない。それが提供しているのは、ある特定の時間の、ある特定の文脈における態度に関わる正の関連についてのはっきりした証拠となる事実である。しかしながら、私たちが見てきたように、学習との参加の関係は 2002 年の成人学習調査においても見られたのである。これは広い意味で、情報を共有し、新しいアイデアと技術の採用を促進するチャンネルとしてのネットワークについてのシュレッター（Szreter, 2000）の説明と一貫している。

　双方の調査とも、少なくとも学習との関連で言えば、参加は単純ではなく、未分化の過程ではないことを示しているように見える。ここでの参加のタイプの中には、はっきりと家庭に基盤を置き、孤独な個人によってなされているものもある。ガーデニングはその想起される例である。ガーデニングをする人は種蒔きと伐採をするだろうが、市民菜園のような集団的ガーデニングの形態は急激に減っているのも事実である。

　2002 年の成人学習調査では、普段からガーデニングをしている人は、学習への参加が相対的に低いレベルにあるが、人と話すために外出する人々は、相対的に高い学習参加率がある。もしもその活動に固有な孤独やつきあいの程度が、端的な一群を与えているとすれば、もう一方の群は、組織のタイプによってつくられる。教会のような単一の価値群の周辺に人々が集まるタイプは、労働組合や専門職団体のような多様な価値を有した人々が集まるタイプとは、非常に異なる態度が結びついている、このことは、組織における異

種混交（Morgan, 2000）の意義を裏づけている。しかしながら、双方の参加のタイプは、北アイルランド生活時間調査では、学習に積極的な意見と結びついている。そして、ここでの鍵となるメッセージは、関わりは――他のすべては同じであっても――何もないよりはずっとよいということである。

　また、その調査結果は、不参加を、はっきりと区分されていない態度の形態として考えることは誤りであることを示している。北アイルランド生活時間調査では、生涯学習にもっともやる気のない人々は、特定の市民参加について何も知らない無関心な人々であった。非参加者であることがはっきりしている人々は、生涯学習についての態度についてみると、中間層のある場を占めている。彼らは活動家より熱心でない傾向があるが、無関心な人々よりもずっと積極的であった。このことは政治学者による選挙に無関心である原因についての調査と一貫している。それによると、棄権者は様々な理由で、選挙期間中、不在であることが示されている。例えば、最近のスコットランド議会選挙では、棄権者の31％が投票前に一カ月以上不在の決定をしていた。多くの棄権者は、そこに出られない「立派な理由」を挙げていることが、研究者によってはっきりされた（Boon and Curtice, 2003, p 19）。同様に、北アイルランド生活時間調査での回答者の態度は、彼らの関わらない特質によって、かなり異なっている。

　最後に、本章でその証拠を考察したように、ソーシャルキャピタルと成人学習との間にはっきりとした統計的な関連はあるものの、特に強い関連はないと言わなければならない。何らかの活動に参加している人々の回答と、そうでない人々のそれの間にははっきりした違いがある。しかし、どのケースでもギャップは大きなものではない。それゆえ、私たちは白黒をつけるというよりも、差異や明暗や重なりの程度について言っているのである。このことは、回答者から表明された特定の態度が偶然であるかもしれないし、それゆえ変化に開かれたものであることを示している。

三つの大きなグループの存在

　これらの留保にもかかわらず、調査データは、首尾一貫しているように見える大きな態度に関するクラスターがあることを示している。このことは同

様に、人々の教育上の軌道と社会経済的な状況を結びつける、ひとまとまりの配列がありうることを示している。このことは強調すべきことだが、いくぶん推測的である。大まかに言えば、非常に仮説的ではあるが、次の三つの大きなグループもしくはクラスターに区分できるようにみえる。

- 「私は無関係」：人口の約 15％は、生涯学習が変化を促進する力をもっていることに懐疑的である。このグループの人々はまた、市民活動にもっとも関わらないが、それを積極的に拒否はしていない。社会経済的観点から見れば、彼らは相対的に恵まれない人々であり、古い肉体労働者の境遇か長期失業者層の出身である。彼らの教育的経歴は、通常、学校を出るまでで終わっている。本章では、親類関係と近隣関係の絆という形態で結束型ソーシャルキャピタルに関する証拠を考察してこなかったが、このタイプのソーシャルキャピタルは、このグループの特性であるように見える。このグループは、もっとも社会的排除の危険にさらされている人々をターゲットにしたフォーマルな教育に自ら関わる傾向がもっとも強い。

- 「すべて状況まかせ」：このグループは、生涯学習が変化と発展を促進ですることがあることを認めている。このグループのメンバーは、特定の活動の重要性についてはっきりした意見を持っている。いくつかのケースで、彼らは、優柔不断や無関心を装うよりも、明らかに（教会活動のような）ある特定の形態との関わりを拒否している。彼らはしばしば学校後の教育の期間を含み、相対的に学歴があり、肉体労働者階級と中産階級の出身である。そのグループのソーシャルキャピタルは、諸々の絆を結びつけたり橋渡しする混合状態を反映しがちである。フォーマルな学習に近づく際には、積極的に向かうよりもいくぶん防衛的であるかもしれない。にもかかわらず、彼らは、何か具体的なものを潜在的に遂行できる成果として見ることができれば、参加したいと思うのである。

- 「学習は私の生き方」：このグループは、個人的な成長と共同的な能力構

築の手段として生涯学習を積極的に受け入れる。自らの人生における一要素として、市民活動に重きを置きがちである。また、このグループは、学校後の教育という意義ある局面もあり、相対的に学歴があり、上昇しつつある労働者階級と中産階級（特にサービス専門職）の双方の出身である。このグループは絆を結びつけようとするが、絆を橋渡ししたり繋ごうともしている。

ミヒャエル・ベスター（Vester, 1997）と彼のドイツでの同僚によって先鞭をつけられた社会環境分析に沿って、こうしたいくぶん推論的で未発達な分析を洗練するためには、これからかなりの仕事が必要とされるであろう。私たちに言えることは、ソーシャルキャピタルと生涯学習との間には概して正の関連があることを裏づける実質的な証拠があるが、それは直線的で単一の原因というよりもむしろ多重的で多方面に広がる。つながりという考え方は政策立案者や専門の教育学者によくアピールするが、それは非常に複雑であり、そこに陳腐化された介入が行われるならば、高い危険性をもった意図せざる帰結がもたらされると見なければならない

しかし、その複雑性にもかかわらず、本章の中心的メッセージとは、市民参加と活動的な学習は、両方とも、主体の感覚と密接な関係があるということである。これによって、私は、第一に、人々が、少なくともある程度まで、自らの運命の主体であると感じている位置にあることを、第二に、人々は自らの運命をある程度統制できると感じているだけでなく、より広い──経済的、社会的、政治的──世界における活動のために自らの能力を開発し使うことができることを論じたいのである。このことはもちろん、それ自体、これらの能力を使う機会を提供したり否定したりする機会の構造について判断をするのではない。そうではなく、アマルティア・センが論じたように、人々の自由を行使する能力がますます民主主義と発展をすすめる一方で、政府はますます政府が受動的だとみなす人々に「理想的な」解決策を押しつける傾向を強めるであろう（Sen, 1999）。民主主義と発展は大きく野心的な目標であるが、また密接で日々関わりあいを持っている。生涯学習と市民参加は、それ自体においても、またそれらが人々が実現するのを助ける能力にお

いても、行為主体性の重要な源泉である。

注
1 質問項目、調査方法、北アイルランド生活時間調査の調査結果についての詳細は、ウェブサイト（www.ark.ac.uk/nilt）で見ることができる。私自身2001年の北アイルランド生活時間調査に、生涯学習の調査班への助言者として関わった。そこで私は、質問調査の設計と調査結果の分析に参加した。質問紙調査そのものは研究・評価サービス（Research and Evaluation Services）が担当し、調査は北アイルランドの二つの大学からなるチームによって監督された。特に私は、アン-マリー・グレイ（アルスター大学）とカトリーナ・ロイド（クイーンズ大学、ベルファスト校）の助言、指導、忍耐に対して、特別な感謝を申し上げたい。

第4章

関係性を再考する

　多くの先行研究はもっぱら学校をめぐって行われ、学習者よりも親に焦点を合わせてきたが、本書では、成人の間でソーシャルキャピタルと学習がどのようにして相互作用しているかを研究する。これまで私は、ソーシャルキャピタルについて様々な相対的に広い定義を使ってきた。それは、親戚や近隣の関係だけでなく、自発的結社や、スポーツや余暇のグループ、地域団体への関わりを含むものである。こうしたアプローチは、人々のネットワークと彼らが行う学習との間の関係性が極度に複雑で、しばしば個々の文脈や特定のライフイベントと密接に結びついていることを示唆する。

　さらに、ソーシャルキャピタルと成人学習は、時として、良好なサイクルで結びついている。が、時として、それらは相互に取り替えられるし、また妨げ合うこともある。環境によっては、新しいアイデアやスキルや情報のことになると、多くの人々は教育機関に頼るというよりも自らのネットワークを信頼したがる。にもかかわらず、調査結果はおおむね、もっとも一般的なレベルで、その他すべての事柄が同じであるならば、もっとも多くつながりをもった人々が、成人生活において学習にもっとも積極的であり、孤立した人々よりも組織的な学習に参加する傾向が強いことを示している。調査結果はまた、主に緊密な家族や隣人のような結束型の絆からなるネットワークが、一連の橋渡し型およびはしご型の絆を含むネットワークよりも、限定的で特異ではない、一連の情報と知識を発信することを示している。最後に、ネットワークと学習の相互作用を分析するあらゆる試みは、あらゆる物的な資産が非常に不平等に分配されている、より広い文脈に対置させてみる必要がある。

本章では、これらの調査結果が、私たちが学習とソーシャルキャピタルを見る一般的な見方に影響を与えるかもしれない程度を考察する。もちろん、もしもネットワーク資源の性質が文脈依存的であるならば、私たちは研究中の領域に固有の性質を考慮する必要があろう。それゆえ、本章では、北アイルランドの際立った特徴のいくつかについての短い議論から始める。これらの特徴が、この研究のより広い意義に与えているかもしれない限界を設定するために。そこで次節では、ネットワークと学習の関係性についての最近の調査結果を概観する。さらに本章では、人々とコミュニティがお互いに関連しあう状況において、起こりつつある変化のいくつかを考慮に入れながら、私たちのソーシャルキャピタル理解にとって、この研究がもつ意義についての検討に移る。特に、成人の生活において、私たちの学習理解にとっての意味を考える場合には、一義的なソーシャルキャピタルのモデルよりも多義的なモデルを必要とすることを論じる。

文脈の重要性

これまで本書では、人々のつながりが、スキル、知識、アイデアへ接近する上で及ぼす影響を探究してきた。ここで提示される証拠は、北アイルランドで収集されたものであり、同様なパターンがいたるところでみられると考えることは無謀である。特に、本研究に関連があるのは、おそらく、北アイルランドが相対的にこじんまりとしているという事実である。つまり、2001年の国勢調査では、人口168万5,267人を記録し、民族的マイノリティは、そのうちの100分の1以下であった (NISRA, 2002, p 18)。しかしながら、グローバル・スタンダードからいえば、裕福で高い学歴を持ち安全な社会的文脈を調査しており、北アイルランドは他の西洋社会と多くの共通した特質がある。

北ヨーロッパの他の地域と比較して、北アイルランドは、暴力や危険という評判がある。北アイルランド独立闘争に起因する悲惨さをなんら少なく見積もらなくても、公的な統計を一目見ただけで、暴力の記録件数が特に高いというわけではないことがわかる（私自身の経験でも、他の多くの人々の場合と同様に、人々の対人相互関係は一様に暖かく開放的である）。その社会の編成 (social arrangement) はいくぶん伝統的で、家族と親しい友人を中心としていて、教会はおそらく北ヨーロッパのほとんどの国よりも強い。それゆえ、信仰に基礎を置いたソーシャルキャピタルが相対的に濃密である。より広く、北アイルランド内部での民族的・宗教的分裂の状態を考慮に入れると、私たちは多くのネットワークを——そしてそれによって接近できる資源を——、少なくとも部分的には異教徒のソーシャルキャピタルに反発することによって、各コミュニティ内部に生み出され、あまり知られていない人々との絆よりも、結束的な絆をより安全なものとして好む傾向があるとみなすことができる。というわけで、ソーシャルキャピタルは、少なくとも部分的に、実感される他のコミュニティからの脅威(単なるまたは主として身体的なものではない脅威)への防衛的反応から生成している。それは、親戚関係と信頼の周りに主たる結節点があって、相対的に濃密である。結束型ソーシャルキャピタルは強い。が、そこには、関係型ソーシャルキャピタルとウルコックが定義するソーシャルキャピタルと、社会経済的で、空間的で、性別に基づいた分化を橋渡しする豊富なストックがある (Woolcock, 1998)。

　それでも他のほとんどの点において、人なつっこさと温暖な気候以外では、北アイルランドは、他の西・北ヨーロッパと非常に似ていると思われる。このことはむしろ、非西洋社会にとっては本研究の意義を限定してしまう。近年、世界銀行が特に影響力のある声を発してきた発展途上国での経済発展にソーシャルキャピタル概念を適用することにかなりの関心が示されていることを考えると、このことは強調される必要のある制約である(世界銀行のウェブサイトの該当箇所を参照のこと [www. worldbank. org/poverty/scapital/])。北アイルランドの平均世帯で、各家族はアイルランド共和国やイングランド、ウェールズ、スコットランドよりもやや貧しい。社会経済的な不平等が——それはどこにでもあることだが——、差別と弾圧の遺産によって色濃く残っている。しかし、グローバル・スタンダードによれば、そこは豊かな場所である。1970年代以降、製造業や家内業からはっきりと離脱して、サービス産業で劇的な発展を遂げており、北アイルランドの経済は他の西ヨーロッパの経済と同様なパターンを踏襲している。それはまた、他の西洋社会と同様で一般的な社会文化的・経済的トレンドによって影響を受けている。

さらに、本研究は、1998年と2002年の間の世紀転換期に収集された証拠に基づいている。社会科学者たちは時として、あたかも場の特異性のみが重要であるかのように、自分の分析を時間を超越したものとして提示する。歴史もまた重要であり、多くの人々は、それが特に北アイルランドにおいて問題になると考える。本研究は、和平交渉が非常にもろく、停戦が今にも崩れそうになる危機下で行われた。これは、準軍事組織の周縁でひっきりなしに起こる暴力だけでなく、夏の閲兵式のシーズン中の宗派的な緊張関係を背景にして行われた。不確実性には、可能性をめぐる興奮の感覚が伴っていた。ベルファストのある被面接者は、フォーカス・グループに会った後で、駐車場で私に「われわれは街を元に戻した」と語った。

　千年紀の希望と不確実性を追いかけた北アイルランドは、いくつかの点で、より安定した社会であるように見える。すなわち、主要都市では急激な経済成長があり、ベルファストやデリーでは、消費とレジャー産業の急激な増大と多様化が進んでおり、近隣諸国への旅行や貨物輸送が大きく伸びている。しかし、繁栄と消費者の選択といったこうして生じつつある文化には、確立された社会的サポート・システムが崩壊する兆候がつきまとう。今、悲惨な例を二つだけ取り上げるならば、若者の自殺率が上昇し、部分的に解散した準軍事組織が、以前は「通常の度を越えない犯罪」として冷笑的に知られていたことに手を染め始めた。北アイルランドの人口構成は、相対的に、若い人が多いし（NISRA, 2002, p 10）、私たちは1990年代末の和平交渉後にやってきた新たな環境で、社会規範や行為が急速に変化し続けることを期待したい。本書で研究された状況はもはや存在しない。

　問題なのは時間と空間の特異性である。本書では、文化と行為を、特定の環境に生活し不平等に分配された資産を手に入れる機会を有する人々によって構成される物質的な力としてとらえるアプローチを採っている。最初に、これらの特異性が本研究のより広い準拠枠に明らかな限界を置いていることで、そうした特異性がパースペクティブの中に位置づけられなければならないことを認識しておかねばならない。つまりほとんどの点で、千年紀の変わり目における北アイルランドは、現代の西ヨーロッパで多様に異なる地域の一つとしてすでに知られていた。だから、私たちは論理的に、ネットワーク

と学習の関係性の中には、他の比較できる社会においても見出されるものがあると確信できる。このことは、ソーシャルキャピタルと成人学習の関係についての、やや異なる証拠群に拠っている最近の二つの実証的研究によっても確認される。しかしながら、これすらポイントをとらえていない。すなわち、ブルデューの言うように、社会的実践は、つねに本来的に空間に固有なものであり（Savage et al, 2005, pp 97-101 を参照せよ）、社会的実践は時間に束縛され、時間を通して構成されることを付け加えておきたい。この意味で、ここかしこの場所の一般的代表性は、そのポイントを大きくはずれていない。人々の社会的関係性と文化的規範は、特定の場所と時間を通して、またその中で構成される特定のハビトゥスの一部を形成する。

ソーシャルキャピタルが学習に影響する

　本書は主として、人々のネットワークが学習に影響を与えていることを論じている。これまでに示された証拠からは、ヒューマンキャピタルとソーシャルキャピタルの関係は複雑であることが示された。第2章での質的証拠は、北アイルランドでは、社会的ネットワークの資源が、人々にヒューマンキャピタルの非常に有効な代替物を与えうることを示している。第3章の量的証拠は、学習への態度傾向が、市民参加のレベルと正の関連があることを確認した。しかし、これは絶対的な相関関係というよりもむしろ一つの傾向である。端的にいえば、量的証拠によって判断すると、その関係性ははっきりしているが、特に強いというわけではなかった。学習へのソーシャルキャピタルの影響を理解するためには、第3章の終わりで、私たちが、人々の一般的性向と彼らが客観的に置かれている社会経済的立場について理解する必要があることが示された。

　これは、相対的に直線的なやり方でお互いに強化しあいながら、好循環を形成するソーシャルキャピタルとヒューマンキャピタルについての、ジェームズ・コールマンの明解な記述から示唆を受けたものである（Coleman, 1988-89）。もちろん、まず最初にこの研究は主として成人の生活における学習に関わっているが、コールマンの関心は子どもの教育にあったと言うべき

である。さらに、彼のソーシャルキャピタルの定義は、密接な血縁関係の絆、特に生まれに基づく絆と、特定の信仰コミュニティのメンバーシップと結びついた絆に第一義的な重要性を与えている。北アイルランドの人々は、二つのタイプの高いレベルのソーシャルキャピタルの資源を二つとも共有していることをすでに示してきたが、この研究は、家族の絆や教会活動だけでなく、より広い市民参加のパターンをも見ている。

　本研究でとりあげた成人の間では、市民活動に関わっている人々が積極的な学習観をとる傾向もある限り、好循環が一般的なレベルまであてはまるようだ。しかし、その関連性は相対的に弱い。2002年の成人学習調査では、余暇の関心が大部分家庭で過ごすことにある人々は、余暇の関心が家庭外にある人々よりも学習に関わらないという証拠があった。さらに、質的な証拠からは、緊密な家族の絆と近隣の絆が、フォーマルな学習への参加の代替物になっていることがわかる。調査の証拠はまた、異なるタイプの市民参加が学習への異なる態度と結びついていることを示した。全体として、本研究は、北アイルランドの高いレベルのソーシャルキャピタルの資源は、学校におけるしっかりした学力と関連しているように見えるが、ほとんどすべての組織化された成人学習への相対的に低いレベルの参加とも結びついていることを示している。成人教育の文献にみる参加の重要性を考慮に入れると、この調査結果はさらに議論してみる価値がある。

ストローンによる分析について

　成人学習へのソーシャルキャピタルの影響についての他のところでもっとも意義のある研究は、クレア・ストローンによるポートランドとオレゴンでの縦断的調査データについての研究である（Strawn, 2002, 2003）。この研究は、フォーマルまたはインフォーマルな学習への参加に対するソーシャルキャピタル、社会経済的地位、「言説共同体」（換言すれば、学習に向かう態度を描写するために、個人的なコミュニティで人々が使う言葉）の影響を探求するためにデザインされた。インフォーマルな学習は、読書プラス少なくとも他の一つの、例えば人にものを尋ねるような自己決定的な活動の点から言えば操作的に扱われた。ストローンのデータは、成人学習に関する経年的研究（LSAL）

第4章　関係性を再考する　131

に由来する。それはハイスクールを修了せずハイスクール修了証書をもっていない 940 人の成人にインタビューをしたものである。サンプルの半数は少なくとも一つの成人基礎教育（ABE）かハイスクール修了証書のための準備クラスに出席している。あとの半数は地域の人々から無作為に抽出されている。参加者はまた、インタビューだけでなく、標準化されたリテラシーの課題に解答した（Strawn, 2003, pp 29-30）。

　ストローンの分析は、ソーシャルキャピタルの影響はネットワークのタイプの違いによってかなり異なったものとなり、フォーマルな学習とインフォーマルな学習の間で異なることを示した。強くしっかりしたネットワークをもった人々や、家族を中心としたネットワークをもっている人々は、他の人よりも、フォーマルな成人学習プログラムに参加する傾向は弱い（Strawn, 2003, p 43）。大きなネットワークをもっている人々は、フォーマルなプログラムに参加する傾向がやや強い。参加と広範囲の信頼との間には少ないわずかな連関が見られる（Strawn, 2003, p 43）。それゆえ概して、ソーシャルキャピタルは、フォーマルな学習への参加の低さにつながるという予測が成り立つ。

　他方、インフォーマルな学習は、人々のつながりの範囲と密度によって大きく促進される。ストローンは、どんな形態のネットワークもインフォーマルな学習と連関していることを示した。特に、家庭を基盤にした絆をもっている人々は、相対的に孤立した人々よりも、インフォーマルな学習に関わる度合いが約 5 倍も高いが、概して、濃密なネットワークは参加を予測させるものの、市民参加についてはインフォーマルな学習への非参加につながるという予測が成り立った（Strawn, 2003, p 45; Dakhli and de Clercq 2004, p 119 で報告されている市民参加についても同様のパターンがあることを参照のこと）。教育に対して好意的な態度を表す言説共同体のメンバーであることは、特に濃密なネットワークをもった人々の間で参加が増加するように見えるにすぎない。他の点では、共有された仲間の規範は、かなり限定された影響をもつように見える（Strawn, 2003, p 48）。まったく市民活動をしていないと答えている人々や、二つ以上の市民活動をやっていると答えている人々は、双方とも、ただ一つの市民活動に関わっていると答えた人々よりも、インフォーマルな学習

に関わる傾向が強い（Strawn, 2003, p 54）。

　ストローンの結論は、ソーシャルキャピタルが影響を与えるのは逆方向、すなわち「インフォーマルな学習には肯定的に、フォーマルな学習には否定的に」、というものである（Strawn, 2003, p 51）。これらの調査結果は、部分的に、北アイルランドで得られた証拠データと合致する。ポートランドで、家庭を基盤とした濃密な絆を持っている回答者は、個人とコミュニティの支援ネットワークを通したインフォーマルな学習を際立って好むことを示した。そして、このことは、北アイルランドで見られたインフォーマルな学習メカニズムの使用とゆるやかに一致している。また、ストローンの研究には、限界はあるものの、まったく市民活動をしない人々やいくつかの市民活動をする人々は、唯一の活動（通常は投票のこと）しかしない人々よりも参加する傾向が強いという事実がある。このことは、北アイルランド生活時間調査（NILTS）での回答に見られた二極化したパターンを再び想起させる。とはいえ、ストローンのデータは、北アイルランドでもっとも関わった人々の間に見出された生涯学習へのおおむね積極的な態度を裏付けていない。興味深いことに、ポートランド調査で、もっとも積極的な態度は、ストローンの特徴づけに従えば、開放的なネットワークをもっている人々の間で見られ、もっとも積極的でない態度は大きなネットワークをもつ回答者の間で見られた（Strawn, 2003, p 50）。ストローンの研究のこの部分は、北アイルランドの調査結果とはやや異なる方向を示している。

　しかしながら、まず私たちはポートランド調査に関わる限界のいくつかに留意すべきである。第一に、それは特に、明確に定義され限定された人々——すなわち、相対的に低いレベルのフォーマルな教育を受けた人々——の間での、ネットワークと学習の関係を調査するようにデザインされた。しかし、成人学習への参加と市民活動は、どちらも、教育達成および社会経済的地位と密接に関連している（Field, 2003a）。ストローンの研究は、彼女が社会経済的階層の下端にいる人々の学習とネットワークについて描いたがゆえに、特に意義深い。しかし、このことはまた、彼女の研究範囲の明らかな限界となる。さらに、彼女の研究は、長期的データを分析するために統計的手法を用いた。このことは、私が北アイルランド生活時間調査に基づいてやった以上

に、彼女がどちらかといえばはっきりと因果関係のパターンを示唆できる点で、かなりの強みとなっている。しかしながら、質的データの不在は、意味や理解といった問題を深く探求できないことを意味する。最後に、「成人学習に関する経年的研究」の質問票は、いくぶん限定的な方法で、フォーマルな学習を定義している（Strawn, 2003, p 73）。つまり、これは明瞭さと正確さといった利点を有する一方で、他のタイプの学習が排除されることを意味する。ここで述べられていることは、今なお画期的な研究であるものへの批判を意図しているのではない。それはむしろ、そのデザインに組み込まれた限界のいくつかを指摘しているのである。

ストローンの研究業績は、ソーシャルキャピタルとヒューマンキャピタルの代替可能性についてはっきりした証拠を与え、コールマンとパットナムから導き出された単純なモデルを深く掘り下げることによって、これからの研究に重要な基礎を与えた。彼女の調査結果と本書の第2〜3章で提示された調査結果は異なるが、その違いのいくつかは、そこで使われた調査方法の違いによるものである。それで、彼女の研究はさらに掘り下げたものもあるが、相対的に少ないものの、限界もある。ポートランドと北アイルランドの文脈の違いを前提にすると、ほんとうに驚くべきことは、その調査結果がいくつかの鍵となる問題において一致していることである。それは、インフォーマルな学習にとってのネットワークの重要性と、フォーマルな学習への希望や関心についてのネットワークの影響が小さいことを含んでいる。特にこれらは、様々なレベルでのソーシャルキャピタルと成人学習の間の、複雑であるがはっきりした関係性についての、確固たる証拠と対比してみると、どう説明しても重要な調査結果である。

学習がソーシャルキャピタルに影響する

成人学習についての既存の調査の多くは、参加と非参加のパターンを説明することに関わっている。成人学習が及ぼす影響についての研究はより少ない。トム・シューラーは指摘するように、「学習が実際に私たちの生活に個人的にも集団的にも影響を与えるありようは、システマティックな実証的手

法では相対的に言っていまだ探究されていない」のだ（Schuller, 2004a, p 3）。必ずしも信頼できない証拠ならごまんとあり、個人的な物語にはよくあることだが、ある人の解放と達成感の経験は常に、他の人の退屈と浪費についての物語とセットになっている。学習の影響についての既存の研究は、その多くが（資格や他の学習活動への進出という観点から定義される）学習の教育的成果か、（通常、所得の変化といった観点やまれに経済への広範な影響といった観点から表現される）経済的成果に焦点を当ててきた。最近まで、人々の学習についての非経済的・非教育的帰結は、ほとんど手つかずのままの領域であった。

ところが、このギャップは確実に埋まりつつある。1990年にロンドン大学に設立された学習利益研究センター（WBL）は、社会的結束、主体的市民参加、活動的加齢、公衆衛生の4領域に、成人学習が貢献しうる様相について、一連の主要な研究を実施してきた（Schuller et al, 2004）。イギリスの3地区で実施したインタビューと、既存の量的データ（まず1958年と1970年のイギリス出生者のコーホート調査）の新しい分析によって、学習利益研究チームは、四つの領域にとって、学習が果たす積極的帰結のみならず否定的帰結を調査した。この研究の成果は、人々の生活に果たす学習の役割についての私たちの理解にかなり重要な一般的意義を有しているが、本書が特に関心を持つ箇所は、社会的結合と主体的市民参加についての調査結果である。

1958年のコーホート調査では、参加者の人生のいくつかの段階における経験と行動についてのデータが提供されている。学習利益研究センターのチームは、成人の生活に関心を持ち、33歳から42歳の間に行われたフォーマルな学習の影響に注目した。全体的に、この分析では、この人生段階で一つまたは二つの科目を学ぶことで見えてくる効果として、人種的寛容性のレベルと市民的結社への加入において際立った上昇が見られ、また少ないながらも政治的関心や選挙への参加のレベルに上昇が見られ、政治的シニシズム、権威主義には下降が見られることが含まれることが明らかになった（Bynner and Hammond, 2004, p 167）。概して、このチームは、取得する科目が多くなればなるほど、これらの変化が多く起こることをも示した（Bynner and Hammond, 2004, p 170）。

学習利益研究センターによる分析

　学習利益研究センターの研究は、ソーシャルキャピタルに対する学習の貢献について、きわめて重要な洞察を提供している。もちろん、私たちは、何が原因で何が結果なのかについての確信はもてないし、未だに、どのようにこの関係性がはたらいているかについてははっきりしていない。しかし、学習利益研究センターの研究には、非常に意義のある手がかりがある。第一は、職業科目とアカデミックな科目をめぐる人々の経験が対照的なことである。この研究では、これらの変化がアカデミックな科目への学習参加の結果であることを明らかにしている。興味深いことに、そこでの量的分析からはこうした結果は、科目を学び始めた時に、相対的に孤立し自信を欠いている人々や、資格に結びつかない科目を学ぶ人々の間で見出されることが明らかになった。ところが、インタビューの対象となった人々は、すでにかなり積極的で寛容であった。33歳から42歳の間で職業科目に参加をしても、ほとんどソーシャルキャピタルのメリットはない。それは皮肉なことに、人々になんら目に見える経済的利益をもたらさなかった（Bynner and Hammond, 2004, p 176）。この違いについてのはっきりした説明は、学習に関わった個々人の主体性にある。33歳から42歳の間の成人は、もしもそれを選択し、特にそれが資格につながらないのであれば、アカデミックな科目を学ぶ傾向にある。対照的に、職業科目を学ぶ人々は、法制的な枠組みの変化や昇進につながる試験に合格したいという願望のような、しばしば外的な要因によって動機づけられている。つまり、彼らは、他の誰か——雇用主、福祉機関、行政官——が彼らに出席するように言ったので、その科目を履修しているということも十分に考えられる（生涯学習においていくぶん無視されている強制というトピックについては、拙書で詳しく議論している（Field, 2000, pp 118-24））。また、表面的な内容であったり場合によってはまったく存在しないなど、職業科目の質をめぐって疑問符がつくようなケースもあるかもしれない（Bynner and Hammond, 2004, p 177）。

　第二点として、学習は人々に他者との関わりを促進する能力を与えることができるという証拠がある。政治学者は、市民活動が政治構造によって、特に、諸々のイベントに参加するだけでなく有意義で目に見える影響を与え

るためにも、政治構造が市民に参加する機会によって形成されるありように正しく目を向ける（Maloney et al, 2000a, 2000b）。より広範な社会的・経済的不平等もまた、一部の人々に強い制約を与える。にもかかわらず、学習利益研究センターの研究もまた、乏しい学校教育による自尊心の低さを逆転させたり強化したりすることを含む、自信や自己効力感のような、私たちがメタ社会的能力と呼ぶものに対する学習の影響に関する証拠――質的・量的――を提出してくれる（Hammond, 2004, pp 42-5）。換言すれば、学習は、ある人が参加するか否かについての決定に影響を与えるだけでなく、人々に参加の機会と起こりそうな結果についての情報へのアクセスを与え、また人々にシティズンシップと結びついた特定のスキル群や理解をも身につけさせる。学習はまた、参加したり、参加から積極的な成果を得る可能性を高めたりするために必要とされる能力を強化する。――もしもその経験が貧しければじゃまをする。

　ということで、今や、ソーシャルキャピタルと成人学習の関係についての証拠が増えつつあり、しかもますます説得力を増してきている。私もそれを確証するように論じていきたい。これらをまとめると、ストローンの調査結果と、本書のこれまでの各章で提示された材料から、人々のネットワークと関わりが、フォーマルな教育訓練として定義される学習への態度とそれへの参加を形成する上で重要な役割を果たしているが、それらはインフォーマルな学習のための強力で効果的な機会をも提供し、それゆえ、より伝統的なヒューマンキャピタルの投資形態の代替物をつくるかもしれないということが示された。学習利益研究センターの研究から、学習がまた、ソーシャルキャピタル資源を人々が手にする機会をも形成し、この影響がどのようにして起こるかについての意味のある指標を提供することがわかる。もちろん、研究すべきことはまだまだ多く残っている。ストローンが言うように、この研究領域は、いまだに「豊かな探究の場」なのである（Strawn, 2003, p 64）。

　しかし、いくら控えめに言っても、私たちは今や、その関係性の重要性を認める立場に立つべきである。この研究領域の正統性は、もはや疑問の余地はない。ソーシャルキャピタルは学習にとって重要であり、学習もまたソーシャルキャピタルにとって重要である。しかし、私たちがこうした結論に到

達するとたちまち、非常に広範で計測が難しくたえず変化している——学習とネットワーク——の現象についての研究を行っているため、そうした結論が暫定的でなければならないことを私たちは認めなければならない。ソーシャルキャピタルというまさにその考え方自体が、よく言われるように、「不確実な模索の時代精神にマッチしている」のである（Schuller et al, 2000, p 92）。ソーシャルキャピタルについてもっとも有名な学者によると、人々がもつコミュニティのストックは、急速にやせ細り、それによって社会は相互の目的に向かって効果的に協力していくことを可能にする資源を手にする機会を失っていくのである（Putnam, 1995, 2000）。おそらく、私たちがソーシャルキャピタルと学習が相互作用しているありようを認めるようになるにつれて、私たちは、未来よりもむしろ過去に属する何かを研究しようとしているのである。

西洋社会でのコミュニティの変革的形成

　ロバート・パットナムが、彼の議論に注意を引くためにボウリングのメタファーを使ったことは有名である。アメリカ人は、リーグを結成してチーム同士が競争してボウリングをしていたが、今や「一人でボウリング」をしている。このグラフィック・イメージは私たちの注意をとらえるが、パットナムは、アメリカ人が人と出会うことが少なくなり、それもますます不規則な出会いとなっているために、組織の会員名簿や社会的態度や人々の行動についての他の研究を、詳細かつ体系的な分析によって跡付けている。彼らは他者と時間を過ごすよりも、ますます家で孤立して受け身の電子娯楽に関わり、時々、郊外の家から名もないショッピングモールに車で出かける（Putnam, 2000）。パットナムが主張しているように、これは西洋社会でソーシャルキャピタルのストックが減っていることを意味しているのだろうか。

　この問題への私の答えは、ソーシャルキャピタルは健在だが、疑いもなく変化しているというものである（Field, 2003a, pp 93-101）。パットナムのデータは説得力があるが、それは主に全盛期を過ぎた組織から採られたものである。それはまるで、地方都市婦人会（Women's Institutes）、非国教徒の教会、

労働組合、保守党と労働党の支部での衰退を示す証拠に基づいたイギリスの市民社会の構図を描いているかのようである。これらの組織はいずれも現在のイギリスで（教会を除き）強い影響力を持っているが、それらへの加入状況のレベルは急落しており、会員はおおむね高齢化している。会合に行く人や他の内部的・公開的な活動に参加する人はほとんどいない。しかし、私たちがだんだん公的生活から離れて、家でチラチラ光るスクリーンを元気なく見つめているというのは単純だろうか。あるいは、パットナムが考えるよりも複雑な何かが私たちの人生に他にあるのだろうか。

　これらの問題についての私自身の視座は、大部分、「再帰的近代化理論」を支持する現代社会学者のグループから影響を受けている。アンソニー・ギデンズとバーバラ・ミシュタルだけでなく、このグループにはドイツの著名な社会理論家ウルリッヒ・ベックも含まれる。ベックは、西洋社会はますます個人化しており、人々のライフコースと経験の帰結総体がますます分化されるという意味で、主要な人生の目的として自律性と選択に重きを置くと論じている（Beck, 2000）。ギデンズの後期近代における自己アイデンティティの考え方（1991）は、ベックの「危険社会」という仮説とともに、人々が常に関係を検討し、あらゆる種類の社会制度へ反省的に疑問を持ちながらアプローチしていく——それにはソーシャルキャピタルの旗の下に一括されるすべてのものが含まれる——ことに注目している。

　ベック、ギデンズ、ミシュタルは、この過程が起こるのは、少なくとも部分的には、人々がますます選択によって——あるいは選択の必要性に迫られて——、彼らに与えられる一連の情報や考え方をますますあてにできるようになるからだという信念を共有している。こうした選択は、利用できる諸々の選択肢についての省察を必要とする。しかし、各々の選択肢は様々な異なる選択肢と対をなし、利用できる情報は様々な方向を向いている。多くの評論家は、この説明は学習社会についての物語を示す方法でもあることに注目してきた（Field, 2000, pp 59-63；Schemmann, 2002）。そこでは、人々は、彼らの知識能力によりかかるために異なる種類の資源を動員する。

　また、もちろん、それらの理由の一つには、人々のソーシャルキャピタル資源を手にする機会が含まれているということは、本書の全体的なアプロー

チと一致している。同時に、人々の社会的ネットワークの性質にとっての意味がなければならない。留め金をはずすと、個人化への一般的傾向が、人々のソーシャルキャピタルのストックを浸食していくことは、当然考えられる。ここには何かがあるのだろうか、もしあるとすれば、成人学習にとってどんな意味があるのであろうか。

　私たちが見てきたように、パットナムの答えは率直である。つまり、ソーシャルキャピタルのストックは暴落している。インフォーマルなつきあいでさえ、従来より少なくなり拡散していると、彼は考えている。対照的に、反社会的行為が増えている（Putnam, 2000）。第二次世界大戦以降の、コミュニティと家族の崩壊を嘆いているのはパットナムだけではない（Etzioni, 1995）。しかし、変化はかならずしも損失と同じものではない。社会生活は常に変化しており、もしも人々のネットワークのパターンが静的で不動であるならば、驚くべきことである。ネットワークと学習の間のつながりに関わっているという理由から選ばれた四つの例を挙げることができる。その四つとは家族、主体的市民参加、労働、テクノロジーである。他にも多くの例について考えることができたが、これらの四つは一般的な指標を支持するために十分で詳細なことを提供する。

家族と学習の間のつながり
　第一の領域は、親密な関係性に関わるもので、そこには家族が含まれる。家族が変容の過程にさらされていることは明らかである。人々の緊密な関係性は、もはや、1950年代にあたり前なものとして見られた家父長主義的家族の単純なパターンには合わない。性的パートナー、子どもを育てる手はずや、年老いた人々への支援構造や、子どもを持つかどうかや衰えた人々への支援をするかどうかの決定すらも——これらすべてが50年前に比べて、ますます多様化し、慣習によらず、選択によるようになった。また、若い人々が早く新しい手はずを採用する一方で、そうした手はずは高齢者の間でもとうてい知らないものではなくなっている。つまり、1945年以前に生まれた人々の間では、（別居関係を含む）非婚パートナーが、20〜30年前に比べてはるかに一般的になっている（Dykstra, 2004）。同時に、家族関係は、ギデ

ンズが描いた「純粋な関係性」に道を譲りつつある（Giddens,1992）。つまり、古い教会の関係性のような外的な制裁から守るためよりも、むしろそれ自身のために現れ維持するのである。ということで、信頼と貞節は家族生活にとってますます重要な基盤となっている。しかし、まさしくこうした理由から、「純粋な関係性」は、ますます非貞節的な行為が表面化することに由来する信頼の崩壊によって生じる混迷に対して脆くなっている（Misztal, 1996, p 161）。こうした状況下では、伝統的な家族生活は、ソーシャルキャピタルや信頼を築くのと裏腹に、ソーシャルキャピタルを破壊し信頼を侵食するようになってくる。離婚した人々は、少なくとも一つの専門誌の読者層と、新しく独身女性になった人のための自助的な対処術を満載した情報を提供する（Thorpe, 2000）。対照的に、離婚した男性は、孤独になるか、すぐに再婚する傾向にある。

　これらの転換は、安全な育児環境を提供するために考えられた永続的な異性間の絆が、より柔軟で多様でリスクの大きい一連の手はずによって取って代わられる前触れであろうか。もしそうだとすれば、これらの広範な転換の一部は、非省察的な関わりから離れて、より一時的で条件つきの親密性の形態に向かうのであろうか。これらの傾向は、親類関係の絆を通して新しい情報や知識にアクセスし創造する成人の能力だけでなく、若者の社会化にとって何を意味しているのであろうか。もちろん、これらの転換の程度を誇張することはできる。リン・ジャミソンが言うように、ほとんどの共生の形態は基本的に近似しており、そうした関係にあるパートナー間でほぼ同じような期待を含んでいる（Jamieson, 1998, p 33）。少なくとも異性間カップルの間にある家族の新しい諸類型は、家庭内やより広範な友好的なネットワークにおいて「ジェンダー上の不平等を相対的に穏便に変えること」を意味してきた（Jamieson, 1998, p 166）。親密性が「薄まった関係」に道を譲ると言えば言い過ぎになるであろう。

　しかしながら、一様ではないが、少なくとも、より省察的で条件つきの暫定的な形態の親密性に向かう傾向がはっきりと見られる。それらに影響を受ける人々に対してこうした傾向がもたらす利益が何であれ、ジャミソンは、さりげない親密なパートナーシップは、崩壊の高いリスクをもたらし、その崩壊によって今度は血縁関係（孫、祖父母）と友人関係の両方にとって、よ

り広いつながりのネットワークもまた壊されることがあると言っている。もしもこれが子どもの養育が関わるならば、子どものアイデンティティ形成にとって破壊的であるばかりでなく、「強くあらわな親密性の脆く連続的な関係性のパターン」は、成人パートナー自身のアイデンティティと自信を破壊し打撃を与えることもある（Jamieson, 1998, p 155）。新しい形態の家族生活に関する最近の多くの研究では、コールマンのソーシャルキャピタルについての定式は、今日的な血縁関係の現実に対応していないことを確認する傾向が見られる。しかし、もしコールマンが間違って、一人親世帯の増加を見、それに関連した傾向をソーシャルキャピタルの全般的なストックを脅かすものとみなしたならば（Seaman and Sweeting, 2004）、そうした新しい傾向は、確実に、人々の絆が形成され理解される文脈に直接的な影響を与えてきたであろう。そうした傾向は成人の生活に及んでいる程度に、知識にアクセスし知識を創造するために、もっとも直接的な血縁をベースにしたネットワークを利用する人々の能力に影響をもたらす傾向がある。

市民参加と学習のつながり

　ソーシャルキャピタルについてのコールマンのモデルでは家族が中心であったが、コミュニティの衰退についてのパットナムの診断の中心にあるのは市民参加である。パットナムにとっては、ボランタリーな組織と類似の集団的な営みが、市民が共有された理解を形成し信頼を学んでいる中心的なフィールドである。これらなしでは、社会が頼るべき互酬性のより広い蓄積を欠くことになる。バッファローズから組織されたスポーツまで、政治団体から労働組合まで、広範な会員組織が衰退したという証拠を挙げて、互酬性の原理と実践が、長期的で強い脅威にさらされていると彼は結論づけた。パットナムの証拠は、非常に広い情報源からとられたものだが包括的ではないし、多くの論評は、彼が主張しているよりもアメリカのコミュニティはよい状態であると示唆してきた（Field, 2003a）。市民参加は変化しているかもしれないが必ずしも衰退してはいないという、西ヨーロッパ社会についてのかなり鋭い議論がなされてきた（Hall, 1999）。さらに、衰退の証拠がある場合では、それはある地域に集中して起きているように見える。

イギリスにおける長期的な傾向についての重要で詳細な分析によると、ソーシャルキャピタルの様々なレベルは確かに変化しつつあるが、それらの変化は一様ではないと結論づけられた (Li et al, 2003)。基本的に、(労働組合や労働者クラブなどの)「労働」タイプへの参加の大幅な落ち込みは、1970年代以降の、他のタイプの市民活動の少ないながらもめざましい成長によって、部分的に穴埋めされてきた。これらのパターンについて階級の偏りを考慮に入れると、中産階級の参加はそのままを維持しているが、労働者階級の参加は急速に低下している。しかも、これは中産階級が急速に増加し、労働者階級が縮小している時期に起きている。同じ研究からはまた、性による結果に顕著な違いがあることがわかっており、それによると男性が女性よりもフォーマルな市民的結社により多く参加する傾向が強い。しかし、階級間の際立った結果の違いは、両性の人々にともに当てはまり、両性間の差よりもずっと強い。社会的地位が似通っている男性と女性の間のギャップは、あたかも時が経てば縮小していくかのようでもある。その著者は次のように結論づけている。「あらゆるソーシャルキャピタルのあらゆるフォーマルなチャンネルから締め出され、ゆえに手にする機会を奪われやすいのは、労働者階級にあって、学歴が低くサービス従事層の友達がいない人々である」これは特にこうした地位にある女性にあてはまる」(Li et al, 2003, p 519)。

そこで市民参加という観点から見ると、パットナムが全体的に衰退していると指摘したことは正しいだろう。しかし、それは彼が示したよりもずっとゆるやかで不均衡であるように見える。彼は、人々のソーシャルキャピタルのストックが、社会経済的に二極化しているという証拠をまったく見落としていたようだ。

仕事と学習のつながり

多くの人々にとって、社会的つながりは職場と密接に結びついている。日々の生活での仕事の重要性を示す証拠が豊富にあるにも関わらず、職場のつながりが、他の面では急増しているソーシャルキャピタルに関する文献において、やや無視された領域となっている。社会的ネットワークについての文献において仕事と職場がもつ重要性を考慮に入れると、このことは驚くべき

ことだと思われる。社会的ネットワークは長らく求職者の行動（Granovetter, 1973）において、人々の職業的・階級的アイデンティティにおいて、イノベーションと起業家的成功（Field, 2003a, pp 50-7）の点で、重要な役割を果たすものとみなされてきた。仕事もまたフォーマルおよびインフォーマルな学習のどちらにとっても重要な場である。それゆえ、仕事の組織と性質が変わっていく様子を調査することが大切である。

　テクノロジーの変化やグローバリゼーションといった要因は、経済的変化の源泉としてこれまでよく引用されている。特に、製造業からサービス業へと転換し、あえて明示すれば、サービス産業がますます競争的な環境において生き残るためには、高い生産性と高い付加価値をもった仕事の過程を採用しなければならない西洋社会では、これらの要因はまた、変化の推進力および競争での成功の基礎的な前提条件としての知識それ自体の役割を新たに強調することと結びついている（例えば、CEC, 1994）。典型的には、知識経済におけるポスト・フォーディズム型の労働が、より小規模な単位での労働を取り入れるようになり、大規模で官僚的な企業がより身軽な競争相手の犠牲になりつつある。つまり、労働者と雇用主の間の「心理的契約」の内部で、長期的な思い入れ（commitment）が衰退しているのだ（Maybe et al, 1998, pp 238-42）。こうした傾向は、人生設計をよりリスクの高い過程にし、年金や保険や訓練機関のような制度的支援の源に挑戦し、人のよく見られる労働生活の道筋についての受け継がれてきた期待を破壊してきたと言われている（Alheit and Dausein, 2002, p 7）。

　これらの条件は、職場での社会関係にどんな影響を与えるのであろうか。一方では、不確実性と不安定性が、長期的な思い入れや持続的な経験を必要とし、自分に価値があるという強い感覚によって支えられている信頼と互酬性の関係を浸食することが予想されよう（Crowther, 2004, pp 126-7）。こうした特性が、不安定性と個人主義的競争の環境下で、成長しにくくなっている（Maybe et al, 1998, p 242）。それゆえこの程度まで、規模縮小、弾力化、多能化へと向かう傾向の結果として、労働に基礎を置いたソーシャルキャピタルが衰退していくことが予想される。

　しかし、この同じ傾向は、労働者間の相互依存性をますます求めている

ように見える。しかも、その要求はまったく新しい形で現れている。この新しい生産のコンセプトは、労働者のかなりの数のグループがますます自律性をもっていくことと結びついている。労働者たちは、ライン管理者の直接的な統制や命令ではなく、グループとして、伝統的な境界に沿って働きながら、労働過程を計画し監督する能力を増しているのだ（Alheit, 1994, pp 84-5; Boreham, 2002, pp 9-10）。こうした変換が、そうした労働者たちのスキルの構成要素を高めることは十分にありうる。それにはもちろん、異なる段階や規律に沿ってチームで働くのに必要なスキルが含まれる。ユーリア・エンゲストロームは、「共認識ワーク」（co-configuration work）から生じる知識上の要求について書いている。それは、製品とサービスの統合パッケージを寄せ集め維持するために、供給者ネットワーク出身の労働者と顧客も含んだ、様々に異なる組織からの多様な生産者を寄せ集めるかもしれない（Engeström, 2004）。ソーシャルキャピタルの役割は、業績が高い信頼とチームワークに頼ることから、ますます意義あるものになっても意義が低下することはない（OECD, 1996）。しかしながら、アルハイトが記しているように、このことは、逆に言えば、職場に根ざした関係性とアイデンティティは、たえざる再調整と変化に従属していくことを意味する。それにつれて、人々は、自らの職業生活を通して学習に責任をとることによって、自立的に、また個人的なリスクを伴いながら、自らの職業能力を調整しなければならない（Alheit, 1994, p 85）。

ニュー・テクノロジーと学習のつながり

　ニュー・テクノロジーは、広く労働の性質における変化と関連している。それらはまた、家庭やコミュニティを含んだ人々の日々の生活において、より広範に存在が感じられるようになっている。これまで、ソーシャルキャピタルに対するニュー・テクノロジーの影響について、特にインターネットの影響についてかなりの論争がなされてきた。インターネットは、豊富なメタファー――ネットワーク、フロー、つながり、ウェブ――の源泉であった。そうしたメタファーは、媒介された関係性についての人々の信念と仮説を表現し形成している（Edwards et al, 2004, pp 71-7）。特に、それらは「想像の共同体」、

すなわち、それは人々が積極的に、より広く共有された諸関係の一部としての自らのアイデンティティを構築する場としてのサイバースペースを表している。ある人々にとっては、これはまず解放的な過程である。マニュエル・カステル（1996）によると、新しいテクノロジーは、階級や国家に根ざした産業近代主義の強固なアイデンティティを壊すことに手を貸している。それによって、人々はネットワーク社会において、自分が誰であるかについての感覚を形成する際に、広く多様な接触や価値を生かすことができる。また一部の人々は、インターネットの腐食的な力について、より否定的な見解をとる。例えば、フランシス・フクヤマは、デジタル・テクノロジーによって媒介された関係は、ソーシャルキャピタルの創造と両立できないと論じている。なぜならそうした関係は、「一つの重要な要因、すなわち信頼を、さらにその根底にある共有された倫理規範を無視する」からである（Fukuyama, 1995, p 25）。パットナムは自らの判断により慎重である。それはとりわけ、インターネットがまだ初期段階にあるからであるが、彼がオンラインの関係性が互酬性を生み出すことに非常に懐疑的だからでもある（Putnam, 2000, pp 172-7）。しかしながら最近まで、この主題については証拠よりも憶測が多かった。しかし、1990年代後半からの一連の研究は、オンラインの関係性はたしかに対面によるつながりとは異なるが、それはどちらかを選択すべきものではないことを示し始めた。

　反対に、多くの調査に基づく証拠によると、非常に積極的にオンラインに関わっている人々は、すでに多くの対面によるつながりをもっている傾向があることが示されている。彼らは対面によるつながりを、オンラインによる相互性に置き換えているのではなく、それによって補完しているのである（Field, 2003a, pp 102-6）。シェリー・タークルによる参与的研究によると、人々がオンラインに入る時、彼らの公的アイデンティティは、彼らが対面の文脈で相互作用する時よりも、流動的で実験的であることが示されている。おそらく、この柔軟性はアイデンティティ・スワッパー自身によって過大評価されているであろうが（Turkle, 1997, pp 177-84）。そこでおそらく、この段階で私たちが言えることは、インターネットが自己についてのより大きな反省性や実験性と結びついているように見えるということだけである。その自己は、

もしも行為者が他者との関係性に関わるならば、自分自身に対して作用できるにすぎない。ミシュタルとアーリが、共存はどんなに一時的であろうとも、あいまいさ（したがってアイデンティティ実験の範囲）を減じ、相互の知識と理解を増やすうえで重要な役割を果たしていることを示唆したことは正しいようだ。つまり、物理的な距離は、緊密な絆の限界を克服する助けとなりうる（Misztal, 2000, pp 135-6; Urry, 2002）。

したがって大まかに言えば、まさに人々の社会的ネットワークは大きく変化しつつあるようだ。この簡単な調査は、家族関係、市民参加、職場のつながり、媒介されたネットワークにおける変化の兆候を提示した。各々のケースでは、強力な継続性の要素が残っている。新しい家族のタイプは、（特に家父長制が執拗に残るという点で）古い家族のタイプに似ていることがわかる。つまり、媒介されたネットワークは、共存のエピソードで支えられる時に、ソーシャルキャピタルの源泉をもっとも効果的に提供するようだ。労働組合への加入は、ヨーロッパや北アメリカにおいて低下しているかもしれないが、依然として数千万人いるし、規模が縮小し多能的になっているが、多くの人々の仕事は、つらいルーティンによって特徴づけられている。にもかかわらず、誇張の誘惑を避けながら、これら4領域の分析はいずれも、人々の関係性が、長期的な思い入れから脱して、より条件つきの反省的で暫定的な手はずに向けて、長期的に転換しているという証拠を提供している。

リチャード・セネットのような一部の著者にとって、個人化のプロセスは、日々の生活のインフォーマル化と結びついて、本来リスクに満ちたものである。なぜなら、それは個人の性格という構造体を脅かすからである（Sennett, 1999）。しかし、私は他のところで、日々の関係性のより暫定的で実験的な性質が、ある点ではソーシャルキャピタルにとって不幸と言うよりは好ましいものになるかもしれないと述べてきた（Field, 2003a, p 113）。はっきりしていることは、これらはまさに、私たちの生活が際立った変容を経験している領域であるということだ。ちょうど「普通の伝記」や標準的なライフコースといった考え方が、個人の伝記について複雑で多元的で多彩な見方に置き換わってきたように、人々のつながりを単純に分類することが難しくなっていることは明らかである。なぜなら人々は拡散し変化し適応し、もはや自動的

に血縁や場所や仕事に拘束されないからである。こうした一連の転換は、今度は、人々の学習に際立った深い示唆を有するようになった。この問題を探求する前に、私は、人々の学習が社会的ネットワークによってどのように形成されるのかという、より一般的な問題に戻ることにしたい。

変化するネットワークとそれが学習に及ぼす影響

　最近まで、学習に関する議論の文脈で、変化する社会的ネットワークについて思い悩むことには、たいした意味はなかった。学習についての支配的モデルは、高度に個人主義的になりいくぶん脱政治的になる傾向がある。インフォーマルな学習や偶発的な学習への注目が高まり、たとえ人々が行っている学習の範囲についての認識が増しても、学習の社会的モデルを開発する試みは未だ手つかずのままである。にもかかわらず、状況学習、活動理論、集団的コンピテンスといった概念の開発は、学習を単に個人ではなく集団の財産として見ることができる点に関心が高まっている証左である。

　おそらく、もっともよく知られた学習の社会理論は、レイヴとウェンガーの「状況に埋め込まれた学習」という概念と結びついている（Lave and Wenger, 1991）。彼らの状況認知の理論は、所与の「実践共同体」での「正統的周辺参加」の過程で、人々が新しいスキルや知識を獲得し、新しい意味の枠組みを創造する点を強調する。換言すれば、人々が新参者として認知され規定された地位を得て、共同体に参加する時、人々はそのコミュニティの既存のメンバーを観察し、真似し、彼らと言葉を交わすことによって学ぶのであり、そうした既存のメンバーの中には、新参者と同様にほとんど進んでいない者もいる。

　レイヴとウェンガーにとって、この考え方は、人々が暗黙知を伝え、それがなければ疑問視されることもない慣習的な実践に深く埋め込まれているスキルを伝える様子を説明するのに役立つ。また、これらの特色によって、知識経済をめぐる幅広い論争の文脈で、彼らの理論は特に魅力あるものになっている。知識経済では、もっとも抽象的で簡単に成文化しうる形態で伝達可能な知識だけでなく、より文脈化されたあいまいな形態の「ノウハウ」を伝えることにも注意が払われる。レイヴとウェンガーの業績はまた、古い社会

化の形態が消滅し始めた文脈で、より大きな意義を獲得したのかもしれない。つまり、新しく労働者を職に就かせる実践的な挑戦が、おそらく以前より急を要し複雑なものになっている時に、フォーマルな徒弟制システムが、多くの国での労働市場の規制緩和のいけにえとなっている。

　状況認知へのいくぶんより入念なアプローチは、ユーリア・エンゲストロームの業績に見出すことができる。エンゲストロームの業績は、初期のソビエトの社会心理学者ヴィゴツキーに多くを負っている。ヴィゴツキーは、多くの学習が「発達の最近接領域」と彼が呼ぶところで起きることを示した。つまり、特定の実践をマスターした人々のすぐ側や、そうした人々との関係性においてではあるが、少なくともいかなるフォーマルな意味においても、必ずしも彼らの統制やリーダーシップの下ではない。エンゲストロームは、この研究をヴィゴツキーが「活動理論」と呼んだものを継続的に発展させることへの出発点としてとらえた。この活動理論の基本原理は、人間の労働は、特定の目的に向けられた統合システムとして、一体化した活動として、特定の目的をめざす一連の仕事として理解されなければならないということであり、人間の労働は特定の文化を具体化する道具によって媒介されているというものである。エンゲストロームは、諸要因の中でとりわけ、作業チームが、彼らの活動の目的が何であるかを正確に決定する際に直面する困難に注目し、解決策にたどり着きそれを修正し進んでいく際の「矛盾」との対話の重要性に注目した（Engeström, 2004）。

　リビングストーンとザウチュク（2004, pp 55-9）は、エンゲストロームのシステム上の矛盾という概念がマルクス主義に根を持っていること、エンゲストロームが矛盾をこれまで受け入れられてきた実践に疑問を呈するように人々を励ますものとしてとらえていることに注目する。彼らはまた、エンゲストロームの研究が、異種混交の専門的知識を提供する際に、従来とは異なる観点の重要性を強調していることに注目する。それは人々に、考えの似通った人々だけに囲まれていた場合に彼らが考えたであろうよりも広い選択の幅を考えるように仕向ける（Livingstone and Sawchuk, 2004, p 60）。しかしおそらく、私たちは、マルクス主義を継続的に借用したエンゲストロームからドラマチックな結論を導き出すべきではない。学習を促進する際に、多様性と予

期せざる緊張の利点を認識することと、将来の階級闘争においてプロレタリアの勝利を予言することはまったく別である。そして、エンゲストロームの影響は、教育理論だけでなく専門職のビジネス実践領域にも深く浸透している。今一度、リビングストーンとザウチュク（2004, p 60）を引用すれば、活動理論は、少なくとも、部分的に「飼いならされてきた」し、プロレタリアートを搾取する際に、かなり効果的に適用されてきたのである。

　にもかかわらず、活動は多くの点で、特に過度に単純化する傾向を避けるという点で、レイヴとウェンガーを超えている。それは、少なくとも相異なる利害が関わっている場では、コミュニティのメンバー間の葛藤を不可避なものとしてだけでなく、集団的学習につながるものとして認識している。状況認知の理論家の中には、利害の葛藤を認識し、周辺参加に関わる階層制と知識の相互作用を認識している人もいる。例えば、ミリアム・ズーカスとジャニス・マルコムは、ある実践共同体が、新参者を周辺に留まらせるために学習者の周辺的な地位を利用し、技術的・道具的知識だけを伝えることがあると指摘する（Zukas and Malcolm, 2000）。社会認知の理論家の中には飼いならされている人もいるだろうし、そうでない人もいる。

　いくつかの点で異なっているものの、こうして登場してきた学習の社会的モデルは、いくつかの共通した特質を共有している。特に、それらは、学習の中心的な前提要件として、相互依存性、コミュニケーション、互酬性、価値に力点を置く。状況認知の諸理論は、人々が、コミュニティのメンバーであるおかげで、新しい情報、スキル、考え方を獲得し応用するやり方に焦点を当てるように構想されている。こうした力点は、コミュニティの性質の諸々の変化が、学習にとって意味を持つかたちで潜在的に豊かにあることを意味する。さらに、知識経済や再帰的社会においては、学習そのものが、職場での業績、まさに日々の社会生活の本質的な構成要素になっている。これらの一般的な省察は、家庭生活を例にしても説明できる。それは、ソーシャルキャピタルの諸々の変化と学習が相互に関連しあっている様子を示すよい例かもしれない。

家族とソーシャルキャピタルの関係

　すでに見てきたように、家族は、ソーシャルキャピタルに関する古典的な文献で中心的な役割を果たしている。それは、学業成績について、ネットワークと価値の役割をくわしく調べている。私たちはまた、他の親密な関係性と同様に、家族の編制が、ますます流動的で開放的になっており、家庭空間と公的空間のはっきりした分割による固定した構造に依存しにくくなっていることを見てきた。子どもの数が減少し高齢成人が増加しているような人口統計上の変化も、学校卒業後の教育や賃労働に従事する女性が増加していることと同様に、家族の編制に影響を与えている。コールマンの視点から見ると、これらの新しい編制は、安定性を減じ、密接な絆を溶かし、社会的な囲いを、予測不可能性や開放性によって置き換えるので、ソーシャルキャピタルにとって悲惨である。それは、究極的には「社会的な機能が依存するソーシャルキャピタル」の崩壊に至るのである。

　これらの結論は、部分的には、コールマンのソーシャルキャピタルについての見解から、社会統制の一形態として論理的に出てくる。それはその効果をねらって囲いに依存する見えざる手である。私たちが北アイルランドのケースで見てきたように、学校の子どもたちの行為に関するかぎり、この論議にはかなりのメリットがある。しかし、モーガンは、アメリカのデータをベースにして、父母間の社会的な囲いは、幼い児童の学業成績を増進させる際にのみ有効であり、ハイスクールの生徒たちではそれほどでもない——否定的な影響を与えることさえある——ことを示している。彼は、このパターンは部分的に、母方と密接な絆を有したコミュニティが、様々な血族以外の絆を有したコミュニティほど、異種混交の情報に投資をせず、この情報がハイスクールの生徒が学習するように動機づける水平的に拡大する環境を与える際に重要であるという事実に因ると結論づける（Morgan, 2000, p 594）。

　同様な考察は、家族内での学習にも援用できる。そこでは、急速に発展する新しい技術科学と日々の生活についての反省性と結びついた変化しつつある状態が、新しい形態の社会化を導入している。そのあるものは、パートナーの不倫を発見するに至る学習のように高度に個人化されている。特に（おそらく当惑を恐れ秘密にされている結果として）不倫について言うことがタブーで

あるならば、同様に、「愛の痛み」、信頼の欠如、相互作用の期待の崩壊のような学習も、友人や親族から離れることを伴う。その結果は孤独である。それは家族という絆の枠内で起こるとますます強くなる。

　他の傾向は個人化されていない。しきたり通りに、成人から子どもへ家系図を下っていくと、現代の家族内での社会化の流れは、だんだんと多方向化している。例えば、逆の社会化が、通常健康を奪われた一人親である依存的な成人のためにケアをする人として、子どもや若者が担っているケース（Dearden and Becker, 1998）から、子どもから成人へのより共通したお決まりのITスキルの伝達（Cochinaux and de Woot, 1995）にまで及んでいる。

　水平的な社会化は、継兄弟姉妹をもつ結果として多様化している。それは影響の範囲や、若者が利用できる情報を増大させている。

　それ以上に、アイデンティティが多元的で変化してゆく社会において、家族内で固定した座標を欠いていることは、「伝統的な」家族の安定性と安全性が提供してきたよりもはるかに適切な成人期への準備を提供するかもしれない。しかしながら、流動的で親密な関係性が、若者に最初のアイデンティティ形成のための十分で強固な基盤を提供するか否かを問うたジャミソンは、おそらく正しい。彼女はまた、それらが互酬性や永続的な協力のための成人の能力にとってダメージを与えるかもしれないことを示唆している（Jamieson, 1988, p 155）。家族についてのこの議論の目的は、社会の変化の積極的・否定的な結果という収支決算書を提供することよりも、むしろ家族のソーシャルキャピタルの構成が変化することが、家族のメンバーが創り出し共有する認知資源をいかにして再調整しうるのかを説明することである。

市民参加、労働とソーシャルキャピタルの関係
　いくぶん似た指摘は、私がこれまで社会変化の全般的な過程を描いてきた他の三つの領域についても言えるだろう。例えば、市民参加のケースでは、ヨーロッパにおける社会的目的を掲げた成人教育の主要な基盤が長期低落をはじめたことがはっきりしている。市民の成人教育の基盤に活気を与えた19世紀の社会運動はすべて、楽観主義と野心に満ちた20世紀に入っていった。つまり、労働組合、社会主義政党、禁酒組織、女性の全国的利益団体な

どすべてが、成人教育の促進と支援にとってきわめて重要であった。福祉国家の創出以降、それらのすべてがメンバーを失い、それらの内的生活は驚くほど疲弊している（例えば、Seyd and Whiteley, 1992 を見よ）。それに対応して、労働者教育協会のような市民の成人教育の制度的媒体は、危機に陥るか、新しい役割を見つけるかした（実を言えば、これらは時として、自身の古いアイデンティティの要素を組み込むが、まず間違いなくこれは他のどれよりもむしろ正統的な装置である）。環境保護や現代のフェミニズム、反グローバリゼーションなどのより新しい社会運動は、非常に強力な自己教育の能力を持っているように見えるし、そうした運動のメンバーとなっているのは、概して非常に高い教育を受けた人々である。つまり、運動としては、フォーマルな教育機関に要望することはあったとしても、きわめて稀である（Field, 1991）。

　他方において、労働の変容は、教育訓練システムに多面的で直接的な影響を及ぼしている。これは一つには、直接に知識を扱う労働の形態が増えているからである。知識労働者は、自らの健康とソーシャルキャピタルを危うくしながら長時間働いている傾向が特に強いように見えるし、彼らはまた孤立を生み出す在宅勤務に関わる傾向がより強い（CEC, 2003, p 35）。しかし同時に、在宅勤務を含む知識集約型労働は、特に労働者自身の家族や隣人の外からの橋渡しをすることによって得られる情報やアイデアを提供することで、家族の学習を大いに高めることがある（CEC, 2003, p 35）。他方、彼らはしばしば同僚の労働者から新しいスキルを学ぶことを好み、常に新しく解決すべき問題を投げかけられる立場を積極的に求めている。

　知識労働者は多くの点で型にはまらないが、私たちはすでに、自律性と自己決定が、ポスト・フォーディズムの労働組織の一般的特性になっているようだということを見てきた。もちろん、これらの特性は、ソーシャルキャピタルの資源が、労働者が学ぶべき要求を含めて、上からの圧力に抵抗するように動員される機会を与えることがある。こうした展開は、必ずしもソーシャルキャピタルの明るい方の側面を常に表すわけではない。オーストラリアにおける鉱山労働者の安全に対する態度についての研究では、通常、（指導員を含む）よそ者と認知された者よりも、職場でのインフォーマルなネットワークの方がより高い信頼を受けていることがわかった。そしてしばしば、上か

らやって来ると見做されるメッセージを覆し、その結果、関係する人々の中には重傷を負う人も出てくる(Somerville and Abrahamsson, 2003, p 25)。このケースは特に、今日の資本主義的労働の二つの側面を明白にしている点で教訓的である。第一に、産業における肉体労働が依然として広い範囲で存在しているという事実によって、私たちは階級的不平等が永続していることを想起するはずである。第二に、鉱夫のような集団は、今日の労働者においては少数であり、彼らはもはや組織された労働者階級の最前線の象徴的な場を占める「原型プロレタリア」とはならない(Harrison, 1978)。それどころか、彼らはますます例外になっており、イギリスのようないくつかの経済的先進国では、彼らは実質的に消滅している。彼らとともに、鉱山コミュニティという典型的な社会圏は消滅したのである。立坑を中心にした村の社会生活全体とともに。

ドイツの社会圏分析アプローチ

鉱山業や炭鉱労働者は、労働、関係性、価値、ライフスタイルの間の結びつきが、ここ数十年間で確実に低下している一例にすぎない。この転換が及ぶのは、古い肉体労働者階級どころか労働者階級にすらとどまらない。2004年の欧州カップ期間中のイギリスのサッカー・フーリガンは、被抑圧的で不満を持ったプロレタリアだけでなくすべての社会階層からやってきた。社会経済的立場と価値・ライフスタイルが切り離され多岐化した傾向は、(遍在的でも完全でもないにもかかわらず)一般的なものであり、すべての階級、とりわけ若者に影響を与えている。

ドイツ(2000)において取り組まれた、ある示唆に富んだ一連の研究では、この変化の結果についての分析とかなりの関連性がある。一連の研究者たち(Alheit, 1994, 1996; Barz and Tippelt, 1998; Barz, 2000; Schemmann and Reinecke, 2002)は、人々の「社会圏」のより広い文脈で、成人学習への参加を分析した。社会圏とは、ある程度の広さで、ほぼよく似た客観的立場(職業、収入、家屋、その他)を共有し、中核となる価値や信念について基本的に一致する人々によって構成される社会的なグルーピングである。こうした一連の研究は、共

通したライフスタイルを共有する「隙間」集団を特定することに対する、市場調査員の関心だけでなく、明らかにかなりはっきりと、ハビトゥス、ディスタンクシオン、趣味についてのブルデューの仕事（Bourdieu, 1984）の影響をも受けている。そしてまた、ある程度、マックス・ウェーバーの社会階級の理論を参考にしている。

　社会圏アプローチはまず、社会民主党と密接な同盟関係にある教育財団であるフリードリッヒ・イバート・シュティフンクによって委託された研究で、成人学習を調査するために使われた。それは、どうすれば政治教育への要望の長期的な衰退に歯止めをかけられるかを見出そうとするものであった（Barz and Tippelt, p 528）。研究者たちは、有名な九つの大まかな社会文化圏モデルを使って、特定の余暇活動、文化的経験、学習機会への要求という観点から、そうした差異には学習活動の内容、場所、時間についての選好にみられる大きな偏差も含まれることを明らかにした。その後、この大まかなモデルは、成人学習への参加に関する多くの研究で採用されてきた。二つのモデルは本書で採用されたアプローチとは異なるが、ソーシャルキャピタル分析と社会圏分析の間には強力な並行関係が見られる。それゆえ、このドイツでの研究の簡単な要約は役に立つかもしれない。

　ドイツの研究の背後にある疑問は、異なるグループの人々にとって、どのようにハビトゥスが変化していくのか、そうした変化は職業的・経済的構造における変化と連動しているかどうかという問題と結びついていた。そこで、ハビトゥスのタイプについての予備の質的調査に加えて、人々が属している主要なハビトゥスを類型化するために、およそ44の指標への反応についての因子分析が行われた（Vester et al, 2001; Vester, 2005）。典型的なハビトゥスのタイプ——あるいは社会圏——には次の九つが含まれる（Barz, 2000）。

九つの社会圏をめぐって

1. 「上流保守圏」：（人口の約8％で固定的である）高収入と平均的よりも高い学歴によって特徴づけられる。主たる願望は、物質的成功と社会的認知であり、ライフスタイルは家族、伝統主義、質、本物志向、よき趣味が中心である。

2. 「プチ・ブルジョア圏」：（21％で下降気味）ほとんどが中間ないしやや少なめの収入で、通常、堅実な中等教育の後に職業訓練を受けている。このグループは自立を望み、そのライフスタイルは典型的に因習的で保守的で控えめである。

3. 「伝統的なブルーカラー圏」：（5％で下降気味）高齢の労働者と年金受給者の割合が高い。通常、学校を出た後で職業訓練を修了している。物質的保障と直接的な社会サークルでの承認をめざし、しっかりした長持ちする製品を好む。

4. 「根無し草のブルーカラー圏」：（12％で上昇中）しばしば失業期間を経験し、フォーマルな資格はほとんどないかまったくない。中産階級との交際を望み、ほとんどが現在を生きている。

5. 「進歩的なノーカラー労働者圏」：（6％で上昇中）相対的に若く、しばしば熟練労働者か公務労働に就いており、異なるライフスタイルに寛容で、新しい経験を厭わない。変化に強く、余暇に集中する。

6. 「社会的な立身出世圏」：（25％で上昇中）通常、中等教育レベルの資格を持ち、しばしば熟練した労働者か自営／自由契約の労働者で、中程度から高い収入を得て、出世と認知を目的としている。有名ブランド品にあこがれる。

7. 「技術系管理職リベラル圏」：（9％で固定的）十分に教育を受けて、多くの常勤公務員と暮らし向きのよい自営／自由契約労働者を含み、成功と高いレベルの生活水準をめざしている。ライフスタイルは自己表現へのあこがれと結びついており、新しいトレンドを受け入れ、生活がまじめすぎることはない。

8. 「快楽主義圏」：（12％で上昇中）通常、フォーマルな教育をほとんど受けていない。年齢は15〜30歳がメインで、収入は低位から中程度の間で、今この場での生活に集中し、日常生活の平凡な要求から逃れることをめざしている。贅沢、消費、衝動買いに魅力を感じる。

9. 「オルタナティブ圏」：（2％で減少中）高い学歴を持った多くは学生、専門職公務員、自由契約労働者で、収入の幅は広い。自己実現をめざし、物質主義を拒否し、環境意識が高く、意識的にオルタナティブであろう

とする。

　近年、このシェーマは、一部には東西ドイツ統一に対応して、また一部には文化的変化の証拠がさらに出てきたことに対応して（例えば、「オルタナティブ」が消滅し、はっきりとした「ポストモダン圏」が確認されたこと）変化を遂げてきたが、この短いスケッチは、そのモデルの価値を判断するための合理的な根拠を提供する。

　近年、このモデルを成人学習に適用しようと試みて、ハイナー・バルツとルドルフ・ティッペルトは、ライフステージや学校教育の経験といった要因の影響を探る若干の手直しを行った（Barz and Tippelt, 1998; Barz, 2000）。方法について言えば、彼らは大量の標準化された質問紙よりも 120 人対象の徹底したインタビューを使用することに決めた。にもかかわらず、バルツとティッペルトは、最初の研究をフライブルク地域の女性に民衆高等学校（地域成人教育センター）の文脈での学習に限定したが、異なる社会圏が、成人学習へのきわめて多様な態度を示していることを見出した。民衆高等学校への関心が特に高かったのは「社会的立身出世主義者」（資格、健康・フィットネス、ものづくり教室を求める）と、「進歩的ノーカラー労働者」（生涯学習一般について概して熱心で、民衆高等学校の職業科目に期待する）と、「プチ・ブルジョア」グループ（教育を自らの文化的視野を広げるものと理解する）と、「技術系管理職リベラル」グループ（広範囲の関心をもつ）であった。あからさまな敵意を表明したのは、「快楽主義」グループだけであった。彼らは教育を退屈だと思い、民衆大学（Folks Hoch Schule）を若者対象の社交的活動か文化活動とみなしている。「上流保守」圏は、成人教育をよいものと感じている。ただし、それは「根無し草のブルーカラー労働者」と同様に、他の人々（このグループに属する多くの高齢者はすでに教室に出席しているのだが）にとってよいものだということである。

　あきらかに、社会圏モデルは、本書のアプローチとは異なる。ソーシャルキャピタル概念と比べて、社会圏概念は、広くもあり狭くもある。「社会圏」という概念は、ソーシャルキャピタルよりも範囲がはるかに広い。なぜなら、それは人々の客観的な社会経済的立場と、人々が抱いている中心的な価値や

信念を含むからだ。同時に、社会圏という考え方は、ソーシャルキャピタル概念のために維持されている理論的立場を主張するよりも、むしろ主として記述的なものである。バルツとその仲間によって開発された社会圏という考え方は、社会経済的階級状況と関連した相異なる集団の社会文化的態度をカテゴリーに分けるための図式の根拠を提供する。このことは、この考え方が学習に対する態度を研究するためにどのように使われるのかについて重要な示唆を与えてくれる。学習に対する態度は、より広い信念と価値の部分集合として見ることができるので、この分析は、いくぶん循環的である。もしもある集団の際立った特質が、その生活スタイルを形成する一連の規範であるならば、これらの規範が学習に対する態度にも反映するというのはほとんど不思議ではない。対照的に、ソーシャルキャピタルについての理論は、特定範囲の社会的なつながりが存在していることとこれらのつながりの質が、情報、スキル、その他の知的財産へのアクセスに影響を与える――それゆえ説明の一助となる――一連の資源として役立つことを示唆している。

　これまで社会圏アプローチは、英語圏では、その価値に相応の注目を浴びることはなかった。これは部分的には、最近まで英語ではほとんど知ることができなかったことによる（しかし Barz and Tippelt, 1998; Vester, 2005 を見よ）。しかしながら、訓練と生涯学習への需要と態度のたいへん興味深いオーストラリアの研究は、ドイツの社会圏研究者の研究と部分的に比肩しうる方法論を採用している（Research Forum, 2000）。この研究は、オーストラリア全国訓練局（ANTA）に委託され、同様に、人々の学習への態度と、将来の学習のために人々がもっている計画を調査するために、因子分析とクラスター分析を使っている。そして、研究者たちは、鍵となる態度の表示と行為の意図について異なる組み合わせに基づく八つの大まかなクラスターの存在を立証し、各クラスター内にあてはまる個人の社会経済的地位を調査した。しかしながら、その類型は、ある特定の圏内に人々を位置づけるという真摯な試みというよりも、見出しのイメージに多く依存したものであった。そしてそれは、学習に価値を置き、将来きわめて学習する可能性の高い「熱心な学習者」（21％）を含んでいた。このグループは、中程度の収入を得ており、女性で45歳以下の人の割合が特に高く、都市部の専門職／管理職で、すでに十分

な程度の教育を受けていた。このグループの学習の嗜好には、IT、文化、健康維持、経営が含まれていた。確認された他のグループには、「ほぼそこにいる」「儲けるために学ぶ」学習に単に関心がなく「忘れる」（8%）、学習は過去にほとんど利益がなかったし、今置かれた状態で概ね幸せだと感じているグループが含まれる。最後の区分は、男性で25歳から64歳までの人の割合が特に高い、都市住民ではなく、学士号をもたず肉体労働をしている。このグループの人は、ITスキルを獲得し形成することにいくらか関心を持っている（Research Forum, 2000, pp 12-28）。

オーストラリアでの研究アプローチ

オーストラリア国立訓練局の研究は、ベスターによって先鞭をつけられた研究の流れをいくらか共有しており、独自なものを若干付け加えている。これは、そこで使われた様々なカテゴリー———明らかに市場調査のものであるが———が、それが報告するパターンを説明するのに何一つ粉飾をこらしておらず、より一層記述的である。しかしドイツのミリュー研究のように、オーストラリア国立訓練局の調査結果は、明らかに、諸々の態度が大まかなパターン（あるいはクラスター）に分類され、ゆるやかに人々の社会経済的地位と連関していることを示している。オーストラリア国立訓練局の研究は、ドイツの研究の理論的精巧さを欠いており、より広い社会経済的文脈からはっきりと離れる方向をとっている。さらに、それはベスターと彼の協力者が示した、時間経過における変化の感覚を見落としている。ドイツの研究がもっとも有望なアプローチを提供していると見るのがよいであろう。とりわけそのアプローチでは、私たちは、一方で、人々のつながりと価値の関連性について、他方で、人々の学習への関わりについて探究しているのである。

これまでいくつかの留保をざっと説明してきたが、私は、このアプローチにはかなりのメリットがあると思う。このアプローチは、階級による区分は持続しているが、異なる階級がライフスタイルや、人々が自らを近代化の勝利者または敗北者とみなす度合いによってさらに細かく分割されており、ライフスタイルのパターンには、階級の境界を越境しがちなものもあることを認める（し示しもする）。それゆえ、確立された階級文化は、特にその階級の

メンバーが、社会経済的変化の日々の影響に効果的に対処できるようにする点で今なお効果的なので——ある程度まで——安定しているかもしれない。しかしながら、それらの魅力は消滅しつつあり、ベスターのチーム（Vester et al, 2001）は、階級に基礎を置いた文化の効力は、エリートであれ従属集団であれ、衰退している可能性が高いと考えている。最上層にみられる結果は、自らの地位を維持するために排他的なクラブの会員であることをもはやあてにできない、かつては特権的であった下位集団が行き詰まり、階層的地位を低下させるというものであるが、例えば、苦難を乗り切るために、労働組合や隣近所の連帯をあてにする人々が、排除され孤立しているという結果がある。ベスターとその仲間は、階級に基礎を置いた文化は、多くの若者を含む主要部分を占める人々にとって、明らかに意味を持たなくなったことを明らかにした。

社会的不平等が目立って持続しているにもかかわらず、階級に基礎を置いた社会圏と固定化した古典的な心性の結びつきは緩んできている。同様に、社会的ネットワークが多元化したために、人々がアクセスできる情報とアイデアの配線が急速に増加してきた。そして、それにより利用できるだけでなく実際に必要とされる選択の幅がさらに広がっている。それゆえ、これらの諸決定の結果により、学習が行われる社会的文脈でさらなる再調整が創り出される。その結果として、必然的に、社会的学習がどのように行われるかは、かなり複雑になるのである。

複雑性と社会変化

ボアハムは、彼の集団的能力という概念を発展させる際に、活動システム内での言説の役割を的確に強調した（Boreham, 2004, p 10）。私たちはさらに先へと進む。自分と他者を想像の共同体として構成するために人々は会話を用いる。（直接には知らなかったり、きまって出会ったりしない人々を包み込む）想像の共同体として、自分や他者を組み入れるために、人々は会話を用いる。例えば、オーストラリアの鉱山労働者たちの間では、冗談によって危険な行動を普通のことのようにしてしまう文化を維持するために物語を話すことが

用いられる。防具を使用したりすると制裁を受けて、「女の子」(tart) としてあざけられるのである (Somerville and Abrahamsson, 2003, pp 25-6)。こうしたことは、人々が自ら生き残るためにお互いの集団的コンピテンスに依存していることを知っている危険な仕事で起きている。鉱山労働者たちは、ユーモアや男らしさや支配の行使を織りまぜて、ストレスや恐怖を受け流す。そうしたすべてが、話すことを引き起こし、話すことの中に埋め込まれている。

同様に、スティーブン・ボールは、自分の子どもの立場上の優位性を高めようとする中産階級の親の事例で、話すことの役割を強調した (Ball, 2003)。中産階級の親は、子どもに重要な立場上の優位性を与えてくれる学校の場にアイデンティティをもち従う際に、共同体の情報にアクセスすることによって、特にインフォーマルに取りかわされる「うわさ情報」を通して、個人主義的な目標を遂行する。

> 中産階級すなわちおしゃべり階級は、こうした話すことの様々な形態に熟達している。彼らは、ものごとを処理し、集団的アイデンティティを確立し維持するために、様々な家庭的・社会的文脈で話すことを用いる。この種の話し、特に質問のスキルと他の社会的コンピタンシーは、彼らの文化資本の一部である。彼らは話すことによって自らを提示し、他者を評価することに慣れている (Ball, 2003, p 64)。

> 中産階級の人々が、地元の学校のうわさや日課や学力についての「ホットな知識」にアクセスし判断するのは、彼らのネットワークを通してである。そうした知識によって、人々は、学校案内やカレッジ案内のような、よりフォーマルな領域に現れる「クールな知識」を視野におさめることができるのである (Ball, 2003, p 100)。

中産階級の親は、高度に個人化された形態の集団的コンピテンスを展開している (Boreham, 2004)。しかし、鉱山労働者たちの集団的コンピテンスは、相互依存と、集団的な問題解決によって形成され共有する言葉によってはっきりさせられた共通の価値との相互作用からも生じる。どちらのケースにお

いても興味深いのは、いかに階級アイデンティティが明らかに存続し、常に言説を通して作用を受け、形成されているのかということである。

ネットワークと学習の相互作用は、単にスキルやテクノロジーが共有されたり、情報が回る過程の一部ではない。それはまた、感情について複雑で一見矛盾した様式で語ることによって、世界を理解する過程の能動的な一部でもある。サマービルとアブラハムソン（2003）やボール（2003）の研究は、言説が、人々がネットワークでの相互作用を通して、知識を交換・創造できるようにする際に、鍵となる具体的実践であることを示している。しかし、話すことは、それが生起する関係性が、共有された価値によって支えられ、長い目で見て、広範な互酬性の期待によって支えられている尊重されるものである場合にもっとも問題となる。これらの特質は、典型的な気まぐれな新しい中産階級、すなわちボールが研究した郊外の中産階級の母親たちだけでなく、鉱山労働者のステレオタイプ化された伝統的なプロレタリア的環境にも見出されうる。

これらの例は、私たちの社会編制の新しく変化しつつある諸特質が集団的資源として役立ち続けることを示すのを説明する目的で使われている。しかし、その説明は、自分もより広い変化の過程に属し、しかもその一部であるという様式においてである。それらは極端に複雑であることがわかったが、広範な変化の圧力によって、コールマンが分析した結束型ソーシャルキャピタルの閉じた環よりも、緩やかで開かれたソーシャルキャピタルを創造できたとしても、ほとんど驚くにあたらない。さらに、パットナムのソーシャルキャピタルのモデルが、コールマンのそれよりも精度が低いものであることは確かであるが、それはいくぶん非歴史的で、1950年代と1960年代初頭の失われた世界を求めるノスタルジアの色調をもはっきり示している。

私たちは、実際にはアメリカ人が「孤独なボウリング」をしていないことを忘れるべきではない。人々は、クラブに参加することや、地域リーグの一部として定期的に組織されたチームでボウリングをすることをやめているかもしれない。しかし、一人でプレイするためにレーンを予約するのではなく、彼らは、コーエン兄弟のすばらしい映画「ビッグ・レボウスキ」の登場人物のように振舞うのである。それは、大勢の友達に会うように準備され、その

夜をボウリング、ワインかビール、ピザを含むものにしている。何はさておき、そこで得られるのは、あなたが好きな人々、あなたが楽しんでいる会社の人々と遊んでいることである。それは、パットナムが今日の関係性における明白で単純な要素である情動の重要性を概して無視していることを想起させる。このことは、知識経済と再帰的社会での協働を可能にするうえでの社会的絆の役割についての私たちの理解にとって大きな影響を及ぼしている。

再帰的近代におけるソーシャルキャピタル

再帰的近代におけるソーシャルキャピタルは、それ自体、もともと複雑性によって特徴づけられた一連の場において生起する力強い学習の形態である。このことは、どのようにして、私たちは新しい社会的迷路を自力で進んでいくのかという重要な問題を提起する。この迷路は常に、私たち自身の決定と数え切れないほどの多くの他者の決定の結果として、私たちの周辺で常に変化している。例えば、バーバラ・ミシュタルは、個人や組織による選択や意思決定の幅を大きくすることで、階層構造をもつ社会組織の形態に挑戦しようという意思を拡大するとともに、習慣的な服従を緩めることが、「非階層的で自発的な自己対等関係の協定形態の実践的な重要性」を高めていると指摘してきた（Misztal, 2000, p 124）。さらに、複雑で相互依存的な社会では、場当たり主義のコストと、一般化された警告（あるいは予防）は、関わりや信頼のような資源へのアクセスにプレミアムを設けるほどに大きい。そうした関わりや信頼は、組織と階層構造の境界内部やそれらを横断して現れる「ネットワークのような関係性」に位置づくと彼女は考えている（Misztal, 2000, pp 125-6）。

今日の社会では、人々は親戚、隣人、職場の同僚や友人の固定的な環に属しているわけではない。オレゴンのポートランド地域における成人についての長期的な分析で、クレア・ストローンは、「人々は通常、多様な社会的ネットワークと言説コミュニティの一部である」と述べている。そして、異なるグループが、自らの特定の状況に関わるために異なる戦略を採るのだと（Strawn, 2002）。このことは必然的に、そこに関わる人々にとって複雑な結果となる。ストローンは、一種の言説分析を採用することによって、この複雑

性によって引き起こされた概念上の挑戦を分析しようとした。それは特定のグループを「支配的な言説コミュニティ」の人々と、「従属的な言説コミュニティ」の人々とに分ける分析というものであった。ここから、彼女は、周辺化されたコミュニティは、情報のような感情的・道具的資源を共有することによって障壁に取り組むために、自らのソーシャルキャピタルを動員するのであろうと推論する。しかし、社会的ネットワークは、家族、近隣、職場、自律性を制限する虐待関係や「努力の否定的評価」といった新しい障壁を設けるかもしれない（Strawn, 2002）。そうした複雑なパターンは、社会的ネットワークが、学習を促進し、学習とその結果を統制・制限しうることを意味している。ポルテスが言うように、社会統制という形態のソーシャルキャピタルは、「ネットワークに媒介された利益」という形態のソーシャルキャピタルと衝突するかもしれない。なぜなら、後者はまさに、「既存の規範を飛び越える能力」から構成されているからである（Portes, 1998, p 13）。

　生涯学習とソーシャルキャピタルをめぐる学術的な議論は、少なくとも、問いの答えが出されるのと同じ早さで新しい問いを生み出している。ソーシャルキャピタルと生涯学習がお互いに絡み合っていることは、かなり確かなことのようだ。しかし、そのつながりのまさしく本質は、多数の異なる要因に依存している。特に、私たちが、異なる時に異なる要素の継続と変化が複雑に相互作用しながら、急速に動いている反省的で高度にダイナミックな世界に生きていることを、認識する必要がある。研究者たちもまた、「永続性」の深い継続性を忘れてはならない。

　社会階級に沿った社会経済的な不平等は、永続性の一つの要素である。資本主義は消滅しなかったし、社会階級という馴染みのある系列に即して見られる権力と福祉の深い不平等も消えてはいない。私は、階級を、マルクス主義の視点よりもむしろウェーバー流の視点から見るスティーヴン・ボールに賛同する。それは、生産と労働の搾取とともに分配と交換が役割を果たしているという問題のとらえ方である（Ball, 1993）。階級と他の不平等を形成するこうした進行中の過程の内部では、ソーシャルキャピタルと生涯学習は、原因、結果あるいは過程のいずれかにもなりうる。さらに言えば、一方の極で、両者がお互いを強化することも十分にありうる。すなわち、ほとんど価値を

もたない形態のソーシャルキャピタルしかもたない人々は、新しいスキルや知識についてほとんど信頼できる情報をもてないし、新しい学習機会の本質と意義について誤った情報を積極的に受け取っているかもしれない。これは換言すれば、低い期待のパターンを強化し、その結果、学習とつながりの両者はともに、「ありうる状態」に向けて動くことを目的とする積極戦略よりもむしろ「今ある状態」を扱うことを目的とした対処戦略にされてしまうのである。しかし、これは、不公平と複雑性によって特徴づけられるつながりについて、単純で明確なモデルを採用することにある。

知識経済社会におけるソーシャルキャピタル

　ダイナミズムとイノベーションもまた、資本主義の永続性の鍵となる部分である。1980年代以降の知識経済の議論は、（1960年代の技術社会の議論と同様に）資本主義が元来ダイナミックな経済システムであることを忘れるか無視する傾向がある。産業革命のもっとも初期の段階から、知識とスキルは、安価な新聞印刷や購入しやすく持ち運びやすい挿絵入りの教科書といった新しいマスメディア、マニュアル、辞書、百科事典によるだけでなく、個人的接触によっても広まっていった。直接的な接触は、近代化された交通システムの存在によるだけでなく、今日では、クラスター化と呼ばれたりするものによっても可能になった。しかし、それは、（新しい過程や技術の発見と発明を含む）生産が、家庭から歩いていける距離や車の一乗りの範囲で行われるようなクラスター化であった。同じ町や市に住んだ人々は、競争相手を訪れるために時間をとり、販売網の他の人々と酒を飲み、顧客と食事をした。ジェニー・ウグロウは、バーミンガムのルナー・ソサエティの世界を鮮やかに描写している。それは、家にたどり着くのに都合がよいということで、毎月満月の夜に集う科学者、実業家、技術者、デザイナーからなる18世紀のグループであった（Uglow, 2003）。しかし、これはいささか驚くべき一例であるかもしれないが、はるかに一般的な傾向の唯一の例であった（Szreter, 2000）。19世紀後半までに、そうした親密性は、だんだんわかりにくくなった。通勤や専門化や、経済運営からの所有権の分離によって、ルナー・ソサエティを可能にした条件が侵食され始めて、常連の人と人のつながりでは、知識や

スキルや情報を共有する基盤として役立つことができなくなった。

　要するに、今日の社会変化は、ダイナミックで非正統の学習ともっとも直接に結びついたタイプのソーシャルキャピタルをきちんと産み出していると言えそうだ。フィリップ・クックは、1970年代以降アイルランド共和国によって示された高い経済成長率が、スキルの創出とイノベーションの過程によって促進されたと考えられそうだと論じている。しかし、これらは、相対的に低い信頼、高いレベルの個人主義、最近まで教会によって支配されてきた交際生活を特徴とするカトリックの国における結束型ソーシャルキャピタルにはほとんど負っていない。クックはまた、クラスター化と社会的パートナーシップを促進するように構想された政府の政策の影響を考慮に入れていない。なぜなら、自国の市場が限られた小国では、高いレベルのビジネス・ネットワークを誘発するのに十分なスケール効果がないからである。それどころか、アイルランド共和国のスキルとイノベーション・システムは、外国からの直接投資とEUのような他の外部からの影響力の産物であるとクックは示唆している（Cooke, 2002, pp 89-91）。おそらく、これは言いすぎであろう。というのは、アイルランド共和国は、高いレベルの対人関係的なつながりをもった小国のままからである。他の多くの小国や島国と同様に、アイルランド共和国の人々は、多様な能力をもったお互いを知りあいつきあっている。100年にも満たない過去に植民地であった国では、歴史的に、侵略者の領域として考えられている諸機関に対して高いレベルの信頼を示す可能性は低い。そして、クックが見逃していることであるが、アイルランド共和国は、ヨーロッパの水準でいえば、若年人口が多く、新鮮な労働力の供給が準備され、新しい知識を受け入れる気風がある。それゆえ、アイルランド共和国のソーシャルキャピタルを考慮に入れないよりも、私たちは、それがイノベーションと急速な学習（と学び直し）を促進する類のネットワークをしっかりと持つ可能性について考えたい。

　もしも社会参加の規範が変化し、ますます柔軟になり寛容になるか、インフォーマルな性質を促進するようになっているというのがそのとおりならば、フォーマルなエチケット・ガイドは価値を失い始める。それは、封建制の堅固さが、産業資本主義の流動性に置き換わるにつれて、ますます人気を

博するようになった類のものなのだが。また、人々が、特定の社会経済的階級と結びついた、より広い社会環境と心性との絆が緩くなっているかぎり、(Alheit, 1994; Barz, 2000)、ブルデューによれば、既存の社会構造の存続を決定づける古典的な「文化資本」に依存するのはもはや十分ではない（Bourdieu, 1986)。バーバラ・ミシュタルが言うように、人々が、より流動的で開放的な社会秩序を「読み解く」ために必要とされるスキルや知識を得るには、より反省的・能動的になる必要がある。「安全な通路を確保し、自分がルールを知っていることを証明するために、人間は、日々の生活で他者が見せるシンボルやサインを読み解釈するための洗練されたスキルをいっそう発達させる必要がある」（Misztal, 1996, p 116）。

　そのような「社会的リテラシー」の性質と要件は、次章で論じる多くの問題の一つである。次章では、これまで論じてきた大まかなパターンや傾向のいくつかに関する実践的な示唆について考察する。

第5章

お次は何？

　ソーシャルキャピタルは「独自の政治経済をもたらすことで、第三の道と考えられてきたものに大きく寄与」しうる。サイモン・シュレッターは、ニュー・レーバーと関係の深いあるフォーラムでそう提言している（Szreter, 1999, p 30）。シュレッターは、ソーシャルキャピタルが「諸刃の剣」であり、包摂と解放だけでなく排除と支配をも招きうるネットワークであることを認めつつも、現代の競争的な世界市場において、多様な紐帯——とりわけ弱い紐帯——がもたらす利益は際立っている、と同論文で主張している。したがって政府の課題とは、完全な自由市場もしくは強大な国家という両極端を回避する手段としても、ソーシャルキャピタルと市民参加を一層もたらすような施策に予算を投入することであるという（Szreter, 1999）。シュレッターの論文を収めた雑誌の表紙には、「ソーシャルキャピタルは経済へのオルタナティブな理論的実践的手引きとして、ケインズ革命にも劣らぬほどに重視されるようになるだろう」というやや誇張気味の主張が掲載されている。

　シュレッターの主張は実に力強いものだが、本章では、同氏の主張を懐疑と共感を織り交ぜて扱うことにしよう。短期間ではあるが、ニュー・レーバー[1]の政策顧問を務めた筆者自身の経験から言えば、誰か他人の政策案をたたく方が、自分で立案するよりもずっと容易なことである。筆者がサイモン・シュレッターよりも若干慎重なアプローチを採用しているとすれば、それは筆者が、政府はソーシャルキャピタル、もしくは生涯学習に関して何ら施策を講じるべきではないと信じているからではない。全く逆である。何もしないこと自体、何かしらの策を講じていることになるのであり、計画ではなく怠慢に依拠しているということになる。本書では繰り返し、ソーシャルキャピタ

ルが学習に影響し、学習がソーシャルキャピタルに影響することを示してきた。こうした影響関係は常に明快であるわけではないし、また概して社会経済的立場など他の因子ほど強力なものではおそらくないだろう。それでも、人々のネットワークはアイデアや情報を交換する能力に影響を与えるし、情緒的な能力を育む土台となる（Heenan, 2002; Cloonan, 2004 も参照）。逆に言えば、孤独や無知であることも、社会的サポート体制が恵まれていなかったり、新たな知識やスキルを獲得し築いていくための機会が乏しかったり、あっても信頼できる機会に恵まれない人々の生活に影響を及ぼすのである。これらの点は重要であり、政策によって状況は異なってくる——それは、様々なサービス（教育を含めて）を提供し、資源を配分する人々の専門的実践と同様である。少なくとも、本書にて要約し議論してきた調査結果は、何をすべきではないかについて何らかの示唆を与えているはずである！

　しかし、ソーシャルキャピタルも生涯学習もともに扱いにくい相手である。政策立案者は、曖昧で複雑で多元的な、多数の問題がきつく絡み合った状態に直面することになる。どんな介入も——それが善意によるものであれ——意図せざる結果がもたらされることになる。さらに、ソーシャルキャピタルが学習に影響をもたらすようだとはいえ、社会階級や、直接的な教育投資ほどの重要度はないだろう——重要度はもっと低いだろう——から、影響力を過大評価して主張を行うことは慎むべきだろう。では、慎重であり注意を要することは認めつつも、私たちはどのように取り組んでいくべきであろうか。言い換えれば、何がなされるべきだろうか。そしてとりわけ、本書冒頭の数章で報告されている北アイルランドの調査結果は、錯綜していてかなり微妙な部分もあるが、明快な政策的教訓は見出せるだろうか。こうした問いに答えていこうと思うが、その前に、筆者がなぜ懐疑的であるのか、その理由を提示すべく紙幅を割いておこう。

よちよち歩き？

二つの概念の浸透度

　生涯学習やソーシャルキャピタルの政策は、ことばが示唆するほど新しく

はない。しかしこれまで見てきたように、言説自体は比較的新しいかもしれず、いずれの用語も1990年代の政策的関心において最重要課題に浮上してきた。ソーシャルキャピタルという言葉は、1990年代半ばにパットナムが『孤独なボウリング』(Putnam, 1995) と題する論稿を出版して以降、さらに広く関心を呼ぶようになった。生涯学習の用語もまた、1990年代に入って、特にヨーロッパ生涯学習年 (CEC, 1994) を宣言する発議以降、広く用いられるようになった。しかし用語は新しかったとしても、これまでの多くの実践や政策が確実に議論に関係してくる。熱心な論者たちが主張するほど、この新しい二つの概念が政策や実践のレベルにおいて革命的であるということになるかどうかは、必然的に問われてくるだろう。

現段階においては無論、これらの新しい概念がどのような影響をもたらすかを述べることは時期尚早である。生涯学習は、1990年代半ばの教育政策論争の主題となり、OECDや欧州委員会など国際機関の教育近代化論者のあいだで依然として主目標であり続けると同時に、多くの先進資本主義諸国においても影響力ある政策となっている。多くの場合、生涯学習政策は主に経済的競争力の向上と社会統合という目標に向けて打ち出されているように見受けられる。いずれも、ソーシャルキャピタルに関する議論でも主要な政策的関心事となっているものである。

ソーシャルキャピタルの浸透の方は、さほどでもなかった。多くの緑書（国会などで論議の材料とするための政府試案を述べた文書：訳注）や政策文書の類が生涯学習を枕に掲げて出版されてきているのに対して、ソーシャルキャピタルはこれまでのところ、セミナーや報告書など、さほど公的ではない世界にとどまっている。にもかかわらずこの概念は、英国のニュー・レーバーの主流派をはじめ、一部の政策関係者の間でひろく議論されてきている。パットナム自身、ブッシュ政権に至る歴代政権と精力的に議論を行っている。またこれまでのところ欧州委員会は、ソーシャルキャピタルに関する政策の模索に比較的および腰だが、パットナムは、アイルランドのバーティ・アハーン首相率いるフィアナ・フォイル（共和）党政権をはじめ、多くの欧州諸国政府のためにセミナーを開催もしている (Field, 2003a, pp 116-17)。

議論がもっとも活発に行われているのは、国際組織においてである。特に

OECDは、この二つの概念の普及に積極的に取り組んでいる。また特に、アイルランドの教育科学省出身の臨時職員がその大半を著したヒューマンキャピタルとソーシャルキャピタルに関する著名な報告書において見られるように、OECDは加盟国政府に対し、両概念の関連づけを考慮するよう奨励している（OECD, 2001a）。また欧州委員会によって出版された有識者による報告書では、次のように論じられている。

> ……ソーシャルキャピタルとヒューマンキャピタルは**相互に補強しあうものであり**、**経済的意義**（総計的にも、会社や個人のレベルでも）のみならず、社会的包摂、健康、ガバナンスといった領域において、**社会的**にも有益な効果をもたらすものである。ソーシャル・ヒューマンキャピタルを構築していくことは、**リスボン条約に掲げられた目標**（すなわち、持続的成長、雇用の拡大と改善、社会統合の促進）の**達成に向けた道のりにおいて鍵となる要素である**（CEC, 2003, p 50; 強調は原文）。

世界銀行においても関心が見られており、なかでもマイケル・ウルコックは第三世界の経済発展に向け、社会に埋め込まれた（socially embedded）アプローチを主張している。このことは、被援助国に対する同銀行の直接的な影響力からして極めて重要である（Dasgupta, 2000）。しかし、多くの第三世界の政府や慈善団体は、同銀行によるソーシャルキャピタルの概念には異議を唱えている。新たなものを強いるよりもむしろ、貧困にあえぐ人々のための既存の諸制度を支援していくことで潜在的な力を上げていく「ボトム・アップ」的アプローチをとるべきだと主張しているのである（Fox, 1997）。

したがって政策論議はいずれの領域においても展開されているが、これまでのところ、ソーシャルキャピタルと生涯学習が相互にもたらす意味について認識しているのは、OECDと世界銀行にとどまっている。それ以外では、議論はまるで二つの列車が別々の線路上を走るように、交差することなく進められている。ここで欧州委員会における政策展開の例は、教訓となるだろう。少なくとも20年間にわたり、EUでは、競争力向上という課題と社会統合の維持との間で均衡を保つことが、政策課題として共有されてきた。ド

ロール氏はこれに加えて欧州委員会委員長として、ヨーロッパのシティズンシップを強化することを挙げており、これは後任の委員長によっても（断続的ではあるが）受け継がれている。よってEUの政策論議が、主体的市民参加（active citizenship）、社会的包摂、生涯学習といった関連問題に少なくとも触れてはいることは、驚くにあたらないのである。

省庁間の調整

しかしこうした展開はたいてい別々の部門において見られ、一貫したやり方で集約されることは稀であった。そこで2000年に、教育訓練を担当する部局は「**生涯学習**とは、もはや教育訓練の単なる一側面ではない。学習という文脈の全域にわたり、サービス提供と参加のための**指導原理となるべきである**」と提唱した（CEC, 2000, p 3; 強調は原文）。

同部局はさらに、「学習という文脈の全域」に含まれるのは、市民参加など、従来は教育訓練とは関係をもっていなくても、人々に新しいスキルや知識を獲得する機会を提供してきた多くの生活領域であると論じた。続いて2001年3月に開催された閣僚理事会の要請にもとづき、教育訓練に関する作業プログラムの一環として、欧州委員会は「開かれた学習環境、主体的市民参加、機会均等、社会統合」に関する勧告を行う作業部会を発足させた（European Council of Ministers, 2002）。

こうした動きとはまったく別に、社会問題を扱う欧州委員会の総局も主体的市民参加を提唱し、非政府組織や市民活動団体と対話を行っている。ソーシャルキャピタルの概念自体は、実にEU全域の経済的競争力を規定する要因を検証するためにも採用されており、これは地域問題を担当する総局で行われている（Mouqué, 1999, pp 63-72）。また欧州委員会で研究・技術開発を担当する別の局では、イノベーション・システムやネットワーク、諸機関、セクターごとの機関や地域の機関、小企業や大企業、ヒューマンキャピタルやソーシャルキャピタルなどを含む、イノベーションや経済発展に向けた潜在力を左右する地域や組織のあり方を構想するため、研究チームに融資を行っている（European Commission Directorate-General for Research, 2002, p 5）。

よって欧州委員会は、異なる省庁にまたがりつつ、生涯学習とソーシャル

キャピタルのいずれに関しても広く政策を打ち出しており、同委員会の中心的な目標である競争力向上と統合を推進しようと模索している。

したがって一見したところでは、生涯学習もソーシャルキャピタルもどちらかと言えば有望な地位を得ている。政策立案者は、生涯学習の推進に相当の関心を示してきているし、ソーシャルキャピタルの確立にも同様の関心をもち始めている。いずれの場合においても、この二つの概念が取り上げられているのは――妥当にも、とも言えるだろうが――政策立案者がこの二つを社会的包摂や経済成長といったより基本的な目標と緊密に関係していると見ているからである。しかし当然ながら、包括的な政策目標を政府が掲げることと、それを効果的に遂行することは全く別のことである。

それは、ガバナンスのプロセス自体が流動的だからである。国民国家が内在的な圧力から、つまり、1945年以降の時期に見られた福祉国家的な解決を好まない有権者によってのみならず、強力な外在的圧力（誤解を招きつつも慣習的には「グローバリゼーション」とたいてい説明される）からも挑戦を受けつつあるなか、ガバナンスの大まかな重心は直接的な管理や配分から、公的マネジメントに向けたより複雑な戦略へと移行しつつある。さらに言えば、ソーシャルキャピタルも生涯学習も、政府というよりは市民やその他の非政府機関関係者（もちろん政府に勤務する人々も含めて）によって実現されるものであり、またこれらの人々に属するものである。ある英国の学者は船の比喩を用いながら、ニュー・パブリック・マネジメントとはオールを漕ぐよりも舵取りに携わることであると説明している（Rhodes, 1996）。鍵となる特徴に含まれるのは、公的サービスの提供における契約関係、公的サービスにおける日常業務管理の委譲、指標・基準（benchmark）・達成目標の活用、主要関係者間のパートナーシップと対話の創出である。端的に言って、ソーシャルキャピタルや学習能力に着目してきた同じプロセスが、後期近代社会においてはガバナンスという新たな複雑系の中心に位置しているのである。

また政府にとって、複雑で相互依存的な課題に取り組む政策を打ち出すことは必ずしも容易ではない。ソーシャルキャピタルと生涯学習の本質とはまさしく、政府の異なる部門の責任にまたがる事項だということである。国立成人継続教育研究所（National Institute for Adult Continuing Education）の所長が指

摘したように、「成人の学習機会はいつも——家族学習、学習と健康、刑務所教育が証明している通り——政策的責任が重なり合う地点にある」のである（Tuckett, 2001, p 10）。

しかし政府の諸部門がもつ調整能力は、欧州委員会などが行っているような比較的小規模で新しい市民サービスにおいてさえも、きわめて限られている。したがって省庁間の調整が、異なる部門や省庁にまたがる政策目標の創出を抑制してきたもう一つの要素であることは明らかである。

評価測定の難題

さらに、ソーシャルキャピタルと生涯学習をどう測定するかは、政策立案者にとって相当な難題となる。これは、本書第2章で示したように、暗黙知や埋め込まれたスキル（embedded skills）のインフォーマルな交換をも含むような生涯学習の場合には特に顕著である。ソーシャルキャピタルについてもほぼ同様のことが言えるだろう。ソーシャルキャピタルは情緒的関係（好きか嫌いか、互いを信頼できるか）や互酬性の規範に大きく依存しているが、同時に人々の情緒的能力を涵養し、個々人と集団の効力を形成するものである。第2章で整理した声は、有機的に時間をかけて、且つ複雑に形成されてきたネットワークをもつ人々のものである。こうしたネットワークを通じて入手した知識資産（knowledge assets）は、そうした人々とそのコミュニティに固有なやり方で集積されたものなのである。

サンジャヤ・ロールは、完全競争のパラダイムに基づく伝統的な新古典派経済学理論は「広範にわたって拡散している外的要因や曖昧な学習現象を扱うことを回避している」と指摘している（Lall, 2000, p 14）。ロールはソーシャルキャピタルについて論じているのだが、その論評は生涯学習にも等しくあてはまるだろう。この二つの概念に関する政策論議の多くが、結果的に、評価測定やパートナーシップ・マネジメントといった問題に集中してきたことは重要である（OECD, 2001a, 2001b; PIU, 2002）。しかしまさにこういった問題が強調されることによって、ネガティブな意図せざる結果を招くこともある。

達成目標やパートナーシップ・マネジメントによる舵取りが意味するところとは、第一線のサービス従事者が、ハイ・リスクの環境と、業績監視や

アカウンタビリティというシステムとをそろって経験するということである。これは公共サービスの専門家に対する信頼が乏しいことを反映、体現している。そしてまたこうしたことが、「ストリート・レベルの官僚」に対して、新しいやり方で仕事をするよう非現実的な要求を財政などの裏づけのないままに課しているだけでなく（Wright, 2001）、公的セクターに従事する人々の間での信頼レベルをさらに侵食しているようである（Avis, 2004）。それがさらに、ストリート・レベルの官僚たちと、管理されたパートナーシップの下で彼らとともに働く人々との間の相互不信をも生じさせるのである（Nixon et al, 2001, p 340）。

　このように評価測定は政策立案者に相当の難題を突きつけてきたので、ある程度の工夫はされてきている（OECD, 2001a 参照）。熟慮を重ねた解決策の一つに、曖昧な政策概念の複雑性を認めた「ソフトな指標」を採用するというものがある。しかし、ひとたびソフトな指標が政策立案者によって定義づけられると、たちまちハードな指標となるのが現実である。もう一つ別の解決策としては、多元的な指標を創るというやり方があるが、多岐にわたる達成目標を用いることは、業績の監視や改善を託された人々にほとんど克服しがたい課題を課すことになる。政府はそうした指標によって、重層的に広く配置された関係者や仲介者によって定義される文脈の中で、「舵取り」的な態度や影響力ある信念に巻き込まれていくので、業績達成目標による管理は、意図せざる結果や、目標の歪曲や、詐欺すら起きるリスクが非常に高くなることを意味する（Field, 2000, pp 24-30）。

二つの概念への懐疑

　そのうえ、政府による多くの事業が生涯学習やソーシャルキャピタルの言語で彩られることがあるが、実際には、政策立案者やサービス提供者が単に既存の事業の冠を変えたに過ぎないようなことが往々にしてある。こうしたことは成人教育の領域で顕著に見られ、多くの事業組織はそれまでのコースを単に生涯学習というラベルに張り替えて提供するだけで、コース内容自体はそのままであったという事例もある。同様に政府も、一般的な成人教育から、職業訓練とスキルアップへという関心の移行に過ぎないことを表すのに

生涯学習という用語を用いてきた (Rubenson, 2001)。必然的に、こうしたことは現場で働く人々の間に冷ややかな態度をもたらし、気まぐれからくる新しいことばの裏側には、王様の新しい衣の内側と同じく「目新しいものは何もない」といった反応を招きかねない。英国やアイルランドのコミュニティ開発従事者の多くは、ソーシャルキャピタルという用語に対して用心深くなっているような場合はよい方で、最悪の場合には完全に敵意を抱いている (Morrissey and McGinn, 2001, p 17; Salmon, 2002, p 49)。ソーシャルキャピタルと生涯学習はいずれも往々にして、国家やサービス提供者による事業名称の変更活動か、ストリート・レベルの官僚たちに(かなり根深く)広がる懐疑の念から抜け出せずにいるのである。

ついには、ソーシャルキャピタルや生涯学習といった用語は、完全に回避すべきだと考える者もいる。ネオリベラル派や保守派にとって、こうした表現は単に、庶民のプライベートな問題に国家が介入する計画を偽装する手段に映るのである。こうした立場の人々は、家族やコミュニティといったものは望ましいものであり、社会経済的変化には継続的な学習が必要であることは認めるものの、最善の策は、自由市場を通じて個々人の決断にまかせていくことであると信じている。さらによりラディカルな論者にあっては、ソーシャルキャピタルや生涯学習といった専門用語は資本主義および／もしくは国家と結びつくことによって絶望的なまでに腐敗していると考えている (Braxter and Hughes, 2001)。またこれらの概念を用いる者は、不平等や排除の背景にある物質的・構造的要因から目をそらさせようとしている、というのである (McClenaghan, 2000)。二つのうちのいずれの立場も政策の世界においては特段の影響力をもっていないが、一部の、特に前述したような過重負担と懐疑のうちにある職業集団には、影響を及ぼしてきている可能性がある。

というわけで現在までのところ、いずれの領域においても、関心は高いものの具体的な進展には乏しい。欧州委員会が生涯学習に関する部内覚え書き (staff memorandum) に記したように、「(欧州)連合加盟国間では、生涯学習に共通の利益があることには大方の合意が確かに得られたが、依然として効果的な実践には結実していない」(CEC, 2000, p 7) のである。

以上のことは、生涯学習が、ソーシャルキャピタルよりも1990年代半ば

以降相当に大きな政策的関心を呼んでいるにもかかわらず見られることである。生涯学習とソーシャルキャピタルの二つの主要領域いずれにおいても、今日までに具体的な進展が乏しいことを考慮に入れると、これら二つの領域においてより長期にわたって政策と実践が共に展開される可能性はややひくいと判断されてしまうかもしれない。しかしすでに強調したように、何もしないこと自体、人々のネットワークや学習方法に影響を及ぼす決断なのである。そして管理職が大規模なリストラを断行する組織が、情報やコミュニケーションが相当不足することに悩まされるように、ソーシャルキャピタルや学習には関係がないようにみえる諸施策であっても、施策的意図とは関係なく、その二つのいずれにも相当ネガティブな影響がたらされる可能性もある（CIPD, 2003, pp 11-13）。人々がつながっていることと学習することの利点、そしてこれら二つが相互に益する点も含めて明らかになっていることから判断しても、何もしないことは結局のところ害悪をもたらすことになるだろう。

政策と実践への示唆

ソーシャルキャピタルと学習

　政策も実践も困難を伴う理由を並べ立てるのに多くの紙幅を割いたあとでは、コミュニティの再構築といった考え自体が一笑に付すべきもののように思えるかもしれない。また生涯学習という概念と組み合わさると、絶望的にさえ映るかもしれない。本書の第2、第3章にてまとめられた調査結果からも、やすやすと実践的な結論が出てくるわけではない。すなわち、ガーデニングは学習参加の低さと関連があり、不倫は学習参加の高さと関連があるという事実からは、一見したところ行動指針は出てきそうにない。より掘り下げて検証してみても、調査結果は政策立案者と実践家にむしろ錯綜したメッセージをもたらすこととなるだろう。その理由は主として、本書でまとめられた結果が複雑なものだからである。

　本質的には、ソーシャルキャピタルは学習のある程度のバリエーションを説明する独立変数であることを本書では示唆してきた。要するに、人々のネットワークは学習資源であり、それが学校などのフォーマルなメカニズムの中

で獲得されたものであれ、ゴシップや観察などインフォーマルな手段によるものであれ、情報やスキルへの人々のアクセスを拡大させながらそれらを利用する能力をも増大させることができる、ということである。ソーシャルキャピタルが主として緊密な絆から構成されている人々や、ヒューマンキャピタルの水準が低い者との間で結束型のつながりをもつ人々の場合、新たなスキルや知識を獲得したり形成していく方法へのアクセスが非常に限られたものとなりがちである。つまり、こうした人々のネットワーク資源は通常、コーピング・スキル（ストレスへの対処技能：訳注）の提供にしか有効でない。しかし、こうした環境においてソーシャルキャピタルは、その結束型の絆がより広い社会的ネットワークに統合されていれば、若者に対してポジティブな影響をもたらす。北アイルランドの場合、こうした「代理人を通じた橋渡し」は教会によって提供されることが多い。対照的に、様々な異種混交の絆にアクセスできれば、広範にわたる新しい知識とスキルにアクセスしたり、それを形成するきわめて効果的な方法がもたらされる。しかし同時に異種混交のネットワークはまた、難しい学習や、既存の社会編制（social arrangements）を崩壊にまで至らしめるタイプの学習を促進しかねない。そうした学習が革新的で創造的な反応を引き起こすからこそ、多様なネットワークは人々に特定の人間関係への関わりを続ける理由を自問させたり、別の新しい関係を模索するよう促したりもするのである。そして遂には最終的に、ネットワークと学習との間のこれら種々すべての相互関係が形成され、社会経済的状況や文化的規範などの他の社会的要因を形づくりもするのである。

　それゆえ概して、学習に対するソーシャルキャピタルの影響は複雑であり、常に他の要因と関係している。「ソーシャルキャピタルに投資を」という、当初は魅力的で単純なスローガンに見えたものが、むしろもっと難しい判断と選択に満ちたものとなっている。私たちはどのような形態の学習を奨励したいと願い、またどのようなタイプのネットワークを築くべきなのだろうか。望ましい学習形態を奨励するのはどういうタイプのソーシャルキャピタルであり、またどのようなタイプはそれを妨げるのだろうか。意図的な介入は有害ではなく有益なのだろうか。意図的に介入して、ソーシャルキャピタルや学習が生じうる諸条件を無意図的に蝕むようなことはないだろうか。そして、

調査結果がこれだけ複雑でなかったとしても、これらのうち一般的な解答が得られるような問いはほとんどないのである。学習やネットワークが相互に作用しあう文脈は、個別の状況によって異なってくるからである。しかし少なくとも、学習とソーシャルキャピタルに着目することで、いくつかの根本的な問題に確実に取り組んでいく方法は得られるのである。

こうした関心は、コミュニティ開発——ニュー・レーバーの用語では「近隣地域の再生」——に携わる者であれば馴染みあるものである。1980年代以降、コミュニティ開発や経済再生の戦略は、しだいにパートナーシップという広い概念を基本に置くようになっていった。例えばスコットランドでは、市民活動セクターやビジネス界の代表とともに地方委員会やその他の法定機関を巻き込みつつ、地域コミュニティ自体と協議しながらそれぞれの地域のための公共サービスや生活の質（QOL）の細かい定義の原案を作成してきたコミュニティ計画パートナーシップス（Community Planning Partnerships）を通じて、分権化された行政機関がコミュニティ計画のプロセスにかなりの重点を置いている。スコットランドの文脈においては、他の多くの国々同様、こうしたプロセスにおけるコミュニティ学習とコミュニティ開発の役割が少なくともフォーマルな形で認知されている。

私たちはコミュニティ学習・開発を、知識やスキルや自信を築くことを通じて人々と協働する効果的な方法であると考える。それは、次のような目的を達成するためである。

・権力や平等に関する問題への取り組み
・コミュニティ事業や組織の開発
・公的組織その他の決定に対する影響力の行使（Scottish Executive, 2003, p 11）

ほぼ同様のアプローチが、特にOECDや、西欧・オーストラリア・ニュージーランドにおける多くの中小自治体が展開する、学習都市や学習コミュニティといった概念の中心に据えられている（Faris, 2004）。

結束型の絆の功罪

　しかし、こうした問題にソーシャルキャピタルのアプローチを採用することは、既存の実践を疑問視するばかりか、それに異議を申し立てる足場を提供することになる。とりわけ、筆者が本書で追求してきたソーシャルキャピタルへの弁別的なアプローチは、社会的に不利な立場にある（disadvantaged）コミュニティ内のメンバー間のつながりを築くことを主目的にデザインされた諸戦略を疑問に付すことになる。ここでは、ソーシャルキャピタルにおける結束型（bonding）、橋渡し型（bridging）、関係型（linking）の区別が役に立つだろう。伝統的なコミュニティ開発戦略は、社会的に不利な立場にあるコミュニティ内において見出されるネットワーク資源を固め強化することに重点的に取り組む傾向があった。このアプローチは、コミュニティ内の結束型のソーシャルキャピタルを構築するには非常に効果的な方法であり、それによってコーピング戦略を人々が開発していけるよう助けるものだった。もっと徹底した場合には、他の類似したコミュニティとの橋渡し型の関係をも提供し、集合的な利益を増大させるため共に組織していくことを可能にすることもあった（Lovett, 1975）。しかしこのアプローチは、こうしたコミュニティの常に外部に位置する重要な資源へのアクセスを提供するネットワークの構築には不得手である。こうしたコミュニティ開発戦略は、ウルコックが関係型の絆（linking ties）と呼ぶものに乏しいのである（Woolcock, 1998）。このような視点は、アイルランドにおける最近の政策文書が結論付けたように、コミュニティの能力形成のために用いられる方法に示唆的である。「人々の自助や人々自身による能力構築に過度に依存することは、重要不可欠な知識や社会的つながりや内なる結合に乏しい地区やコミュニティが取り残されることになりかねない」のである（NESF, 2003, p 70）。

　学習する、力のあるコミュニティを開発するには、関係型の絆（linking ties）をもたらす外部からの介入やパートナーシップの余地が開かれていることがきわめて重要な要素となる。しかし外部の力に過度に依存することも、コミュニティ自体の内部の結合や自信を低下させかねない。これまでの章で見た調査成果からは、異種混交のネットワークが、同質の絆に代わってではなく、それに伴って必要とされていることが強力に示唆されている。介入が

なければ、ネットワークはメンバーの生活世界の社会的、文化的境界によって定められた限界にぶちあたる可能性が高い。北アイルランドの事例は、インフォーマルな知識の交換がもたらす非常に実質的な利益が、往々にして、特定の、境界をもつネットワーク内に限定されていることを明らかにした。したがって、特定のネットワークの外部でしか利用できない情報やスキルにはアクセスできないのである。しかも状況によっては、インフォーマルな知識の交換はインサイダー取引やカルテルのようなふるまいを助長することになる。規制をすり抜けたり検査官をごまかしたり、麻薬取り締まり班（Drugs Squad）による望ましくない注意をかわす方法を学習するためにネットワーク資源が人々に利用されるかもしれないのである。ネットワーク資源に対して、このように自ら好んで課された境界は、あるレベルにおいてはネットワークのメンバーにとって非常に機能的でありうる。事例を一つ挙げれば、支援団体はよく、メンバー内で死活的となっている視野を堅持するために部外者を排除することがある。しかしそれゆえそうした団体は、別の新しい知識、スキル、アイデアへのアクセスを提供してくれるような強力なネットワークとの絆が乏しいために、変化を引き起こすためにほとんど何もできないのである（例えば、Davis, 2001）。

　支配的秩序への対抗規範を強力に維持し共有しているようなグループには、これで充分かもしれない。そのような場合、自ずから排除的なネットワークは、まさしく憎むべき優勢な価値観やそれらとの関わりから距離をとるのに役立つからこそ、尊敬や情緒的支援の源として意義をもちうる。北アイルランドにおける労働者階級コミュニティの中にはまさにこうした方法でネットワーク資源を用いているところがあるようで、そこで働く専門家たちはその影響について複雑な気持ちを吐露することが多かった。さらに結束型（bonding）によるこうしたコーピングのプロセスは同時に、さらなる排除の原因ともなる。黒人系アメリカ人が（圧倒的に白人が多い）中産階級に入っていこうとする仲間を攻撃する例をとりあげるポルテスにとって、このプロセスは下方へと平準化する規範が押しつけられ、差別的なエリートの偏見や敵意と結合していくことを示している（Portes, 1998, p 15）。しかし自ずから排除的であることはまた、賢明な戦略ともなりうる。すなわち、不確実性や馴染

みのなさから生じるリスクをうまく切り抜ける方法ともなりうるのである。

　こうした問題を解決することは簡単なことではないし、すぐにできることでもない。スコットランド行政府による「新コミュニティ・スクール（New Community Schools）」のための政策実施についての研究において、ニクソンらは、異業種にわたる政策提案を成功させるには、専門家たちの長年にわたる職業的社会化を無効にすることが必要になると論じ、解決策として、専門職種を超えた継続的な訓練を複数の期間にわたって行うことを主張している（Nixon et al, 2001, p 348）。同様に英国における産学連携の公式評価においても、政府官庁で仲介業務や知識移転を担う多くの者には、端的に、効果的に仕事をするためのスキルと専門知識が欠けていると結論づけられている（Lambert, 2003, p 68）。こうした介入の効果については体系的にはほとんど実証されていないが、現段階では、専門職種を超えた学習が活用できる最良の選択肢のようである（Zwarenstein et al, 1999）。

　したがって異種混交性は有益な資源なのであるが、リスクも伴っている。自分に似た人との絆は特定のタイプの情報やスキルを伝えるのに長けていて、そうした情報やスキルはコミュニティ全体にとっても重要なものである。高度の社会的閉鎖性と組み合わさったとき、結束型の絆（bonding ties）は支配的な価値観を強化でき、不協和音をもたらすようなふるまいによる脅威を極力抑えることができる。したがって特に若者の社会化にとっては価値あるものとなり、コミュニティが学校での学力達成を重視するような場合、北アイルランドの事例のように、それが若者のふるまいに表れてくるのである。より一般的には、結束型のソーシャルキャピタルは、困難な時や厳しい状況に立ち向かうことに長けている。北アイルランドでネットワーク資源は、特に都市の労働者階級地区や一部の農村コミュニティにおいて、人々が長年にわたる対立のなかを生き延びたり、ときにはお互いにうまくやっていけるようにするのに重要な要素だった。こうした状況では、情報やスキルを共有する能力は——そして部外者をすすんでそれらから締め出すことは——人々の結束型の絆の強さからくる、生き延びるための重要なメタ・スキルであった。しかしそれによって、人々は自分たちの生活世界の限界に直面させられることにもなった。

市民参加・ボランティア活動

　コミュニティ開発や地域経済再生は、ソーシャルキャピタルの概念が政策と実践に示唆を与えると思われる一つの領域である。主体的市民参加やボランティア活動はもう一つの領域であり、市民参加と学習への態度とのポジティブな関係に関する第3章の諸事実を考慮に入れると、本研究にとってとりわけ重要な意義をもつ領域である。同様に、欧州、オーストラリア、ニュージーランド、北米においては、主体的市民参加と成人教育の間には密接な歴史的関係があることもすでに指摘した（Bron, 1995）。しかし、この共生的関係を促すかつての社会運動は衰退傾向にあり、福祉システムの創出は野党的勢力を弱体化させる傾向にあったことも筆者は認識している。しかもこれらの諸システムを意志のみにおいて復活させるのは、その後どのように維持しようともかなり難しいだろう。新しい社会運動や市民活動団体は、19世紀および20世紀の古典的な社会運動よりも、教育という側面において自足的である。それは一つには、教育程度の非常に高い人々にメンバーが偏っており、教育機関の介入なしに自分たちが必要とする知識を獲得することができるからである（Field, 2003a, p 75）。また他方、新しい社会運動は「専門的な目的、権力の手段、社会統合といったロジックを拒む」（Touraine, 1995, p 230）傾向にあるからであり、よって教育機関を含めて広く一般民衆から離れたところに自分たちを位置付けるというプロセスがまさしく、自分たちの自律性を定義づけるものになっているからである。

　いかなる類の市民活動にも参加しない人々についてはどうだろうか。公共的な事柄に関して自分が好む方向に影響を及ぼすというもっとも顕著な事例はもとより、市民参加から最終的に得られる利益についての証拠は一貫している。価値に関して第3章では、もっとも参加度が高い人々は、主体性（agency）の感覚、すなわち自分の生活の主要な部分をコントロールできるという感覚と関係する態度や価値観——あるいは気質——をまさに示す傾向があることが実例によって明らかにされた。これに対して、参加しない人々は、個人や共同体の効力感にとって重要な情緒的能力などの知識資産から切り離されている。

ボランティア活動は——市民参加のより新しい形態も含めて——依然として中産階級によって占められている。ボランティア活動の形態によっては、中流の人々を出身階層の非常に異なる人々と出会わせ、全体的な社会的連帯に貢献するものもあるかもしれない。本質的には、ボランティア活動の結果ではないが、こうした階級間の交わりは第二次世界大戦中に起きていたようであり、現在は消え去りつつあるが、パットナムが長期市民世代と呼んだものを生み出した（ボランタリズムが、フォーマルには自警団などの地方自治的組織を通じて、インフォーマルには相互扶助を通じて、戦時状況の結果として急速に成長したものであることは覚えておく価値があるだろうが）。けれども、市民参加が一般に中産階級において高いことを示す証拠が十分にある一方、労働者階級では低下がみられ、特に衰退しつつある労働組合など労働者階級だけの制度の会員数は激減し、活動レベルも低下している（Li et al, 2003）。よってこうした文脈においては、中産階級のボランティア活動は——いかに意図的でなくとも——幸福（well-being）の不平等拡大に貢献してしまうというリスクがある。

　ボランティア活動への公的支援は一般的な善を増大するので、それ自体望ましいことである。出身階層の多様な人々を集める限りにおいて、それはエンゲストロームが拡張的な学習と呼ぶもののための空間を用意する（Engeström, 2004）。こうした利点を考慮に入れてペーター・アルハイトはさらに、商品化されていない公共サービスから成る彼の言う「市民セクター」での義務的な奉仕期間まで提案している（Alheit, 1996）。アルハイトの提案は、素描にとどまっており故意に挑発的ではあるが、最低所得保障や、教育訓練のためのバウチャーや、仕事人生におけるいくつかの時期を市民セクターで過ごす可能性などが盛り込まれており、興味深いものではある。彼の考えによれば、主要な成果として、「公共心と共同体主義」の増大や個人の教育需要の劇的な拡大などが含まれるという（Alheit, 1996, pp 4-5）。

　英国では、ごく最近の諸施策は成人よりも若者をターゲットとしている。例の一つとして、主に大学生に注目して英国で開発された「ギャップ・イヤー」ボランティア活動という大規模なプログラムがあるが、これは、ソーシャルキャピタル構築との関連がはっきりと強調されている（Scottish Executive, 2004）。成人に注目した施策は比較的数が少なく、例えばイングランドの教

育技能省（DfES）の資金交付を受け、成人コミュニティ学習基金（ACLF）やゴードン・ブラウン財務大臣の奨励を受けた経験部隊（Experience Corps）のもとで実施されてきた地域プロジェクトなどがある。ACLFの成功は、一部にはDfESが同基金の管理運営を成人学習関係の二つの非政府組織に進んで任せたことにもよっているようである。英国における「経験部隊（the Experience Corps）」は、政府資金の交付を受けない社会的企業として展開されたアメリカにおける取り組みをモデルとしている――これは条件が劣悪な小学校でボランティア活動をしてくれる高齢者を募集したプログラムである。この事業が、見たところ成功しているのも、プログラムが国家統制から比較的独立していることによるのかもしれない。なぜならこの団体は、公僕としてではなく、対等なパートナーとして教育委員会に接しているからである（Glass et al, 2004）。ボランティア活動において一定の距離を置いて独立性を担保することの重要性は、広く注目されてきているところである（Dhesi, 2000）。

　市民参加を促進することは、通常の民主的な政治サイクルよりも長期的なアプローチが必要なようである。パットナムによるイタリアの政治制度に関する研究は、南部における市民の不参加のルーツをノルマン人侵略の遺産にまでさかのぼっているが、これはどんなに大局観のある政策立案者であっても、視座としてあまりにも長期に過ぎるだろう（Putnam, 1993）。中欧および東欧における効果的な市民社会構築のプロセスを考察したラルフ・ダーレンドルフは、ゆるやかで有機的な変化には少なくとも二世代を要すると考えた（Dahrendorf, 1990）。ミシュタルは、「集合的な善は、想像され、議論され、同意されることが必要である」と述べている。したがってポジティブなソーシャルキャピタルの形成は、非常に偶発的な学習プロセスであると同時に、実際かなり長期的な見方をすすんでとることを必要とする。これは、民主主義社会において支配的になっている、次期選挙後を考慮することなどは稀であるような政策立案の文化とは明らかに相容れない。政治においては、かつての英国の首相ハロルド・ウィルソンが主張したように、一週間であれ長い時間、なのである。

経済的効果

経済政策は介入可能な第三の領域であり、近年成人教育関係者の間で関心が高まっている領域でもある。地域開発に関する諸文献においては、イノベーションや成長に対するネットワークや近隣性（proximity）の貢献をめぐる論争が活発化している（Maskell et al, 1998; Cooke, 2002; Van Laere and Heene, 2003; Faris, 2004）。市民参加が経済パフォーマンスに寄与する価値についてパットナムが行った一般的な主張は、切迫した状況にある政策立案者には、当初は役立つものには思えないかもしれない。市民団体（civic association）のメンバーが、ビジネスの成長への主要な貢献者となりうることは全くもって明らかではない。例えば、仮に貢献者になったとしても、広範囲に及ぶとは考えにくい。むしろ起業家たちは、情報の流れを促進してくれて、集団的なロビー活動も可能にしてくれるようなビジネスの文脈においてお互いによりいっそう出会うようになるだろう（Cooke, 2002, pp 91-3）。しかしフィリップ・クックも、強力な地縁的絆は、信頼と互酬性が強化されるという期待を大きくするのに役立ちうると述べている（Cooke, 2002, p 96）。またそうした地縁的絆は地域の自信を高め、よって楽観主義や進取の気性の精神を引き起こすとも言えるだろう。

　そのような絆は、財政資本や人的資本などの伝統的なビジネス資産へのアクセスがもっとも乏しい企業にとってとりわけ重要だろう。よって英国における産学連携に関するランバートの評価では、巨大企業でさえその地域の高等教育機関との協働がもっともやりやすいと感じているが、より規模の小さい企業にとって近隣性は特に重要だと結論づけられている。これは単なる時間と資金の問題ではなく、文化的橋渡しにも関わることだった。大学に通ったことがない多くの者にとって、また通ったことがある者にとっても、学者はやや「差し止め傾向」が強いと映っており、学者の言語や価値観は部外者にとって必ずしも容易にアクセスできるものではない（Lambert, 2003, p 79）。ランバートにとって解決策は、すでに北米のシリコンバレーや英国のケンブリッジ付近で見られるような、地域クラスターのようなものの構築にある。これらクラスターは、他の様々なレベルのビジネス界と学界の間でのインフォーマル・フォーマルな相互作用の体系的な機会に支えられている（Lambert, 2003, pp 68-70）。マスケルが指摘するように、信頼の構築に要する時

間とエネルギーの投資は、せっかちな起業家ばかりでなく多忙な学者にも、あまりに長期的なものに映るかもしれない。彼がやや辛らつに述べているように、「スカンジナビア半島における合意模索のプロセスを間近で体験して、その単純さと有効性とを称揚したいという誘惑にかられる人はほとんどいないだろう」（Maskell, 2000, p 120; オーストラリアの事例は Billett and Seddon, 2004, p 64 参照）。

しかしもっと長い目で見ると、時間をかけた交渉や探求が学習を伴う限りにおいて、こうした参加による利益は相当なものである。例えばデンマークでは、1992 年の単一欧州市場の導入による市場シェアの喪失を恐れて、貿易省にデンマーク・ネットワーク・プログラム（Danish Network Programme）を立ち上げさせた（Cooke, 2002, pp 114-15）。デンマーク技術研究所（Danish Technological Institute）という機関を通じて、政府は中小企業のリーダーや訓練ネットワーク仲介業者から支持を取り付けることから始めて、それぞれが 8 つ程度の中小企業と研究センターから成るクラスター構築の助成へと進めていった。その後、政府助成金が底をついても、多くの企業は自発的に継続を選択し、長期的な成果を得るところとなった。「外からの危機によって事業の再編や既得習慣の破棄が早急に必要とされるとき、必要な枠組みはすでに用意されている可能性がある」と、マスケルは示唆している（Maskell, 2000, p 120）。

ほぼ同様のことが、企業内におけるネットワークや知識に関しても言える。典型的な「知識集約型企業」だとされるあるソフトウェア・エンジニア会社の詳細な事例研究において、スウォートとキニーは、「知的資本の利得は、人事管理のプロセスが知識共有のプロセスにきめ細かな支援を提供することで得られる」と結論づけている（Swart and Kinnie, 2003, p 60）。この事例研究において、同社はメンタリングやプロジェクト・チームに基づくインフォーマルな人事管理のプロセスを創り、フォーマルな職階における個人の地位とは関係なく、プロジェクト・マネジャーとして働く専門家スタッフにチームの訓練と開発を行うように求めていた。新しいスタッフは公募よりもむしろ個人的なネットワークを用いて募集され、コミュニケーション・スキルや創造性が、専門的なソフトウェアに関する知識とともに採用の主要な基準となっ

ていた。また知識は、職務横断型の会議や、自発的に買って出た人たちによる作業部会や、精力的に展開される社内ネットを通じて共有されていた。組織のレベルでは、手順の透明化とオープンな社風が、ネットワーク学習や、感受性や信頼の創造にとって重要だった（Kekale and Viitala, 2003, p 246）。よって以上のことは、そうしたふるまいが模範とされ奨励されたりする公的セクターにおける諸機関の内部管理や組織化にとって、少なくとも政策的示唆をもっている。

ニュー・テクノロジーとコミュニティ開発

　最後に、社交性と学習に対するニュー・テクノロジーの重要性に対する認識も高まっている。これまで見てきたように、ネット上のコミュニケーションが社交性を促進するのか、それとも妨げるのかというのは意見が分かれる問題だろう。テクノロジーは包摂と結合の新たな基盤だと見る者もいれば、それを脅威と見る者もいる。しかし、コミュニケーションの新たなツールが浸透しつつあることは既成事実である。社交性や学習を促進するためにインターネットはまさにどう利用されたり乱用されたりするのか、というのが、サラ・ファーランダーによる最近の博士論文の主題である（Ferlander, 2003）。ファーランダーはストックホルムで社会的に不利な立場にある地区における二つの異なる政策的取り組みの対照的な効果について検証している。いずれもデジタル格差の解消とソーシャルキャピタル構築を促すことを目的とした取り組みである。一つは地域ネットであり、失敗の後に廃止された。もう一つはインターネット・カフェであり、多くの利用者を集めることに成功し、利用者たちはインフォーマルな支援や訓練を受け始め、貴重なITスキルを獲得し、ファーランダーによれば、友情、信頼、寛容の度合いは非利用者よりも高かったという（Ferlander, 2003, pp 305-18）。

　ファーランダーの知見は、学習者同士であれ、チューターやその他のサポート資源であれ、デジタルなやりとりとオフラインでの出会いとを組み合わせる意義を強調する他のオンライン学習研究の成果と一致する。このように、直接的なものと離れたままのやりとりを混合させることは、そうしなければインターネットへのアクセス度が低く、またコミュニケーション・スキルか

らもキーボードや活字ベースの知識を必ずしも気軽に利用しないような、不利な立場にある人々のあいだにオンラインのコミュニティ学習を促進するのに特に役立ちうる。そのような混合的な学習コミュニティが現実的ではない場合、離れていても共感を促すような独特のスキルや技術の開発を推奨する者もある（Salmon, 2001）。こうしたアプローチは米国内最大の遠隔教育提供機関であるフェニックス大学による遠隔教育プログラムにまで広がっており、7年間で65％の修了率が報告されている。その一つの要因は、コーホート集団を正式に形成したことである。「ネット上であろうが教室という環境にあろうが、すべての指導は約15人から成るコーホート集団において行われる。このコーホート集団はすべて必修コースを規定の手順で履修し、現職の学務担当長によれば、生涯にわたる友情を育むような固く結ばれた学習コミュニティを形成するのである」（Barefoot, 2004, p 15）。

したがって、ネットを通じてコミュニティを築くことは確かに可能であるが、互酬性と信頼を築くためには、ネット上のやりとりに人と人との直接的接触を介在させる必要があることを示す証拠には事欠かない。

政策立案者がもし成人学習を促進し、且つコミュニティ構築に投資していこうとするのであれば、これら二つの目標は密接に関係していることを認識すべきであることを、これまでの章にまとめた証拠は示している。第3章の調査結果から確かめられるように、一方の領域で活動的な人々は、たいていもう一方においても積極的であり、これら二つの態度やふるまいは関連したクラスター、つまり傾向を形成していることが示唆される。よって、成人学習と社交性はそれ自体望ましいと考える者は多いだろうけれど、互いに密接な関連があるのなら、共通の取り組みによる統合的な政策手段によって相互補強がもたらされるだろう。逆に、学習機会を損なわせるような政策的措置は社会的相互作用をも縮小させることになるだろう。そしてコミュニティを崩壊させるような措置もまた、学習機会を一掃してしまうだろう。したがって活発な成人学習を促進したいと願う政府は、あらゆる種類の結社（association）への活発な参加者を増やし、余暇の機会を模索する人々の力を高めるよう措置を講じようとするだろう。いずれも学習への刺激とツールを提供するだろうし、学習はコミュニティへと還元されるだろう。

こうした目標は、働く部門や組織が異なっていたとしても、サービスを提供する人々の間での協力を必要ともする。機関を超えたパートナーシップを要する仕事の難しさはよく知られている。何十年か前に、あるフェミニストの成人教育関係者が、地域における女性のための学習プログラムを開発した経験を振り返りつつ書いたように、「提供機関の間で入念に定められた縄張りによって、職業上の競争意識が維持されている」のである（Thompson, 1983, p 186）。公共サービス・セクターにおける職業アイデンティティが強固に定着してしまっているので、パートナーシップを要する仕事に従事する専門職者は、他者との協力に同意することで自らを自分たちの専門職文化から引き離そうとするために、「文化的自殺」をはかっているとも言われている（Beattie et al, 1996, p 685）。こうした見方は、特定の文化的アイデンティティが固定されているというだけでなく、いかなる適応や妥協もアイデンティティ資産の悲劇的なデフレにつながるとする著しく保守的な見方である。

　結束型のソーシャルキャピタルは、変化よりも安定を、柔軟性よりも団結を促す傾向にある学習パターンと関係している。北アイルランドでわかった事実の中には、このタイプの知識交換と結びつくものもあり、そうした知識交換は部外者との接触を続けることから生じかねないリスク──「文化的自殺」のリスクも含めて──には晒されることなく、人々がきびしい状況に対処できるようにするのに適している。しかしそのためこのタイプの学習は、無秩序で真にグローバルな資本主義における仕事と生活にまさに必須となる性質には乏しい。イノベーションを促進し、既存の見方や習慣に挑むためには、私たちとは異質の展望をもち、異なる状況において生活し仕事をし、異なる経歴をもつような人々とのつながりが必要なのである（Engeström, 2004）。こうしたつながりは、私たちに多様な情報やスキルへのアクセスをもたらし、またときに居心地の悪さももたらしながら、思考や行動の習慣を覆したりするのである。

　集団の連帯と関係型の絆のいずれをも促進するというのは、コミュニティ開発を行う者にとって現実的には相当に大きな挑戦である。しかしそうした挑戦は、少なくとも主体的市民参加や成人学習をめぐる考え方と関連づけられることが多い英国では、政策レベルでは広く受け入れられている。興味深

いことに、英国における議論の多くは、教育や社会問題を担当する部門ではなく他の部門——例えば内務省（Home Office）や社会的排除防止局（Social Exclusion Unit）——で働く人々によって進められているのである。

社会的リテラシーへの要請[2]

変わりゆく社会と不平等

　生涯学習を、単に成人教育の別名と見るのは間違いである。学習社会への移行は、フォーマルなカリキュラム——学校、継続教育カレッジ、大学、訓練機関において——の全体にわたる変化を必要とする。要するにそれは、人々が学び方を学ぶ方法——そしてそれによって生涯を通じたあらゆる場面における学習を助けたり妨げたりするような習慣やスキルを獲得する方法に絶えず注目することを意味する（Field, 2000, pp 134-41）。しかし、流動性、開放性が高まり、分断が進んでいる社会においては、これは人生を通して私たちが出会い創造する、変わりゆく社会構造や人間関係を理解するのに必要なスキルを獲得することも意味している。

　このように見ると、社会的リテラシーの多くはインフォーマルに獲得されることは明らかである。人々は母語を獲得するのとほぼ同じように、見たり、聴いたり、練習したり、直されたりしながら、互いに人間関係を築くことを学習する。それは、新参者が正統的周辺参加を通じて熟練を得るという、レイヴとウェンガー（1991）が、状況に埋め込まれた学習と呼ぶもののよい例である。しかし、こうして学習される非常に多くのスキルの場合と同様に、このスキル群は、人が学習の大半を行う実践共同体の境界によって制約されるというリスクがある。ソーシャルキャピタルの言語を用いれば、社会的リテラシーを自分たちの結束型の絆から獲得する人々は、既存の実践共同体の境界を越え出たとき、自分が重要な能力（capabilities）——自信などの情緒的なものも含めて——に乏しいことに気づかされるのである。こうしたことは、結束型の絆が重要な唯一のサポート源である状況、そして外部からの影響が他の知り合いの個人によって媒介される状況で暮らす人々には、あまり問題とはならなかったかもしれない。現代社会においては、こうした制約は

損害をもたらす可能性が高いし、サポート・メカニズムですら息苦しさをもたらす可能性もある。人々が多彩で、変わりやすく、異種混交の絆に耐える能力に自信がない場合、人々は自分だけの戦略を編み出し、引きこもりや回避へと至りかねないからである。

バーバラ・ミシュタルによれば、現代社会において、移動の拡大や、分業の進展（特におそらく女性たちにとって）や、時間－空間的距離の圧縮といった要因は、多くの人々が知らない人々と出会う規模や幅を広げているだけではない。それらの要因はまた、新たなリスクの要素ももたらしており、それは北アイルランドというやや例外的状況においてばかりでもない、という。ミシュタルは、「そうした相互作用はすべて私たち自身の地位を絶えず見直すように迫る」のであり、したがって潜在的な不安や恐怖の源を生む、と論じている（Misztal, 2000, p 146）。シュトンプカにとっては、これらの変化は「現代の社会的世界の多くの場面が、メンバーにとって不透明なものとなってしまった」ことを意味する（Sztompka, 1999, p 13）。地位の区別が、日常会話の儀礼においてだけでなく、人々の服装、態度、髪型、さらには歯の状態でも歴然としていた世界においては、人生は少なくとももっと単純であった。ミシュタルによれば、流動的な社会関係が非常にゆるやかで開かれた様相を呈していることは、「インフォーマルさの専制」へとつながり、その中では「人為的な平等が強制的に押し付けられる」ことで、私的と公的の境界が崩壊し、コミュニケーションが抑制され、自己の絶えざる検証が行われるだろう（Misztal, 2000, p 239）。したがって人々は、自分たちの幸福や安全のためにも、「他者が日常生活において示す象徴や記号を読み解くという、ますます洗練されたスキルをみがく」能力に左右されることになる（Misztal, 1996, p 116）。

こうした移行の影響は不均等かもしれないが、あらゆる層や社会集団に影響しているようである。しかし、異なる集団が等しく影響を受けているということではない。というのも、後期近代の新しく不透明な諸空間を航行していくのに、他の者と比べて格段に有利な位置づけにある者もいるからである。能力もまた、国家がこれらのプロセスにどう介入するかを決める政治的決断によって影響を受けるからである。英国ではスティーヴン・ボールが、こう

したことが手伝って「リスク識別の責任が主として個人に帰せられる体制」
が、平等主義的な社会政策および教育政策への支持が失われたことと相まっ
ていかに構築されたかを説明している (Ball, 2003, pp 20-1)。したがって筆者は、
社会的リテラシーへの投資を、若者だけでなく成人にも、それも年配で、新
しい社会エチケットの多くを不可解かつ脅威のように感じている成人たちも
含めて行うことに強く賛同したい。

　もちろん、社会的な能力は生来のものだとする人もいる。人は、こうした
特質をもって生まれるか、小さい時に親から教えられるかのいずれかである。
あるいは、協力しあうのに必要な性質は、容赦なくぶつかり合う鍛錬の場を
通じて育まれる。すなわち労働者は団結を搾取の経験から学ぶし、恋人は感
受性を拒絶に直面することで学ぶし、航空機搭乗員は次に何をすべきか活発
に議論することを通じてチームワークを学ぶ。市場や経験にこうしたことを
委ねると、上のようなスキルは不平等に分配され、他の不平等をも強化して
いく結果につながる——実際のところ、不平等を強化するどころか、正当化
もはかることになる。なぜなら富や地位や権力の不平等は、他者とつきあっ
たり広くコミュニティに貢献できないことの結果なので、「公平」だと看做
されているからである。

柔らかいスキル

　公正と包摂は硬貨の一面である。経済的には、これらの他にも労働市場に
おいて価値が高まってきているスキルがある。よく言われるように、就職志
願者はますます「柔らかいスキル」に乏しくなっていると雇用する側が見
ていることが事実とすれば、それは若者たちの社交性が低下したからとい
うより、むしろ経済の変化によるものであることはほぼ確実である（Scottish
Enterprise, 2003）。英国では、雇用の増加は主にサービス業の中で起きている
——それは商品を提供するのに、顧客や他の従業員と頻繁に接しなければ
ならない分野である。正規の学歴資格に比較的乏しく、正規のスキル要件が極
めて低い職に就く者でも、かなり上級の「柔らかいスキル」が必要になるか
もしれないのである。例として、バーの従業員、用心棒、ウェイターなどが
挙げられる。大半の産業部門において、専門的ならびに準専門的職業の拡大

が継続して見られているが、その大半でやはり「柔らかいスキル」が必要とされる。したがって、社会的リテラシーのためのカリキュラムは潜在的には、日常的な社会的出会いの点からばかりでなく、多くの様々なタイプの職業においても有益なのである。

　社会的リテラシーのカリキュラムはどこまでを扱うべきであろうか。この問題への答えは、問いほどに易しくはない――単純な回答は常に、変化の激しい時代の既成市場を支配するものだが。「心の知能（emotional intelligence）」などといった考え方は、その知的な功績をとび超えて急速に定着していった。ここで特に重要なのは、心の知能は学習可能なもの、すなわち訓練と自己規制を組み合わせることで――たいていは専門家や管理職によってのようだが――獲得可能なコンピテンシー群だという考えである（Fineman, 2000, pp 104-5）。しかし情動のコンピテンシーは、とりわけコミュニケーション能力を向上させるには貴重なものかもしれないが、研修指導者には、若干あやしいヒューマン・インテリジェンス（human intelligence）の諸理論に支えられた、本質的に個人的なスキルとして用いられている。ここで問うべきは、問題解決や他者との効果的な協力に役立つように人間関係を読み解くことを可能にするスキル群を特定することは可能か、ということである。

　キー・コンピテンシーをめぐる最近の議論は、望ましい社会的諸能力に関してほぼ合意に達したようである。OECD加盟国の教育大臣会議はある時、「我々の目標は、全ての人にコンピテンシーを、である――すなわち、他の学習の基礎となるコンピテンシーや、知識社会への十分な関与の礎となる高度の知的・社会的コンピテンシーを、である」と自信に満ちて結論づけた（OECD, 2001b, p 3）。

　しかし同じ会議では、「必要とされる新しいコンピテンシーを充分な確信をもって特定することは容易ではない」とも認めた（OECD, 2001b, p 3）。しかし定義は、おずおずとではあっても現れ始めている。概略的には、アザフ・ダール（2004, p 57）が「ソーシャル・スキルには、社会的絆のネットワークを構築し操作する際の相互作用スキル（interactive skills）と戦略的プランニングとが含まれる」と提案している。エバ・コックスはソーシャル・コンピテンスを、「人間関係を形成、維持し、ネットワークを効用性と娯楽のために

構築するのに必要なスキル、あるいは社会的慣習（mores）を読むことで自分の社会環境に統合されていると感じる力」と定義している（Cox, 2000, p 1）。

学習が新しいソーシャルキャピタルの資源を生み出すという証拠はすでに豊富に存在している（Schuller et al, 2004）。これには、自信や自尊心などの新しい認知的・情緒的スキルを個人が獲得することも含まれている。さらに学習は、これらの点で社会経済的に不利な立場にあることを、少なくとも部分的には補償するようである。イングランドの調査データは、失業者と給付金依存者（benefit dependants）のうち、指導による学習を行った者は、それ以外の回答者に比べて、コース受講の結果、自信と自尊心いずれにおいても増加が見られる傾向がはるかに高かったことを示している（Fitzgerald et al, 2003, p 77）。当然こうした自己意識の向上は人々をエンパワーしていくものであるが、同時に、家族内ではもちろんのこと、潜在的には地域コミュニティなどの人間関係においても葛藤の要因になりうる（Hammond, 2004, pp 47-8）。

こうした証拠が見られるのは諸制度内におけるフォーマルな教育に限られない。ボランティア活動自体も、インフォーマルに獲得可能なスキルや知識への新たな需要を生み出す。英国とフィンランドにおける市民活動団体でのインフォーマルな学習について研究を継続しているマリオン・フィールズは、フィンランド人が事務管理スキル（会議マネジメント、財務管理など）の獲得を重視する傾向にあるのに対し、英国人はコミュニケーションやその他のパーソナルなスキルを取り上げる傾向が強いことを見出した。しかし、これは絶対的な差異というよりも強調度合いの差であり、どちらの国の回答者とも同様のスキル群について語っていた（Fields, 2003）。

議論を始めるために

本書では、知識の交換だけでなくその創造におけるソーシャルキャピタルの役割と、ソーシャルキャピタルを築く上での学習の役割を強調してきた。このパターンは非常に重要だと思われるし、実際に存在する私たちの学習社会の特徴でもある――つまり、未来のユートピア的（又は暗黒郷的）な社会というよりむしろ、私たちが現在生活している学習社会の特徴である。その

顕著な特徴とは、新しい知識は常に創造されており、「純粋に職業的な領域をはるかに超えて社会の諸構造を決定づけ、常に短期化するサイクルの原動力をもたらして」いくような「為す知識（doing knowledge）」として即座に応用可能でもあるということである（Alheit and Dausein, 2002, p 8）。コード化され抽象化された固定的な知識群を単に譲り渡すというよりもむしろ、教育訓練はますます、社会における「知識の自然浸透」（Alheit and Dausein, 2002, p 8）ともいえる広範囲に及ぶ相互作用のプロセスや、個人的・集団的知識生産の継続的な交換や、たえずよりシステム化されてゆく知識マネジメントのうちに埋め込まれるようになっている。

　しかし過去30年にわたり、教育訓練に関する政策論議の多くは、ますます狭隘で不毛な学習観に特化されてきている。フォーマルな教育訓練システムの中での進級や進学を可能にする資格のかたちで表現されようと、また雇用されうる能力（employability）を向上させたり個人のキャリアを高めるような職務関連のスキルのかたちで表現されようと、政策の思考を支えてきたのは、主として手段的な学習目的観である。学習目的をより広く考えても、個人の自己実現か国の経済成長に終始することがほとんどである。「行為遂行性（performativity）」という概念は、学習の成果として何ができるかに着目するので魅力的ではある。学習での成功経験によって人はテストでよい成績を残し、資格を獲得し、職を得て、昇進を目指すことができるようになる。しかし学習にはそれ以上のものがある。「学習のより深い意義とは」、手段的な目標や目的を達成し、さらに特定の能力や知識を増やすのみならず、「展開してゆくわれわれの行為主体性（agency）における、われわれ自身のちからや能力を形成」することによって、「われわれに固有の行為主体性をひとりの人間として発展させること」を可能にすることにある（Nixon et al, 1996, p 49）。

　本書にて用いられた学習モデルは、もとより社会的なものである。何年か前に、マイケル・ヤングは学習社会に支配的な三つのバージョンを区別した。すなわち、人々が既存の提供機関に集団で引き入れられる「学校教育モデル（schooling model）」、証明書が発行されるフォーマルな資格がさらなる証明書付の資格への足がかりとなる「資格社会モデル（credential model）」、よりいっ

そう学習者（または顧客）中心となるよう提供機関に変革をせまる「アクセスモデル (access model)」である (Young, 1998)。これらに対し、ヤングは彼が「関連的モデル（connective model）」と呼ぶ新しいモデルを提示しており、そのモデルでは教育訓練提供機関はパートナーシップの条件を交渉し、公共・私企業・市民活動の3セクターにおける他の集団的アクターと一緒に共通の目標を立てることが求められるとした。「学校教育モデル」がもつ供給ドライブ型の硬直性を、また「アクセスモデル」に見られる市場の不平等や乱高下を回避してはいるのだが、「関連的モデル」もリスクをはらんでいる。どんなパートナーシップも、時間とともに少数の内部者が支配し、自分たちの利害を追求する手段として利用するようになる傾向があるからである。しかしそれでも、このモデルはフォーマルとインフォーマルの二つの学習世界の間の橋渡しをし、断片化して拡散している成人の様々な学習場面の経験が、応答的なカリキュラムにおいて関連づけられ認知されるようにする最善の方法を提示してくれている。それはまた、知識とその応用を常に相互作用させる現実的な手段をも提供してくれる。

　こうした議論は途方もない楽観主義に思えるかもしれない。繁栄した民主的で開かれた社会であっても、信頼と互酬性を築き、反省的でネットワーク化された世界にふさわしいコミュニティ形態を人々が再構築するのに役立つ政策や実践をうたうことは無邪気に過ぎると映るかもしれない。しかし、いつ去ってしまうかわからない同僚や隣人を本当に知るために時間を費やすという贅沢を続けられる者などほとんどいないような、急速に変化する世界に私たちが生きているということは、自明のことではない。本書の中心的な論点は、こうした悲観主義とは全く相容れないものなのである。

注

1 1997年から2000年まで、筆者はボブ・フライヤー議長率いる継続教育・生涯学習国家顧問団（National Advisory Group for Continuing Education and Lifelong Learning）の一員となった。同顧問団の報告書は、生涯学習に関する政府の緑書に影響を与えている（Fryer, 1998; DfEE, 1998）。

2 学者のソーシャル・スキルに直にふれた経験があって、一学者が社会的リテラシーを支持していること自体、ことさら愉快に感じる読者がいるであろうことは

了解しているつもりである。

参考文献

Aldridge, F. and Tuckett, A. (2003) *A sharp reverse: NIACE survey on adult participation*, Leicester: National Institute of Adult Continuing Education.

Alheit, P. (1994) *Zivile Kultur. Verlust und Wideraneignung der Moderne*, Frankfurt-am-Main: Campus Verlag.

Alheit, P. (1996) 'A provocative proposal: "from labour society to learning society"', *Lifelong Learning in Europe*, vol 2, pp 3-5.

Alheit, P. and Dausein, B. (2002) 'The "double face" of lifelong learning: two analytical perspectives on a "silent revolution"', *Studies in the Education of Adults*, vol 34, no 1, pp 2-22.

Avis, J. (2004) 'Re-thinking trust in a performative culture: the case of post-compulsory education', in J. Satterthwaite, E. Atkinson and W. Martin (eds) *The disciplining of education: New languages of power and resistance*, Stoke-on-Trent: Trentham Books, pp 69-88.

Ball, S. (1993) *Class strategies and the education market: The middle class and social advantage*, London: RoutledgeFalmer.

Ball, S. (2003) *Class strategies and the education market: The middle class and social advantage*, London: RoutledgeFalmer.

Barefoot, B. (2004) 'Higher education's revolving door: confronting the problem of student drop out in US colleges and universities', *Open Learning*, vol 19, no 1, pp 9-18.

Barz, H. (2002) *Weiterbildung und soziale Milieus*, Neuwied: Luchterhand Verlag.

Barz, H. and Tippelt, R. (1998) 'The influence of social milieus on attitudes and activities of women in lifelong learning', in P. Alheit and E. Kammler (eds) *Lifelong learning and its impact on social and regional development*, Bremen: Donat Verlag, pp 527-46.

Beattie, J., Cheek, J. and Gibson, T. (1996) 'The politics of collaboration as viewed through the lens of a collaborative nursing research project', *Journal of Advanced Nursing*, vol 24, pp 682-7.

Beck, U. (1992) *Risk society*, London: Sage Publications.

Beck, U. (2000) 'Living your own life in a runaway world: individualisation, globalisation and politics', in W. Hutton and A. Giddens (eds) *On the edge: Living with global capitalism*, London: Jonathan Cape, pp 164-74.

Becker, G.S. (1964) *Human capital: A theoretical and empirical analysis*, New York, NY: National Bureau of Economic Research.

Benn, R. (1996) 'Access for adults to higher education: targeting or self-selection?', *Journal of Access Studies*, vol 11, no 2, pp 165-76.

Benn, R. (2000) 'The genesis of active citizenship in the learning society', *Studies in the Education of Adults*, vol 32, no 2, pp 241-56.

Billett, S. and Seddon, T. (2004) 'Building community through social partnerships and vocational education and training', *Journal of Vocational Education and Training*, vol 56, no 1, pp 51-67.

Black, B. (2004) 'The changing world of work', in K. Lloyd, P. Devine, A.M. Gray and D. Heenan (eds) *Social attitudes in Northern Ireland: The ninth report*, London: Pluto, pp 67-80.

Blaxter, L. and Hughes, C. (2001) 'Social capital: a critique', in J. Thompson (ed) *Stretching the academy: The politics and practice of widening participation in higher education*, Leicester: National Institute for Adult Continuing Education.

Boon, M. and Curtice, J. (2003) *Scottish elections research, May-June 2003*, London: ICM.

Boreham, N. (2002) 'Work process knowledge in technological and organizational development', in N. Boreham, R. Samurçay and M. Fischer (eds) *Work process knowledge*, London: Routledge, pp 1-14.

Boreham, N. (2004) 'A theory of collective competence: challenging the neo-liberal individualisation of performance at work', *British Journal of Educational Studies*, vol 52, no 1, pp 5-17.

Bourdieu, P. (1977) 'Cultural reproduction and social reproduction', in J. Karabel and A.H. Halsey (eds) *Power and ideology in education*, New York, NY: Oxford University Press, pp 487-511.

Bourdieu, P. (1980) 'Le capital social: notes provisoires', *Actes de la récherche en sciences sociales*, pp 2-3.

Bourdieu, P. (1984) *Distinction: A social critique of the judgement of taste*, London: Routledge.

Bourdieu, P. (1986) 'The forms of capital', in J.G. Richardson (ed) *Handbook of theory and research for the sociology of education*, New York, NY: Greenwood Press, pp 241-58.

Bourdieu, P. (1988) *Homo academicus*, Cambridge: Polity Press.

Bourdieu, P. and Wacquant, L. (1992) *An invitation to reflexive sociology*, Chicago, IL: University of Chicago Press.

Boyne, R. (2002) 'Bourdieu: from class to culture', *Theory, Culture & Society*, vol 19, no 3, pp 117-28.

Brandstetter, G. and Kellner, W. (2001) (eds) *Freiwilliges Engagement und Erwachsenenbildung. Wege der Identifikation und Bewertung des informellen Lernens*, Vienna: Ring Österreichischer Bildungswerke.

Braun, S. (2002) 'Soziales Kapital, sozialer Zusammenheit und soziale Ungleichheit', *Aus Politik und Zeitgeschichte*, vol 29-30, pp 6-12.

Bron, A. (1995) 'Adult education and civil society in a comparative and historical perspective', in M. Bron and M. Malewski (eds) *Adult education and democratic citizenship*, Wroctaw: Wydawnictwo Uniwersytetu Wroctawskiego, pp 15-26.

Burn, G. (2003) *The north of England home service*, London: Faber and Faber.

Bynner, J. and Hammond, C. (2004) 'The benefits of adult learning: quantitative insights', in T. Schuller, J. Preston, C. Hammond, A. Brassett-Grundy and J. Bynner (eds) *The benefits of learning: The impact of education on health, family life and social capital*, London: RoutledgeFalmer, pp 161-78.

Castells, M. (1996) *The information age, volume 1: The rise of the network society*, Oxford: Basil Blackwell.

Causer, D. and Virdee, P. (eds) (2004) *Regional trends 38*, London: The Stationery Office.

CEC (Commission of the European Communities) (1994) *Competitiveness, employment, growth*, Luxembourg: Office for Official Publications.

CEC (2000) *A memorandum on lifelong learning*, Brussels: CEC.

CEC (2003) *Building the knowledge society: Social and human capital interactions*, Brussels: CEC.

CEC (2004) *EUROSTAT Yearbook 2004: The statistical guide to Europe: Data 1992-2002*, Luxembourg: Office for Official Publications of the European Union.

Church, J. (ed) (1996) *Regional trends 31*, London: The Stationery Office.

CIPD (Chartered Institute of Personnel and Development) (2003) *Reorganising for success: CEOs' and HR managers' perceptions*, London: CIPD.

Cloonan, M. (2004) 'A capital project? The "New Deal for musicians" in Scotland', *Studies in the Education of Adults*, vol 36, no 1, pp 40-56.

Coare, P. and Johnston, R. (eds) (2003) *Adult learning, citizenship and community voices: Exploring community-based practice*, Leicester: National Institute of Adult Continuing Education.

Cochinaux, P. and de Woot, P. (1995) *Moving towards a learning society*, Geneva/Brussels: Conseil des Recteurs d'Europe/European Round Table of Industrialists.

Coleman, J.S. (1988-89) 'Social capital in the creation of human capital', *American Journal of Sociology*, vol 94, pp 95-120.

Coleman, J.S. (1994) *Foundations of social theory*, Cambridge, MA: Belknap Press.

Coleman, J.S. and Hoffer, T. (1987) *Public and private schools: The impact of communities*, New York, NY: Basic Books.

Coleman, J.S., Hoffer, T. and Kilgore, S. (1982) *High school achievement: Public, Catholic and private schools compared*, New York, NY: Basic Books.

Coleman, J.S., Campbell, E.Q., Hobson, C.J., McPartland, J., Mood, A.M., Weinfeld, F.D. and York, R.L. (1966) *Equality of educational opportunity*, Washington, DC: United States Government Printing Office.

Colley, H. (2003) *Mentoring for social inclusion*, London: RoutledgeFalmer.

Colley, H., Hodkinson, P. and Malcolm, J. (2003) *Informality and formality in learning: A report for the Learning and Skills Research Centre*, London: Learning and Skills Development Agency.

Cooke, P. (2002) *Knowledge economies: Clusters, learning and cooperative advantage*, London: Routledge.

Cox, E. (2000) 'Learning social literacy', *Adult Learning Commentary*, vol 15, 21 June 2000, accessed on 13 July 2004 at www.ala.asn.au/commentaries/Cox2106.pdf

Cross, K.P. (1981) *Adults as learners*, San Francisco, CA: Jossey-Bass.

Crowther, J. (2004) '"In and against" lifelong learning: flexibility and the corrosion of character', *International Journal of Lifelong Education*, vol 23, no 2, pp 125-36.

Dahrendorf, R. (1990) *Reflections on the evolution in Europe*, London: Chatto and Windus.

Dakhli, M. and de Clercq, D. (2004) 'Human capital, social capital and innovation: a multi country study', *Entrepreneurship & Regional Development*, vol 16, pp 107-28.

Daly, M. (2004) 'Family relations and social networks in Northern Ireland', in K. Lloyd, P. Devine, A.M. Gray and D. Heenan (eds) *Social attitudes in Northern Ireland: The ninth report*, London: Pluto, pp 53-66.

Darr, A. (2004) 'The interdependence of social and technical skills in the sale of emergent technology', in C. Warhurst, I. Gregulis and E. Keep (eds) *The skills that matter*, London: Palgrave, pp 55-71.

Dasgupta, P. (2000) 'Economic progress and the idea of social capital', in P. Dasgupta and I. Serageldin (eds) *Social capital: A multifaceted perspective*, Washington, DC: World Bank, pp 325-424.

Davis, K.S. (2001) '"Peripheral and subversive": women making connections and challenging the boundaries of the science community', *Science Education*, vol 85, no 4, pp 368-409.

Dearden, C. and Becker, S. (1998) *Young carers in the UK*, London: Carers National Association.

DfEE (Department for Education and Employment) (1998) *The Learning Age: A renaissance for a new Britain*, Sheffield: DfEE.

Dhesi, A.S. (2000) 'Social capital and community development', *Community Development Journal*, vol 35, no 3, pp 199-214.

Durkheim, E. (1933) *The division of labor in society*, translated by G. Simpson, New York, NY: The Free Press.

Dykstra, P.A. (2004) 'Diversity in partnership histories: implications for older adults' social integration', in C. Phillipson, G. Allan and D. Morgan (eds) *Social networks and social exclusion: Sociological and policy perspectives*, Aldershot: Ashgate, pp 117-41.

EYPRU (Education and Young People Research Unit) (2002) *Programme for international student assessment: Scottish report*, Edinburgh: Scottish Executive Education Department.

Edwards, R., Ranson, S. and Strain, M. (2002) 'Reflexivity: towards a theory of lifelong learning', *International Journal of Lifelong Education*, vol 21, no 6, pp 525-36.

Edwards, R., Nicoll, K., Solomon, N. and Usher, R. (2004) *Rhetoric and educational discourse: Persuasive texts?*, London: RoutledgeFalmer.

Egerton, M. (2002) 'Higher education and civic engagement', *British Journal of Sociology*, vol 53, no 4, pp 603-20.

Elsdon, K.T., Reynolds, J. and Stewart, S. (1995) *Voluntary organisations: Citizenship, learning and change*, Leicester: National Institute of Adult Continuing Education.

Emler, N. and McNamara, S. (1996) 'The social contact patterns of young people: effects of participation in the social institutions of family, education and work', in H. Helve and J. Bynner (eds) *Youth and life management: Research perspectives*, Helsinki: Yliopistopaino, pp 121-39.

Engeström, Y. (2004) 'New forms of learning in co-configuration work', *Journal of Workplace Learning*, vol 16, no 1-2, pp 11-21.

Etzioni, A. (1995) *New communitarian thinking: Persons, virtues, institutions, and communities*, Charlottesville, VA: University Press of Virginia.

European Commission Directorate-General for Research (2002) *Focusing and integrating community research: Citizens and governance in a knowledge-based society. Work programme 2002-2003*, Luxembourg: Office for Official Publications.

European Council of Ministers (2002) *Council Document 5828/02*, accessed on 14 January 2005 at www.register.consilium.eu.int/pdf/en/02/st05/05828en2.pdf

Expert Group on Future Skills Needs (2003) *Fourth report*, Dublin: Forfás.

Faris, R. (2004) *Lifelong learning, social capital and place management in learning communities and regions: A Rubic's cube or a kaleidoscope?*, Melbourne/Stirling: Observatory PASCAL, accessed on 12 September 2004 at www.obs-pascal.com/reports/2004/Faris.html

Ferlander, S. (2003) 'The Internet, social capital and local community', PhD thesis, Stirling: University of Stirling.

Field, J. (1991) 'Social movements: the cutting edge of European adult education?', *International Journal of University Adult Education*, vol 30, no 1, pp 1-11.

Field, J. (1997) 'Northern Ireland', in N. Sargant et al, *The learning divide: A study of participation in adult learning in the United Kingdom*, Leicester: NIACE/DfEE, pp 91-8.

Field, J. (2000) *Lifelong learning and the new educational order*, Stoke on Trent: Trentham.

Field, J. (2003a) *Social capital*, London: Routledge.

Field, J. (2003b) 'Social capital and lifelong learning: survey findings on the relationship between sociability and participation', in N. Sargant and F. Aldridge (eds) *Adult learning and social division: A persistent pattern, vol 2*, Leicester: National Institute of Adult Continuing Education, pp 32-41.

Field, J. (2004) 'Articulation and credit transfer in Scotland: taking the academic highroad or a sideways step in a ghetto?', *Journal of Access Policy & Practice*, vol 1, no 2, pp 85-99.

Field, J. and Schuller, T. (2000) 'Networks, norms and trust: explaining patterns of lifelong learning in Scotland and Northern Ireland', in F. Coffield (ed) *Differing visions of a learning society, vol 2*, Bristol: The Policy Press, pp 95-118.

Fieldhouse, R. (ed) (1996) *A history of modern British adult education*, Leicester: National Institute for Adult Continuing Education.

Fields, M. (2003) *Lifelong learning in voluntary organisations and civil society – work in progress*, Doctoral Summer School, Roskilde University Centre, accessed on 31 May 2004 at www.ruc.dk/inst10/forskerskolen/summerschool2003/index/papers/Marion.doc

Fine, B. (2000) *Social capital versus social theory: political economy and social science at the turn of the millennium*, London: Routledge.

Fineman, S. (2000) 'Commodifying the emotionally intelligent', in S. Fineman (ed) *Emotion in organizations*, London: Sage Publications, pp 101-14.

Fitzgerald, R., Taylor, R. and LaValle, I. (2003) *National adult learning survey 2002*, Sheffield: Department for Education and Skills.

Fordham, P., Poulton, G. and Randle, L. (1979) *Learning networks in adult education: Non-formal education on a housing estate*, London: Routledge and Kegan Paul.

Fox, J. (1997) 'The World Bank and social capital: contesting the concept in practice', *Journal of International Development*, vol 9, no 7, pp 963-71.

Fryer, R.H. (1998) *Learning for the twenty-first century: First report of the National Advisory Group for Continuing Education and Lifelong Learning*, Sheffield: Department for Education and Employment.

Fukuyama, F. (1995) *Trust: The social virtues and the creation of prosperity*, Hamish Hamilton, London.

Gibbons, M., Limoges, C., Nowotny, H., Schwartzman, S., Scott, P. and Trow, M. (1994) *The new production of knowledge*, London: Sage Publications.

Giddens, A. (1984) *The constitution of society*, Cambridge: Polity.

Giddens, A. (1991) *Modernity and self-identity: Self and the society in the late modern age*, Cambridge: Polity.

Giddens, A. (1992) *The transformation of intimacy: sexuality, love and eroticism in modern societies*, Cambridge: Polity.

Glass, T. A., Freedman, M., Carlson, M.C., Hill, J., Frick, K.D., Ialongo, N., McGill, S., Rebok, G.W., Seeman, T., Tielsch, J.M., Wasik, B.A., Zeger, Scott, and Fried, L.P. (2004) 'Experience corps: design of an intergenerational program to boost social capital and promote the health of an aging society', *Journal of Urban Health*, vol 81, no 1, pp 94-105.

Goldman, L. (1995) *Dons and workers: Oxford and adult education since 1850*, Oxford: Oxford University Press.

Gorard, S. and Rees, G. (2002) *Creating a learning society? Learning careers and policies for lifelong learning*, Bristol: The Policy Press.

Gorman, J. (1986) *Banner bright: An illustrated history of trade union banners*, Buckhurst Hill: Scorpion.

Granovetter, M. (1973) 'The strength of weak ties', *American Journal of Sociology*, vol 78, no 4, pp 1350-80.

Groombridge, B., Durant, J., Hampton, W., Woodcock, G. and Wright, A. (1982) *Adult education and participation*, Sheffield: Universities' Council for Adult and Continuing Education.

Hall, P. (1999) 'Social capital in Britain', *British Journal of Political Science*, vol 29, no 3, pp 417-61.

Halman, L. (2001) *The European Values Study: A third wave*, Tilburg: Tilburg University, Netherlands.

Hammond, C. (2004) 'The impacts of learning on well-being, mental health and effective coping', in T. Schuller, J. Preston, C. Hammond, A. Brassett-Grundy and J. Bynner (eds) *The benefits of learning: The impact of education on health, family life and social capital*, London: RoutledgeFalmer, pp 37-56.

Harrison, R. (ed) (1978) *Independent collier: The coal miners as archetypal proletarian reconsidered*, Hassocks: Harvester.

Hedoux, C. (1982) 'Des publics et des non-publics de la formation d'adults', *Revue française de sociologie*, vol 23, pp 253-74.

Heenan, D. (2002) '"It won't change the world but it turned my life around": participants' views on the Personal Adviser Scheme in the New Deal for Disabled People', *Disability & Society*, vol 17, no 4, pp 383-402.

HESA (Higher Education Statistics Agency) (2003) *Higher education management statistics, 2001/02*, Cheltenham: HESA.

Hibbitt, K., Jones, P. and Meegan, R. (2001) 'Tackling social exclusion: the role of social capital in urban regeneration on Merseyside: from mistrust to trust?', *European Planning Studies*, vol 9, no 2, pp 141-61.

Illich, I. (1971) *Deschooling society*, London: Harper and Row.

Jamieson, L. (1998) *Intimacy: Personal relationships in modern societies*, Cambridge: Polity.

Jarvie, G. (2003) 'Communitarianism, sport and social capital: "Neighbourly insights into Scottish sport"', *International Review for the Sociology of Sport*, vol 38, no 2, pp 139-53.

Jarvis, P. (1987) *Adult learning in the social context*, Beckenham: Croom Helm.

Jenkins, R. (1992) *Pierre Bourdieu*, London: Routledge.

Johnston, I. (2002) 'Programme for international student assessment: NI and international results compared', *Labour Market Bulletin*, vol 16, pp 155-66.

Kade, J. and Seitter, W. (1998) 'Bildung-risiko-genuß: Dimensionen und Ambivalenzen lebenslangen Lernens in der Moderne', in R. Brödel (ed) *Lebenslanges Lernen – lebensbegleitende Bildung*, Neuwied: Luchterhand, pp 51-9.

Kekäle, T. and Viitala, R. (2003) 'Do networks learn?', *Journal of Workplace Learning*, vol 15, no 6, pp 245-7.

Kirchhöfer, D. (2000) *Informelles Lernen in alltäglichen Lebensführungen. Chance für berufliche Kompetenzentwicklung*, Qualifikations-Entwicklung-Management, Report 66, Berlin.

Lall, S. (2000) 'Technological change and industrialization in the Asian newly industrializing economies: achievements and challenges', in L. Kim and R.R. Nelson (eds) *Technology, learning and innovation: Experiences of newly industrializing economies*, Cambridge: Cambridge University Press, pp 13-68.

Lambert, R. (2003) *Lambert review of business–university collaboration: Final report*, London: HM Treasury.

Lave, J. and Wenger, E. (1991) *Situated learning*, Cambridge: Cambridge University Press.

Li, Y., Savage, M. and Pickles, A. (2003) 'Social capital and social exclusion in England and Wales (1972-1999)', *British Journal of Sociology*, vol 54, no 4, pp 497-526.

Livingstone, D.W. and Sawchuk, P.H. (2004) *Hidden knowledge: Organized labour in the information age*, Aurora, Ontario: Garamond.

Lovett, T. (1975) *Adult education, community development and the working class*, London: Ward Lock.

Lowndes, V. (2004) 'Getting on or getting by? Women, social capital and political participation', *British Journal of Politics and International Relations*, vol 6, no 1, pp 45-64.

Lundvall, B.-Å. and Johnson, B. (1994) 'The learning economy', *Journal of Industry Studies*, vol 1, no 2, pp 23-42.

McClenaghan, P. (2000) 'Social capital: exploring the theoretical foundations of community development education', *British Educational Research Journal*, vol 26, no 5, pp 565-82.

McGivney, V. (1991) *Education's for other people*, Leicester: National Institute for Adult Continuing Education.

Maloney, W., Smith, G. and Stoker, G. (2000a) 'Social capital and associational life', in S. Baron, J. Field, and T. Schuller (eds) *Social capital: Critical perspectives*, Oxford: Oxford University Press, pp 212-25.

Maloney, W., Smith, G. and Stoker, G. (2000b) 'Social capital and urban governance: adding a more contextualised "top-down" perspective', *Political Studies*, vol 48, no 4, pp 802-20.

Maskell, P. (2000) 'Social capital, innovation and competitiveness', in S. Baron, J. Field and T. Schuller (eds) *Social capital: Critical perspectives*, Oxford: Oxford University Press, pp 111-23.

Maskell, P., Eskelinen, H., Hannibalsson, I., Malmberg, A. and Vatne, E. (1998) *Competitiveness, localized learning and regional development: Specialisation and prosperity in small open economies*, London: Routledge.

Maybe, C., Salaman, G. and Storey, J. (1998) *Human resource management: A strategic introduction*, Oxford, Blackwell.

Merrill, B. (1999) *Gender, change and identity: Mature women students in universities*, Aldershot: Ashgate.

Misztal, B.A. (1996) *Trust in modern societies: The search for the bases of social order*, Cambridge: Polity.

Misztal, B.A. (2000) *Informality: Social theory and contemporary practice*, London: Routledge.

Morgan, S.L. (2000) 'Social capital, capital goods, and the production of learning', *Journal of Socio-Economics*, vol 29, pp 591-5.

Morrissey, M. and McGinn, P. (2001) *Evaluating community based and voluntary activity in Northern Ireland: Interim report*, Belfast: Community Evaluation Northern Ireland.

Morrow, V. (1999) 'Conceptualising social capital in relation to the well-being of children and young people: a critical review,' *Sociological Review*, pp 744-65.

Mouqué, D. (1999) *Sixth periodic report on the social and economic situation and development of the regions of the European Union*, Luxembourg: Office for Official Publications of the European Union.

Murtagh, B. (2002) *Social activity and interaction in Northern Ireland*, Northern Ireland Life and Times Survey Research Update 10, Belfast: ARK.

NESF (National Economic and Social Forum) (2003) *The policy implications of social capital*, Dublin: NESF.

NIAE (National Institute of Adult Education) (1970) *Adult education: Adequacy of provision*, Leicester: NIAE.

NISRA (Northern Ireland Statistics and Research Agency) (2002) *Northern Ireland Census 2001: Key statistics*, Belfast: NISRA.

Nixon, J., Allan, J. and Mannion, G. (2001) 'Educational renewal as a democratic practice: "new' community schooling in Scotland", *International Journal of Inclusive Education*, vol 5, no 4, pp 329-52.

Nixon, J., Martin, J., McKeown, P. and Ranson, S. (1996) *Encouraging learning: Towards a theory of the learning school*, Buckingham: Open University Press.

O'Connell, P.J. (1999) *Adults in training: An international comparison of continuing education and training*, Paris: OECD.

OECD (Organisation for Economic Co-operation and Development) (1996) *Technology, productivity and job creation: Best policy practices*, Paris: OECD.

OECD (2000) *Sustained economic growth and well-being*, Paris: OECD.

OECD (2001a) *The well-being of nations: The role of human and social capital*, Paris: OECD.

OECD (2001b) 'Meeting of the OECD education ministries, Investing in competencies for all. Communiqué', Paris, 3-4 April, Paris: OECD.

PIU (Performance and Innovation Unit) (2002) *Social capital: A discussion paper*, London: Cabinet Office.

Polanyi, M. (1966) *The tacit dimension*, London, Routledge and Kegan Paul.

Porter, M. (1990) *The competitive advantage of nations*, New York, NY: Free Press.

Portes, A. (1998) 'Social capital: its origins and applications in modern sociology', *Annual Review of Sociology*, vol 24, pp 1-24.

Preston, J. (2003) 'Enrolling alone? Lifelong learning and social capital in England', *International Journal of Lifelong Education*, vol 22, no 3, pp 235-48.

Putnam, R.D. (1993) *Making democracy work: Civic traditions in modern Italy*, Princeton, NJ: Princeton University Press.

Putnam, R.D. (1995) 'Bowling alone: America's declining social capital', *Journal of Democracy*, vol 6, pp 65-78.

Putnam, R.D. (2000) *Bowling alone: The collapse and revival of American community*, New York, NY: Simon and Schuster.

Research Forum (2000) *National marketing strategy for skills and lifelong learning: Market segmentation report*, Brisbane: Australian National Training Authority.

Rhodes, R.A.W. (1996) 'The new governance: governing without government', *Political Studies*, vol 44, no 4, pp 652-67.

Robbins, D. (2000) *Bourdieu and culture*, London: Sage Publications.

Roberts, S. (ed) (2003) *A ministry of enthusiasm: Centenary essays on the Workers' Educational Association*, London: Pluto Press.

Robinson, K. (2001) *Out of our minds: Learning to be creative*, Oxford: Capstone.

Rose, J. (2002) *The intellectual life of the British working classes*, New Haven, CT: Yale University Press,.

Rubenson, K. (2001) 'The power of the state: connecting lifelong learning policy and educational practice', in R.M. Cervero and A.L. Wilson (eds) *Power in practice: Adult education and the struggle for knowledge and power in society*, San Francisco, CA: Jossey-Bass, pp 83-104.

Salmon, G. (2001) 'Far from remote', *People Management*, 27 September, pp 34-6.

Salmon, H. (2002) 'Social capital and neighbourhood renewal', *Renewal*, vol 10, no 2, pp 49-55.

Sargant, N. with Field, J., Francis, H., Schuller, T. and Tuckett, A. (1997) *The learning divide: A report of the findings of a UK-wide survey on adult participation in education and learning*, Leicester: National Institute of Adult Continuing Education.

Savage, M., Bagnall, G. and Longhurst, B. (2005) 'Local habitus and working-class culture', in F. Devine, M. Savage, J. Scott and R. Crompton (eds) *Rethinking class: Culture, identities and lifestyle*, Basingstoke, Palgrave Macmillan, pp 95-122.

Schemmann, M. (2002) 'Reflexive modernisation in adult education research: the example of Anthony Giddens' theoretical approach', in A. Bron and M. Schemmann (eds) *Social science theories in adult education research*, Münster: Lit Verlag, pp 64-80.

Schemmann, M. and Bron, M. (eds) (2001) *Adult education and democratic citizenship IV*, Kraków: Impuls.

Schemmann, M. and Reinecke, M. (2002) *Gewerkschaftliche Bildungsarbeit in gesellschaftlichen Wandel*, Kraków: Impuls.

Schinkel, W. (2003) 'Pierre Bourdieu's political turn?', *Theory, Culture and Society*, vol 20, no 6, pp 69-93.

Schuller, T. (2004) 'Studying benefits', in T. Schuller, J. Preston, C. Hammond, A. Brassett-Grundy and J. Bynner (eds) *The benefits of learning: The impact of education on health, family life and social capital*, London: RoutledgeFalmer, pp 3-11.

Schuller, T. and Field, J. (1998) 'Social capital, human capital and the learning society', *International Journal of Lifelong Education*, vol 17, no 4, pp 226-35.

Schuller, T., Baron, S. and Field, J. (2000) 'Social capital: a review and critique', in S. Baron, J. Field and T. Schuller (eds) *Social capital: Critical perspectives*, Oxford: Oxford University Press, pp 1-38.

Schuller, T., Preston, J., Hammond, C., Brassett-Grundy, A. and Bynner, J. (2004) *The benefits of learning: The impact of education on health, family life and social capital*, London: Routledge Falmer.

Scottish Enterprise (2003) *Futureskills Scotland: The Scottish labour market 2003*, Glasgow/Inverness: Scottish Enterprise/Highlands and Islands Enterprise.

Scottish Executive (2003) *Working and learning together to build stronger communities: Community learning and development – working draft guidance*, Edinburgh: Scottish Executive.

Scottish Executive (2004) *Volunteering strategy*, Edinburgh: Scottish Executive.

Seaman, P. and Sweeting, H. (2004) 'Assisting young people's access to social capital in contemporary families: a qualitative study', *Journal of Youth Studies*, vol 7, no 2, pp 173-90.

Sen, A. (1999) *Development as freedom*, Oxford: Oxford University Press.

Sennett, R. (1999) *The corrosion of character: The personal consequences of work in the new capitalism*, New York, NY: Norton.

Seyd, P. and Whiteley, P. (1992) *Labour's grass roots: The politics of party membership*, Oxford: Clarendon.

Smith, J. and Spurling, A. (1999) *Lifelong learning: Riding the tiger*, London: Cassell/Lifelong Learning Foundation.

Sodexho (2004) *The university lifestyle survey 2004*, London: Sodexho/Times Higher Education Supplement.

Somerville, M. and Abrahamsson, L. (2003) 'Trainers and learners constructing a community of practice: masculine work cultures and learning safety in the mining industry', *Studies in the Education of Adults*, vol 35, no 1, pp 19-34.

Strawn, C. (2002) 'Social capital influences on lifelong learning among adults who didn't finish high school', Adult Education Research Conference, 24-26 May, North Carolina State University.

Strawn, C. (2003) 'The influences of social capital on lifelong learning among adults who did not finish high school', occasional paper, Cambridge, MA: National Centre for the Study of Adult Learning and Literacy.

Swart, J. and Kinnie, N. (2003) 'Sharing knowledge in knowledge intensive firms', *Human Resource Management Journal*, vol 13, no 2, pp 60-74.

Szreter, S. (1999) 'A new political economy for New Labour: the importance of social capital', *Renewal*, vol 7, no 1, pp 30-44.

Szreter, S. (2000) 'Social capital, the economy, and education in historical perspective, in S. Baron, J. Field and T. Schuller (eds) *Social capital: Critical perspectives*, Oxford: Oxford University Press, pp 56-77.

Sztompka, P. (1999) *Trust: A sociological theory*, Cambridge: Cambridge University Press.

Tawney, R. H. (1966) *The radical tradition. Twelve essays on politics, education and literature*, Harmondsworth: Penguin.

Thompson, J. (1983) *Learning liberation: Women's response to men's education*, Beckenham: Croom Helm.

Thorpe, V. (2000) 'What every modern girl needs: a divorce magazine', *Observer*, 3 September, p 5.

Touraine, A. (1995) *Critique of modernity*, Oxford: Blackwell.

TUC (Trades Union Congress) (2004) 'Only one in four non-union workers get regular training', press release 18/5/2004, accessed on 31 May 2005 at www.learningservices.org.uk/national/learning-3706-f0.cfm

Tuckett, A. (2001) *Changing structures, familiar challenges: Annual Report and Accounts 2000-2001*, Leicester: National Institute of Adult Continuing Education, pp 5-10.

Tuijnman, A. and Boudard, E. (2001) *International adult literacy survey: Adult education participation in North America: International perspectives*, Ottawa: Statistics Canada.

Turkle, S. (1997) *Life on the screen: Identity in the age of the internet*, New York, NY: Touchstone.

Uglow, J. (2003) *The lunar men: A story of science, art, invention and passion*, London: Faber and Faber.

Urry, J. (2002) 'Mobility and proximity', *Sociology*, vol 26, no 2, pp 255-74.

Van Laere, K. and Heene, A. (2003) 'Social networks as a source of competitive advantage for the firm', *Journal of Workplace Learning*, vol 15, no 6, pp 248-58.

Vester, M. (1997) 'Soziale Milieus und Individualisierung. Mentalitäten und Konfliktlinien im historischen Wandel', in U. Beck and P. Sopp (eds) *Individualisierung und Integration: neue Konfliktlinien und neuer Integrationsmodus*, Opladen: Leske und Budrich, pp 99-123.

Vester, M. (2005) 'Class and culture in Germany', in F. Devine, M. Savage, J. Scott and R. Crompton (eds) *Rethinking class: Culture, identities and lifestyle*, London: Palgrave Macmillan, pp 69-94.

Vester, M., von Oertzen, P., Geiling, H., Hermann, T. and Müller, D. (2001) *Soziale Milieus im gesellschaftlichen Strukturwandel: Zwischen Integration und Ausgrenzung*, Frankfurt am Main: Suhrkamp.

West, L. (1996) *Beyond fragments: Adults, motivation and higher education – a biographical analysis*, London: Taylor and Francis.

Woolcock, M. (1998) 'Social capital and economic development: toward a theoretical synthesis and policy framework', *Theory and Society*, vol 27, no 2, pp 151-208.

Wright, S. (2001) 'Activating the unemployed: the street-level implementation of UK policy', in J. Clasen (ed) *What future for social policy?*, Dordrecht: Kluwer, pp 235-50.

Young, M. (1998) 'Post-compulsory education for a learning society', in S. Ranson (ed) *Inside the learning society*, London: Cassell.

Zukas, M. and Malcolm, J. (2000) 'Pedagogies for lifelong learning: building bridges or building walls? Supporting lifelong learning: global internet colloquium', accessed on 14 January 2005 at www.open.ac.uk/lifelong-learning/papers

Zwarenstein, M., Atkins, J., Barr, H., Hammick, M., Koppel, I. and Reeves, S. (1999) 'A systematic review of interprofessional education', *Journal of Interprofessional Care*, vol 13, no 4, pp 417-24.

■参考文献：邦訳のあるもの

Beck, U(1992) *Risk Society*：東廉監訳『危険社会』二期出版、1988年
　　　　　　　　　　　　　　　島村賢一『世界リスク社会論：テロ、戦争、自然破壊』平凡社、2003年
Bourdieu. P(1984) *Distinction: A social critique of judgement of taste*：石井洋二朗監訳『ディスタンクシオン』新評論、1989年
Bourdieu. P(1988) *Homo academicus*：石崎晴己・東松秀雄訳『ホモ・アカデミクス』藤原書店、1997年
Bourdieu & Wacquant(1992) *An invitation to riflexive sociology*：水島和則訳『リフレクシヴ・ソシオロジーへの招待：ブルデュー社会学を語る』藤原書店、2007年
Durkheim, E(1933) *The division of labor in society*：田原音和訳『社会分業論』青木書店、2005年
Field, J (2000) *Lifelong learning and the new educational order*：矢野裕俊・埋橋孝文・赤尾勝己・伊藤知子訳『生涯学習と新しい教育体制』学文社、2004年
Fukuyama, F (1995) *Trust: The social virtues and the creation of prosperity*：加藤寛訳『「信」無くば立たず』三笠書房、1996年
Gibbons, M 他 (1994) *The new production of knowledge*：小林信一監訳『現代社会と知の創造：モード論とは何か』丸善、1997年
Giddens, A (1991) *Modernity and self-identity :Self and society in the late modern age*：秋吉美都・安藤太郎・筒井淳也訳『モダニティと自己アイデンティティ』ハーベスト社、2005年
Giddens, A(1992) *The transformation of intimacy: sexuality , love and eroticism in modern*：松尾精文・松川昭子訳『親密性の変容：近代社会におけるセクシュアリティ、愛情、エロティシズム』而立書房、1995年
Illich, I (1971) *Deschooling society*：東洋・小澤周三訳『脱学校の社会』東京創元社、1977年
Lave, J & Wengner, E (1991) *Situated learning*：佐伯胖訳『状況に埋め込まれた学習：正統的周辺参加』産業図書、1995年
Polanyi, M (1966) *The tacit dimension*：高橋勇夫訳『暗黙知の次元』筑摩書房、2003年
Porter, M (1990) *The competitive advantage of nations*：土岐坤［ほか］訳『国の競争優位』ダイヤモンド社、1992年
Putnam, R. D (1993) *Making democracy work: Civic traditions in modern Italy*：河田潤一訳『哲学する民主主義：伝統と改革の市民的構造』NTT出版、2001年
Putnam, R. D (2000) *Bouling alone: The collapse and revival of American community*：柴内康文訳『孤独なボウリング：米国コミュニティの崩壊と再生』柏書房、2006年
Sen, A (1999) *Development as freedom*：石塚雅彦『自由と経済開発』日本経済新聞社、2000年
Sennet, R (1999) *The corrosion of character: The personal consequences of work in the new capitalism*：斉藤秀正訳『それでも新資本主義についていくか：アメリカ型経営と個人の衝突』ダイヤモンド社、1999年
Tawney, R. H (1966) *The radical tradition. Twelve essays on politics, education and literature*：浜林正夫・鈴木亮訳『急進主義の伝統』新評論、1967年
Thompson, J (1983) *Learning liberation: Women's response to men's education*：上杉孝實［ほか］訳『解放を学ぶ女たち』勁草書房、1987年
Turkle, S (1997) *Life on the screen: Identity in the age of the internet*：日暮雅道訳『接続された心』早川書房、1998年

訳者あとがき

　本書は、スターリング大学生涯学習学のジョン・フィールド教授の著書、*Social Capital and Lifelong Learning*, 2005 を訳したものである。彼の本の邦訳はすでに『生涯学習と新しい教育体制』（学文社、2004 年、*Lifelong Learning and New Educational Order*, Polity Press, 2000）があり、その中でフィールド教授は英国をはじめヨーロッパの生涯学習をめぐるこれまでの展開に注目し、1990 年代半ば以降に強まった生涯学習熱の背景や特徴について、包括的意味づけを行った。本書はそのなかでも部分的に論じられた生涯学習とソーシャルキャピタルの関係について、北アイルランドにおける成人の学習と社会参加について行われた調査結果を主なエビデンスとして論じたものである。

　第二次世界大戦後の教育改革以降、社会教育のそれなりに長く広がりをもった歴史が刻まれてきた日本では、生涯学習というと社会教育施設や民間のカルチャーセンターで行われる、文化教養を中心とした自己実現のための学習を思い浮かべるのが常であった。そうした学習の実態は欧米でも見られないわけではないが、とりわけ 1990 年代後半以降のヨーロッパにおける生涯学習言説は切実さを伴った社会的現実に根ざしている。

　1965 年のユネスコ成人教育国際委員会でラングランが生涯教育を新しい概念として提唱して以来、それまでにも存在し続けた成人教育の伝統を引き継ぐだけでなく、人々の学習期間を生涯にわたって、また生活の全般にわたって広げるという考え方は、1972 年のユネスコのフォール委員会報告書（邦訳『未来の学習』）などにも受け継がれ、生涯学習理論の骨格を形成してきた。

　他方、経済開発協力機構（OECD）からは学校教育制度に柔軟性をもたせて、人々が労働と教育とを交互に繰り返すことのできるリカレント教育が提唱され、先進国での技術革新の発展に対応するための生涯にわたる教育システムのあり方が模索されてきた。ところが、1980 年代以降、第 4 回ユネスコ成人教育国際会議（1985 年、パリ）の学習権宣言により学習権が人間の生存にとって不可欠の手段であり基本的権利であることが謳われたものの、生涯学

習の理念と実践を生み出したヨーロッパにおいては生涯学習への政策的な関心はむしろ低調であった。それよりも、国際的な学力調査の結果に基づいた学力の比較とそれの向上を目指した、いわゆる初期教育（義務教育）が生み出す成果が欧米主要国の教育政策の主な関心となったのである。

ところが、グローバル化の進行と知識経済への移行は社会に急激な変化をもたらし、人々の生活と労働も大きな変化に見舞われる。とりわけ、世界規模でも一国内でも経済格差が大きくなり、貧困に加えて社会的排除が社会の新たな挑戦として人々の前に立ちはだかるようになる。

1996年にユネスコ「21世紀教育国際委員会」の報告書として出された、いわゆるドロール報告書（邦訳『学習：秘められた宝』）では、四つの学びを区別し、知るための学び（知識の学習）、実践のための学び（技術の学習）、存在するための学びに加えて、共に生きるための学び（共生の学習）の重要性が述べられた。それまで、学習は個人を単位として、また個人の責任と好みに基づいて行われるものだという考え方が支配的であった。学習は、人がそれによってより高い、あるいは新しい知識やスキルを身につけ、労働市場での自己の価値を高めるための営みだという考えである。ところが、ドロール報告書では共生のための学びという視点が強調され、この社会で人々が共に生きるために学習が介在しなければならないとされたのである。生涯学習は個人の成長のための原理であるだけでなく、未来の社会を形づくるための原理とも位置付けられるのである。

生涯学習を個人の成長と自己実現の文脈でとらえるかぎり、それは行うも行わないも自由、「いつでも、どこでも、誰でも」学べるという環境を用意することが必要なすべてになる。

ところが、共に生きるための学習という思想は、学習を社会的に必要な活動として位置付けるものであり、それは、個人が学び、学び直しを続けることによって現代社会の変化に対応していくことが社会的に必要だという意味にとどまらず、政治的、経済的、社会的対立や、文化的、宗教的な葛藤を超えて、人々が戦争と暴力による紛争解決から、対話と相互理解による解決へと到るためには、「共に生きるための知恵」が必要だという考えにつながる。そうした知恵はどのような条件においていかに生み出されるのか。それが今

日の生涯学習論の関心事となっているのである。

　こうした生涯学習論の新たな展開が、英国をはじめとするEU諸国における社会政策と交差するところでソーシャルキャピタルの議論が活発化している。
　ソーシャルキャピタルはわが国においても社会関係資本などと呼ばれ、近年とみに注目されることが多くなった。これを直訳すると社会資本となるが、その語は道路や港湾、下水道などのインフラのことを指す用語として久しく使われてきており、本書では混同を避けるために、あえてカタカナ表記を用いた。それは、ソーシャルキャピタルに対置されるヒューマンキャピタルもまた、かつての人的資本論とはやや趣を異にした概念として用いられていることとも関係している。
　生涯学習とソーシャルキャピタルの関係は、生涯学習の展開にとってソーシャルキャピタルがどのような意味をもつのかということと、ソーシャルキャピタルの形成にとって生涯学習がどのような役割を果たすのか、という二通りの視点から論じることができる。
　フィールドは北アイルランドにおける調査結果に基づいて、この二つの視点から生涯学習とソーシャルキャピタルの関係を論じたのである。調査結果からわかったことは、ソーシャルキャピタルの形成によって人々の社会参加の度合いが高いところでは生涯学習への関わりも高く、生涯学習への関わりが高い人たちは社会参加の度合いも高い、というものであった。当然のようにおもわれる両者の関係が、データの裏付けを得て立証されたのである。
　ソーシャルキャピタルをめぐる諸言説に対しては一定の距離を保ち、ジェンダー的視点の欠如といった弱点に触れながらも、フィールドはその理論的な枠組みを丁寧に検討し、それがもつ概念的有効性を示している。
　ソーシャルキャピタルに対する著者の見方は、手放しの期待や歓迎ではなく、生涯学習がまさしくそうであったように、概して1990年代以降にもてはやされるようになった流行語ともいえる概念であることを意識した慎重なスタンスをとりながらも、それが社会的つながりやネットワークを一つの資源としてとらえ、それを生かした人々の相互の協力によって恩恵を与え合う

ことができる、という点に積極的に注目しようというものである。著者はブルデューのソーシャルキャピタル論に拠りつつ、コールマンやパットナムの言説にも注目する。わが国でのソーシャルキャピタルへの注目が、主としてパットナムによるイタリアの地方政府の行政的パフォーマンスを比較した研究（『哲学する民主主義』）や、アメリカにおけるコミュニティの崩壊を論証した『孤独なボウリング』（論文1994年、原著書、2001年）に触発されたところが大きいことと比べると、フィールドの関心のもちようはいささか異なり、より広い視野に立ったものであるといえる。たとえばパットナムの諸論にも19世紀的な自発的結社への懐古的な憧れを見てとるなど、冷静さを保った記述がみられるのはその表れである。

著者は、Social Capitalと題する2000年に刊行されたトム・シューラーらとの共著の冒頭において、ソーシャルキャピタルを「社会的ネットワーク、そこから生じる互酬性、相互の目標を達成するためにこれらに価値をおくこと」と定義し、現代世界を論じ、理解するうえで重要な概念であると述べている。ソーシャルキャピタルがコミュニティの人と人との間に形成される信頼や互酬性、ネットワークをその内実とするのであれば、当然のことながらそれが無条件に善として受け入れられるべきものではなく、人々の支えあいに生かされる場合もあれば、逆に排除を促す結果を招く場合もあるはずである。そうした実際の働きの違いは、結束型、橋渡し型、関係型という3つのソーシャルキャピタルの分類によって説明される。

ソーシャルキャピタルと生涯学習の関係は相互に良好な影響を与え合う互恵的なものともなりうるが、同時に両者が負の影響を与え合う関係になることもある。たとえばコミュニティの絆が強いことが学力向上のための人々の努力を妨げるとか、情報交換が人々のインフォーマルな関係のなかでスムーズに行われるためにフォーマルな教育訓練をあまり必要と感じなくなることも起こりうるからである。

しかし、コールマンが明らかにしたように、エスニシティや社会経済的な状況といった因子がネガティブに作用することがあっても、規範の共有と安定した社会的ネットワークが存在することで学校での高い学力を実現することができるという知見は、ソーシャルキャピタルが教育に及ぼす影響の大き

訳者あとがき 219

さを私たちに知らしめるものであった。著者は、それは成人教育においても当てはまると考え、コミュニティにおけるソーシャルキャピタルが大きければ、人々のヒューマンキャピタルの質も高まるのではないかと考える。

　そこで、ソーシャルキャピタルとヒューマンキャピタルの相互関係が問題となるのである。今やOECDをはじめ、ソーシャルキャピタルに対する関心はヒューマンキャピタルへの注目と車の両輪のごとく並行している。ヒューマンキャピタルとは、「個人的・社会的・経済的な幸福の創造を促す、個人に内在した知識、スキルやコンピテンシーとその属性」であるとされる（OECD編、立田慶裕訳『よくわかるヒューマンキャピタル』明石書店、2010年）。ヒューマンキャピタルは今日、経済発展をもたらす最重要の要素であると考えられているが、そこから生み出される恩恵はそれだけにとどまらない。教育をより多く受けた人、学習に積極的に取り組む人の方が市民活動にも積極的に参加するとすれば、ヒューマンキャピタルの増大がソーシャルキャピタルを増大させるという両者の関係が見えてくる。人の良好な健康状態もまたヒューマンキャピタルの一部とみなすことができる。それはフォーマルな教育ばかりでなく、インフォーマルな学習によっても高められるのである。

　人々のインフォーマルな学習がヒューマンキャピタルの増大に通じるのであれば、そうしたインフォーマルな学習を促す社会的条件がどの程度備わっているのかが重要な問題となる。それはソーシャルキャピタルの程度と言い換えることもできる。それが豊かに存在することで人々のインフォーマルな学習が成り立つという側面もみられるはずである。

　著者は二つの資本の関係に注目する一人だが、本書では北アイルランドの人々がソーシャルキャピタルを積極的に利用して学校教育における若い世代の高水準の達成を実現していることから、両者の関係を補完的なものとしてとらえる。ところが他方、成人同士においては特定の教育訓練を通してというよりも、よく知った他者との関係の中で新しいスキルや知識、理解を得ており、ソーシャルキャピタルがヒューマンキャピタルを代替するという関係がみられる。

　著者はこの二つの資本の関係を補完仮説と代替仮説として対照させ、限定を加えつつ補完仮説を支持しながらも、つながりを通してインフォーマルに

得た情報やスキルが、時には教育訓練を通して得られたものよりもはるかに効果的なものとなりうることを強調する。

　生涯学習とソーシャルキャピタルについては、著者は両者の間にポジティブな関連があるとして、コミュニティに深くかかわっている人々はそうでない人々よりも、成人の学習者になりやすいことを認めている。同じように余暇を享受していても、家を出て人とのかかわりをもつことに積極的な人は学習に参加しやすいが、余暇をもっぱら家で過ごす人は学習に参加しにくいという。コミュニティが根強く機能しながら、それが学習への動機づけを高めることにかならずしもつながらないことを示す証拠に事欠かないのである。

　北アイルランドという、家族関係をはじめ社会的ネットワークが密で、人々の絆が強い地域において調査を行い、それをヨーロッパの文脈に置いてながめてみることで、生涯学習とソーシャルキャピタルの関係は一般論で簡単には片付けられない、複雑な様相を帯びて私たちの眼前に現れるのである。

　本書の意義は、こうした複雑性を根拠に基づいて示すことにより、ソーシャルキャピタルと生涯学習をめぐる政策的関心が単純で安直な理解に陥ることに一つの警告を発しているところに見いだせるのではないかとおもう。

　前著『生涯学習と新しい教育体制』とあわせてお読みいただければ理解が深まるはずである。前著の翻訳では、ソーシャルキャピタルを社会資本、ヒューマンキャピタルを人的資本と訳したが、その後のわが国での一般的な語用にならって、また誤解を与えないとの配慮から、本書ではあえてカタカナ表記で原語をそのままに用いた。

　翻訳の分担は、序章と第1章を矢野が、第2章を立田が、第3章・第4章を赤尾が、第5章を中村が行い、全体の訳文の検討を相互に行うととともに、最終的に矢野が統一性や正確性の観点から訳文に手を入れた。翻訳を手がけてからずいぶん時間が経ったが、著者との約束がようやく果たせてほっとしている。

　最後に、厳しい出版事情のなかでこうした地味なテーマの本の翻訳出版を快諾していただいた東信堂の下田勝司氏と、連絡とていねいな校正の労をとってくださった向井智央さんに感謝申し上げる。

2010年9月

事項索引

【ア行】

アイデンティティ　12, 24, 25, 41, 99, 105, 143, 145, 151, 189
　　——資産　189
アクセスコース　41
アクセスモデル　196
暗黙知　19, 20, 173
EU　3
イノベーション　19, 20, 22, 143, 185, 189
インターネット　144, 145
インフォーマルな学習　6, 10, 44, 96, 97, 131, 132, 194
インフォーマル学習　77, 87
英国世論推移世帯調査　18
エスニシティ　15, 33
NVQ　72, 73, 77, 82
OECD　3, 11, 53, 54, 169
欧州委員会　11, 92, 169
オープンユニバーシティ　70
Oレベル　67, 80

【カ行】

学習コミュニティ　188
学習社会　3, 4, 7
学習都市　14
学習利益研究センター　39, 134, 136
学校教育モデル　195
活動理論　147
キー・コンピテンシー　193
危険社会　138
絆　23, 99, 190
北アイルランド生活時間調査　99, 104, 105, 109, 120, 132
北アイルランド紛争　93-95
ギャップ・イヤー　183

共認識　21, 144
行為主体性　5, 195
幸福　26, 183
合理的選択理論　32, 35
国立成人教育研究所　17
国際成人識字調査　48
互酬性　8, 36, 40, 141, 185
コーピング　177, 179, 180
コミュニケーション　23, 40, 191, 194
　　——・スキル　31
コミュニタリアン　23, 34, 36
コミュニティ　24, 32, 41, 43, 100, 188
　　——開発　77, 80, 178, 189
　　——学習　188
　　——形成　23
コンピテンシー　193
コンピテンス　147, 160

【サ行】

再帰的近代化　5
再帰的近代化理論　138
ジェンダー　15, 38, 46, 140
資格社会モデル　195
実践共同体　147, 190
シティ・アンド・ギルド　78
シティズンシップ　16
市民活動　18, 22, 42, 109, 114
市民参加　14, 18, 22, 38, 41, 56, 113, 142, 184
社会運動　24
社会関係　7
社会圏　4, 25, 154, 157
社会的企業　184
社会的結束　134
社会的つながり　4, 22, 26
社会的ネットワーク　8, 19, 25, 34, 36, 55,

99, 129, 142, 159, 162, 163
社会的包摂　8
社会的リテラシー　166, 190, 193
主体的市民参加　15, 47, 119, 134, 139, 171
状況学習　147
状況認知　147, 148
生涯学習　14, 47, 109, 114
親密性　139, 140
信頼　20, 36, 40, 140, 185
生活の質　178
成人学習　14, 15, 22, 43, 60, 68, 101, 104, 119, 136
成人教育　6, 15, 18
正統的周辺参加　147, 190
ソーシャル・スキル　31, 193
ソーシャルキャピタル　8-11, 14, 20, 39
　関係型（linking）――　39, 127, 179
　結束型（bonding）――　23, 39, 44, 127, 179, 181, 190
　はしご型（scailing）――　39
　橋渡し型（bridging）――　39, 179

【タ行】
知識経済　147
知識資産　173
地方都市婦人会　16, 137
つながり　9, 25, 26, 40, 42

【ナ行】
ニューカマー　8
ニュー・テクノロジー　19, 109, 113, 118, 139, 144, 145, 187
ニュー・パブリック・マネジメント　172
ニューメラシー　62
ニュー・レーバー　167, 178
ネットワーク　10, 14, 19, 21, 22, 32, 38, 43, 46, 99, 100, 131, 132, 139, 168, 180, 185
――資産　28, 44
――資源　44
――社会　24
ノンフォーマルな学習　6

【ハ行】
パートナーシップ　117, 140
ハビトゥス　19, 154
パフォーマンス　10
反省性　150
PISA　52
ヒューマンキャピタル　11, 32-35, 41, 43, 48, 97, 99, 129, 133
フェミニズム　17
フォード方式　21
フォーマルな学習　6, 10, 96
文化資本　9, 12, 29, 166
ポスト・フォーディズム　152
ボランタリズム　183
ボランティア活動　183

【マ行】
明示知　20

【ヤ行】
柔らかいスキル　21, 23, 192
ヨーロッパ生涯学習年　169

【ラ行】
ライフサイクル　40
ライフヒストリー　15
リテラシー　52, 53, 62
労働者教育協会（WEA）　95
労働組合　17, 18
労働者教育協会　16, 17

人名索引

【ア行】
アルハイト, P. 144
ウェーバー, M. 154
ウェンガー, E. 190
ウルコック, M. 170
エンゲストローム, Y. 21, 144

【カ行】
カステル, M. 24, 145
ギデンズ, A. 5, 24, 138
ギボンズ, M. 7
コールマン, M. 10, 26, 29, 31, 33, 35, 38, 41, 129, 133, 141

【サ行】
シャーマン, M. 24
ジャミソン, L. 140
シューラー, T. 48
シュレッター, S. 21, 22, 120, 167
ストローン, C. 130, 131
セネット, R. 146
セン, A. 123

【タ行】
タークル, S. 145

【ダ行】
デュルケーム, E. 9, 26
トーニー, R. H. 16

【ハ行】
パットナム, R. 26, 36, 38, 133, 137, 139, 141, 142, 145
ファーランダー, S. 187
フクヤマ, F. 145
ブルデュー, P. 5, 9, 19, 26-29, 31, 38, 44, 46, 154
ブロン, A. 16
ベスター, M. 123
ベッカー, G. 32
ベック, U. 5, 24, 138
ポランニー, K. 19
ポルテス, A. 163

【マ行】
ミシュタル, B. 138, 146, 184, 191

【ヤ行】
ヤング, M. 195

【ラ行】
レイヴ, J. 190

訳者紹介（担当章順、監訳者は奥付参照）

矢野　裕俊（やの　ひろとし）　監訳、はじめに、1章

立田　慶裕（たつた　よしひろ）　2章
　1953年生まれ、国立教育政策研究所総括研究官
　大阪大学大学院人間科学研究科博士課程単位取得退学
　主要著作・論文　『家庭・学校・地域で育む発達資産—新しい視点の生涯学習』（編著、北大路書房、2007年）、「生涯学習のためのキー・コンピテンシー」『生涯学習・社会教育研究ジャーナル』（2007年）、『よくわかるヒューマン・キャピタル』（OECD編、明石書店、監訳、2010年）など。

赤尾　勝己（あかお　かつみ）　3・4章
　1957年生まれ、関西大学文学部教授
　大阪大学大学院人間科学研究科博士課程修了　博士（人間科学）
　主要著作　赤尾勝己『生涯学習概論—学習社会の構想—』（関西大学出版部、1998年）、『生涯学習の社会学』（玉川大学出版部、1998年）、『生涯学習社会の可能性—市民参加による現代的課題の講座づくり—』（編著、ミネルヴァ書房、2009年）。

中村　浩子（なかむら　ひろこ）　5章
　大阪国際大学国際コミュニケーション学部専任講師
　東京大学大学院教育学研究科博士課程修了
　主要著作・論文　「学校選択の自由とオルタナティブ教育」『比較教育学研究』37（東信堂、2008年）、『ポストドクター問題』（共著、世界思想社、2009年）、「ポストドクターのキャリア形成」『科学技術社会論研究』7（共著、玉川大学出版会、2009年）

監訳者紹介

矢野　裕俊（やの　ひろとし）

1951年大阪市生まれ
大阪市立大学大学院文学研究科後期博士課程修了　博士（文学）
大阪市立大学大学院創造都市研究科教授・大学教育研究センター副所長
中等教育論・高等教育論

主要著作・論文

『自律的学習の探求―高等学校教育の成立と回帰―』（晃洋書房、2000年）
「教育の国際比較」埋橋孝文編著『比較のなかの福祉国家』（ミネルヴァ書房、2003年）
「海外における初年次教育の動向」『大学と学生』第80号、2010年
「自主的な学校行事を通した生徒の成長に関する事例研究」『カリキュラム研究』第19号、2010年（共著）

（共訳書）J・フィールド『生涯学習と新しい教育体制』（学文社、2004年）

SOCIAL CAPITAL AND LIFELONG LEARNING

ソーシャルキャピタルと生涯学習

2011年2月20日　初　版第1刷発行　〔検印省略〕

＊定価はカバーに表示してあります

著者 © ジョン・フィールド　　監訳者 © 矢野裕俊　　　印刷・製本　中央精版印刷

東京都文京区向丘1-20-6　郵便振替 00110-6-37828
〒113-0023　TEL 03-3818-5521（代）　FAX 03-3818-5514
E-Mail tk203444@fsinet.or.jp　　http://www.toshindo-pub.com

発行所　株式会社 東信堂

Published by TOSHINDO PUBLISHING CO.,LTD.
1-20-6, Mukougaoka, Bunkyo-ku, Tokyo, 113-0023, Japan
ISBN978-4-7989-0041-4　C3037 Copyright©2011

東信堂

教育文化人間論——知の逍遙／論の越境	小西正雄	二四〇〇円
グローバルな学びへ——協同と刷新の教育	田中智志編著	二〇〇〇円
教育の共生体へ——ボディ・エデュケーショナルの思想圏	田中智志編	三五〇〇円
人格形成概念の誕生——近代アメリカの教育概念史	田中智志	三六〇〇円
社会性概念の構築——アメリカ進歩主義教育概念史	田中智志	三八〇〇円
教育の自治・分権と学校法制	結城忠	四六〇〇円
教育制度の価値と構造	井上正志	四二〇〇円
学校改革抗争の100年——20世紀アメリカ教育史	末藤・宮本・佐藤訳 D・ラヴィッチ著	六四〇〇円
国際社会への日本教育の新次元	関根秀和編	一二〇〇円
——今、知らねばならないこと		
ヨーロッパ近代教育の葛藤	太関田美啓子編	三二〇〇円
——地球社会の求める教育システムへ		
ミッション・スクールと戦争——立教学院のディレンマ	前田一男編老川慶喜	五八〇〇円
多元的宗教教育の成立過程	大森秀子	三六〇〇円
——アメリカ教育と成瀬仁蔵の「帰一」の教育		
いま親にいちばん必要なこと	春日耕夫	二六〇〇円
——「わからせる」より「わかる」こと		
NPOの公共性と生涯学習のガバナンス	高橋満	二八〇〇円
協同と表現のワークショップ	茂木一司編集代表	二四〇〇円
——学びのための環境のデザイン		
教育と不平等の社会理論——再生産論をこえて	小内ハヲ透	三三〇〇円
教育の平等と正義	大桃敏行・中村雅子・後藤武俊訳 K・ハウ著	三三〇〇円
オフィシャル・ノレッジ批判	野崎・井口・M・W・アップル著 池田監訳	三八〇〇円
——保守復権の時代における民主主義教育		
〈シリーズ 日本の教育を問いなおす〉		
拡大する社会格差に挑む教育	西村和雄・大森不二雄倉元直樹・木村拓也編	二四〇〇円
混迷する評価の時代	西村和雄・大森不二雄倉元直樹・木村拓也編	二四〇〇円
——教育評価を根底から問う		
〈現代日本の教育社会構造〉（全4巻）		
地上の迷宮と心の楽園 【コメニウスセレクション】	藤田輝夫訳 J・コメニウス	三六〇〇円
〈第1巻〉教育社会史——日本とイタリアと	小林甫	七八〇〇円

〒113-0023 東京都文京区向丘1-20-6
TEL 03-3818-5521 FAX03-3818-5514 振替 00110-6-37828
Email tk203444@fsinet.or.jp URL:http://www.toshindo-pub.com/

※定価：表示価格（本体）＋税

東信堂

転換期を読み解く——潮木守一時評・書評集	潮木守一	二六〇〇円
大学再生への具体像	潮木守一	二五〇〇円
フンボルト理念の終焉？——現代大学の新次元	潮木守一	二五〇〇円
いくさの響きを聞きながら——横須賀そしてベルリン	潮木守一	二四〇〇円
大学教育の思想——学士課程教育のデザイン	絹川正吉	二八〇〇円
国立大学・法人化の行方——自立と格差のはざまで	天野郁夫	三六〇〇円
転換期日本の大学改革——アメリカと日本	江原武一	三八〇〇円
大学の責務	立川明・坂本辰朗	三二〇〇円
大学の財政と経営	丸山文裕	三二〇〇円
私立大学マネジメント	（社）私立大学連盟編	四七〇〇円
私立大学の経営と拡大・再編——一九八〇年代後半以降の動態	D.ケネディ著 井上比呂子訳	四二〇〇円
30年後を展望する中規模大学	両角亜希子	三二〇〇円
マネジメント・学習支援・連携	市川太一	二五〇〇円
もうひとつの教養教育——職員による教育プログラムの開発	近森節子編著	二三〇〇円
政策立案の「技法」——職員による大学行政政策論集	伊藤昇編著	二五〇〇円
大学の管理運営改革——日本の行方と諸外国の動向	江原武一・杉原均編著	三六〇〇円
教員養成学の誕生——弘前大学教育学部の挑戦	福島裕敏編著遠藤孝夫	三三〇〇円
改めて「大学制度とは何か」を問う	舘昭	一八〇〇円
原点に立ち返っての大学改革	舘昭	一四〇〇円
戦後日本産業界の大学教育要求——経済団体の教育言説と現代の教養論	飯吉弘子	五四〇〇円
韓国大学改革のダイナミズム——ワールドクラス〈WCU〉への挑戦	馬越徹	二七〇〇円
現代アメリカの教育アセスメント行政の展開——マサチューセッツ州〈MCASテスト〉を中心に	北野秋男編	四八〇〇円
アメリカの現代教育改革——スタンダードとアカウンタビリティの光と影	松尾知明	二七〇〇円
現代アメリカのコミュニティ・カレッジ——その実態と変革の軌跡	宇佐見忠雄	二三八〇円
アメリカ連邦政府による大学生経済支援政策	杉本和弘	五八〇〇円
戦後オーストラリアの高等教育改革研究	犬塚典子	三八〇〇円
大学教育とジェンダー——ジェンダーはアメリカの大学をどう変革したか	ホーン川嶋瑤子	三六〇〇円

〒113-0023 東京都文京区向丘1-20-6
TEL 03-3818-5521 FAX 03-3818-5514 振替 00110-6-37828
Email tk203444@fsinet.or.jp URL:http://www.toshindo-pub.com/

※定価：表示価格（本体）＋税

===== 東信堂 =====

比較教育学——越境のレッスン	馬越徹	三六〇〇円
比較教育学——伝統・挑戦・新しいパラダイムを求めて	M・ブレイ編著/馬越徹・大塚豊監訳	三八〇〇円
世界の外国人学校	馬越徹・大塚豊監訳	三八〇〇円
ヨーロッパの学校における市民的社会性教育の発展——フランス・ドイツ・イギリス	末藤美津子編著	三八〇〇円
世界のシティズンシップ教育——グローバル時代の国民/市民形成	嶺井明子編著	二八〇〇円
市民性教育の研究——日本とタイの比較	平田利文編著	四二〇〇円
多様社会カナダの「国語」教育（カナダの教育3）	関口礼子編著	三八〇〇円
国際教育開発の再検討——途上国の基礎教育普及に向けて	浪田克之介編著	二四〇〇円
中国教育の文化的基盤	顧明遠著/大塚豊監訳	二九〇〇円
中国大学入試研究——変貌する国家の人材選抜	南部広孝	三六〇〇円
中国高等教育独学試験制度の展開	大塚豊	三二〇〇円
大学財政——世界の経験と中国の選択	成瀬龍夫監訳	三四〇〇円
中国の民営高等教育機関——社会ニーズとの対応	鮑威	四六〇〇円
「改革・開放」下中国教育の動態——江蘇省の場合を中心に	阿部洋編著	五四〇〇円
中国の職業教育拡大政策——背景・実現過程・帰結	劉文君	五〇四八円
中国の後期中等教育の拡大と経済発展パターン——江蘇省と広東省の比較	呉琦来	三八二七円
中国高等教育の拡大と教育機会の変容	王傑	三九〇〇円
バングラデシュ農村の初等教育制度受容	日下部達哉	三六〇〇円
オーストラリア学校経営改革の研究——自律的学校経営とアカウンタビリティ	佐藤博志	三八〇〇円
オーストラリアの言語教育政策——多文化主義における「多様性と」「統一性」の揺らぎと共存	青木麻衣子	三八〇〇円
マレーシア青年期女性の進路形成	鴨川明子	四七〇〇円
「郷土」としての台湾——郷土教育の展開にみるアイデンティティの変容	林初梅	四六〇〇円
戦後台湾教育とナショナル・アイデンティティ	山﨑直也	四〇〇〇円

〒113-0023　東京都文京区向丘1-20-6
TEL 03-3818-5521　FAX 03-3818-5514　振替 00110-6-37828
Email tk203444@fsinet.or.jp　URL:http://www.toshindo-pub.com/

※定価：表示価格（本体）＋税

東信堂

大学の自己変革とオートノミー―点検から創造へ	寺﨑昌男	二五〇〇円
大学教育の創造―歴史・システム・カリキュラム	寺﨑昌男	二五〇〇円
大学教育の可能性―評価・実践・教養教育	寺﨑昌男	二五〇〇円
大学は歴史の思想で変わる―FD・評価・私学	寺﨑昌男	二八〇〇円
大学改革 その先を読む	寺﨑昌男	二三〇〇円
大学自らの総合力―理念とFD そしてSD	寺﨑昌男	二五〇〇円
あたらしい教養教育をめざして―大学教育学会25年の歩み：未来への提言	大学教育学会編 25年史編纂委員会編	二九〇〇円
大学教育 研究と教育の30年―大学教育学会の視点から	大学教育学会創立30周年記念誌編集委員会編	二〇〇〇円
高等教育質保証の国際比較	羽田貴史編	三六〇〇円
大学における書く力考える力―認知心理学の知見をもとに	杉谷祐美子編	三二〇〇円
ティーチング・ポートフォリオ―授業改善の秘訣	土持ゲーリー法一	二〇〇〇円
ラーニング・ポートフォリオ―学習改善の秘訣	土持ゲーリー法一	二五〇〇円
津軽学―歴史と文化	弘前大学21世紀教育センター・土持ゲーリー法一編著	二〇〇〇円
IT時代の教育プロ養成戦略―日本初のeラーニング専門家養成ネット大学院の挑戦	大森不二雄編	二六〇〇円
大学教育を科学する―学生の教育評価 の国際比較	山田礼子編著	三六〇〇円
一年次（導入）教育の日米比較	山田礼子	二八〇〇円
初年次教育でなぜ学生が成長するのか―全国大学調査からみえてきたこと	河合塾編	二八〇〇円
大学の授業	宇佐美寛	二五〇〇円
大学授業の病理―FD批判	宇佐美寛	二五〇〇円
授業研究の病理	宇佐美寛	二五〇〇円
大学授業入門	宇佐美寛	一六〇〇円
作文の論理―〈わかる文章〉の仕組み	宇佐美寛	一九〇〇円
作文の教育―〈教養教育〉批判	宇佐美寛編著	二〇〇〇円
問題形式で考えさせる	大田邦郎	二〇〇〇円

〒113-0023 東京都文京区向丘1-20-6　TEL 03-3818-5521　FAX 03-3818-5514　振替 00110-6-37828
Email tk203444@fsinet.or.jp　URL:http://www.toshindo-pub.com/

※定価：表示価格（本体）＋税

東信堂

(現代社会学叢書)

開発と地域変動——開発と内発的発展の相克	北島 滋	三二〇〇円
在日華僑のアイデンティティの変容——華僑の多元的共生	過 放	四四〇〇円
健康保険と医師会——社会保険創始期における医師と医療	北原龍二	三八〇〇円
事例分析への挑戦——個人現象への事例媒介アプローチの試み	南 保輔	三八〇〇円
海外帰国子女のアイデンティティ——生活経験と通文化的人間形成	水野節夫	四六〇〇円
現代大都市社会論——分極化する都市？ 神戸市真野住民のまちづくり	園部雅久	三八〇〇円
インナーシティのコミュニティ形成	今野裕昭	五四〇〇円
ブラジル日系新宗教の展開——異文化布教の課題と実践	渡辺雅子	七八〇〇円
イスラエルの政治文化とシチズンシップ	奥山眞知	三八〇〇円
正統性の喪失——アメリカの街頭犯罪と社会制度の衰退	G・ラフリー／室月誠監訳	三六〇〇円

〈シリーズ社会政策研究〉

福祉国家の社会学——21世紀における可能性を探る	三重野卓編	二〇〇〇円
福祉国家の医療改革——政策評価にもとづく選択	近藤克則編	二〇〇〇円
共生社会の理念と実際	三重野卓編	二〇〇〇円
福祉政策の理論と実際 (改訂版) 福祉社会学研究入門	武川正吾編 キム・ヨンミョン	二五〇〇円
韓国の福祉国家・日本の福祉国家	三重岡公野一卓編	三三〇〇円
改革進むオーストラリアの高齢者ケア	木下康仁	二四〇〇円
認知症家族介護を生きる——新しい認知症ケア時代の臨床社会学	井口高志	四二〇〇円
社会福祉における介護時間の研究——タイムスタディ調査法の応用	渡邊裕子	五四〇〇円
新版 新潟水俣病問題——加害と被害の社会学	舩橋晴俊／飯島伸子編	三八〇〇円
新潟水俣病をめぐる制度・表象・地域	関 礼子編	五六〇〇円
新潟水俣病問題の受容と克服	堀田恭子	四八〇〇円
公害被害放置の社会学——イタイイタイ病・カドミウム問題の歴史と現在	藤川賢／渡辺伸一／飯島伸子編	三六〇〇円

〒113-0023 東京都文京区向丘1-20-6
TEL 03-3818-5521 FAX03-3818-5514 振替 00110-6-37828
Email tk203444@fsinet.or.jp URL:http://www.toshindo-pub.com/

※定価：表示価格（本体）＋税

東信堂

〈シリーズ 社会学のアクチュアリティ：批判と創造 全12巻＋2〉

クリティークとしての社会学——現代を批判的に見る眼	西原和久・宇都宮京子 編	一八〇〇円
都市社会とリスク——豊かな生活をもとめて	友枝敏雄・浦野正樹 編	二〇〇〇円
言説分析の可能性——社会学的方法の迷宮から	佐藤俊樹・友枝敏樹 編	二三〇〇円
グローバル化とアジア社会——ポストコロニアルの地平	武川正吾・丹辺宣彦 編	二三〇〇円
公共政策の社会学——社会的現実との格闘	三重野卓・平川 編	二三〇〇円
社会学のアリーナへ——21世紀社会を読み解く	新原道信・吉原直樹・杉山光信 編	二二〇〇円

〈地域社会学講座 全3巻〉

地域社会学の視座と方法	似田貝香門 監修	二五〇〇円
グローバリゼーション／ポスト・モダンと地域社会	古城利明 監修	二五〇〇円
地域社会の政策とガバナンス	矢澤澄子 監修	二七〇〇円

〈シリーズ世界の社会学・日本の社会学〉

タルコット・パーソンズ——最後の近代主義者	中野秀一郎	一八〇〇円
ゲオルグ・ジンメル——現代人分化社会における個人と社会	居安 正	一八〇〇円
ジョージ・H・ミード——社会的自我論の展開	船津 衛	一八〇〇円
アラン・トゥーレーヌ——現代社会のゆくえと新しい社会運動	杉山光信	一八〇〇円
アルフレッド・シュッツ——主観的時間と社会運動	森 元孝	一八〇〇円
エミール・デュルケム——再建と社会学	中島道男	一八〇〇円
レイモン・アロン——危機の時代の哲学者	岩城 完之	一八〇〇円
フェルディナンド・テンニエス——時代を診断する亡命者 ゲマインシャフトとゲゼルシャフト	吉田 浩	一八〇〇円
カール・マンハイム——アメリカ文化の内省的批判者	澤井 敦	一八〇〇円
ロバート・リンド——アメリカ文化の内省的批判者	園部雅久	一八〇〇円
アントニオ・グラムシ——『獄中ノート』と批判社会学の生成	鈴木富久	一八〇〇円
費孝通の社会学——民族自省の社会学と生活協働の創始者	佐々木衞	一八〇〇円
奥井復太郎——都市社会学と生活協働論の創始者	藤田弘夫	一八〇〇円
新明正道——綜合社会学の探究	山本鎭雄	一八〇〇円
米田庄太郎——新総合社会学の先駆者	中 久郎	一八〇〇円
高田保馬——理論と政策の統一	北島 滋	一八〇〇円
戸田貞三——無媒介的統一家族、研究	川合隆男	一八〇〇円
福武直——実証社会学の軌跡民主化と社会学の現実化を推進	蓮見音彦	一八〇〇円

〒113-0023 東京都文京区向丘1-20-6
TEL 03-3818-5521　FAX 03-3818-5514　振替 00110-6-37828
Email tk203444@fsinet.or.jp　URL:http://www.toshindo-pub.com/

※定価：表示価格（本体）＋税

《未来を拓く人文・社会科学シリーズ《全17冊・別巻2》

科学技術ガバナンス	城山英明編	一八〇〇円
ボトムアップな人間関係――心理・教育・福祉・環境・社会の12の現場から	サトウタツヤ編	一六〇〇円
高齢社会を生きる――老いる人／看取るシステム	清水哲郎編	一八〇〇円
家族のデザイン	小長谷有紀編	一八〇〇円
水をめぐるガバナンス――日本、アジア、中東、ヨーロッパの現場から	蔵治光一郎編	一八〇〇円
生活者がつくる市場社会	久米郁夫編	一八〇〇円
グローバル・ガバナンスの最前線――現在と過去のあいだ	遠藤乾編	二三〇〇円
資源を見る眼――現場からの分配論	佐藤仁編	二〇〇〇円
これからの教養教育――「カタ」の効用	葛西康徳・鈴木佳秀編	二〇〇〇円
「対テロ戦争」の時代の平和構築――過去からの視点、未来への展望	黒木英充編	一八〇〇円
企業の錯誤／教育の迷走――人材育成の「失われた一〇年」	青島矢一編	一八〇〇円
日本文化の空間学	桑子敏雄編	二三〇〇円
千年持続学の構築	木村武史編	一八〇〇円
多元的共生を求めて――〈市民の社会〉をつくる	宇田川妙子編	一八〇〇円
芸術は何を超えていくのか？	沼野充義編	一八〇〇円
芸術の生まれる場	木下直之編	二〇〇〇円
文学・芸術は何のためにあるのか？	岡田暁生・吉田純編	二〇〇〇円
紛争現場からの平和構築――国際刑事司法の役割と課題	石田勇治・遠藤乾編	二八〇〇円
〈境界〉の今を生きる	荒川歩・川喜田敦子・谷川竜一・内藤順子・柴田晃芳編	一八〇〇円
日本の未来社会――エネルギー・環境と技術・政策	角和昌浩・城山英明・鈴木達治郎編	二三〇〇円

東信堂

〒113-0023 東京都文京区向丘1-20-6
TEL 03-3818-5521 FAX 03-3818-5514 振替 00110-6-37828
Email tk203444@fsinet.or.jp URL:http://www.toshindo-pub.com/

※定価：表示価格（本体）＋税